한국헌정사:
인민주의 비판을 위하여 (Ⅲ)

공감개론신서 25

한국헌정사:
인민주의 비판을 위하여 (Ⅲ)

박상현·유주형 외 지음

공감

공감개론신서 25

한국헌정사:
인민주의 비판을 위하여 (III)

박상현·유주형 외 지음

인쇄일 2025년 12월 19일
발행일 2025년 12월 26일

도서출판 공감

발행인 이범수
출판등록 22-1006 (1996. 5. 14.)
서울시 마포구 성산로2길 21-8 B1호
전화 323-8124 / 팩스 323-8126
전자우편 alba21@naver.com

ISBN 979-11-990485-2-2 03300
값 25,000원

서문

知無不言, 言無不盡
言者無罪, 聞者足戒
有則改之, 無則加勉

『자유주의의 역사』와 『영국헌정사』에 후속하는 『한국헌정사』는
윤석열 정부 3년차 이후 '인민주의 비판을 위하여'라는 주제로 진행
된 과천연구실의 세 번째 집단작업이다. 자유주의의 이념과 제도,
나아가 행위자에 대한 처음 두 작업에 이어지는 이 작업의 의도는
1970-80년대 군부독재에 의해 유린된 헌정을 회복하려던 1990년대
문민화가 실패한 까닭과 장병린의 말처럼 '지식인의 반역'(秀才造反)
이던 군부독재에 대한 운동권의 투쟁이 문민화를 좌절시킨 '불량배
의 동란'(强盗結義[翻天])으로 타락한 까닭을 밝혀보려는 것이다.

문민화의 실패는 3당합당을 계기로 민주당 구파(한국민주당의 후예)
에서 민주자유당 민주계로 변모한 YS계의 실패로 소급하는 것이다.
이런 실패에는 내적 요인과 외적 요인이 있었는데, 전자는 YS계의
지역 기반이 기호지방에서 영남, 그것도 부산·경남으로 위축된 것
이었다. 물론 대구·경북 기반의 민정계(3당합당 이전 민주정의당의
후예)가 YS에 대한 '내란'을 도모하며 이회창 총리를 대선 후보로
내세운 것도 중요했는데, 민자당의 후신인 한나라당(국민의힘 전신)
이 그 기원을 이 총리로 설정하는 것이 그 방증인 셈이다.

반면 YS계가 실패한 외적 요인은 민주당 신파(홍사단의 후예와 자유당 탈당파)에 속했던 DJ계의 도전으로 인한 '외환'이었다. 1992년 대선에서 패배한 당일 새벽에 정계 은퇴를 선언했다가 1995년에 민족해방파의 대부 김근태 의원의 지원에 힘입어 정계에 복귀한 DJ는 1997-98년 경제위기를 기화로 YS 정부를 '전복'시키면서 집권에 성공했다. 민자당에서 탈당한 JP계와 전라도와 충청도를 기반으로 이른바 'DJP 연합'을 형성했던 것도 물론 DJ의 집권에 기여했다.

이회창과 민정계의 도전 이후에도 YS계가 소멸한 것은 아니다. 이명박계와 박근혜계의 갈등을 자유주의/자유보수주의와 권위보수주의의 갈등을 상징하는 민주계와 민정계의 갈등으로 소급할 수도 있기 때문이다. 2022년 대선에서 윤석열 후보를 지지한 사람 중에는 노무현 대통령이나 문재인 대통령과 친화적이었던 그가 당선된다면 국힘 내부에서 권위보수주의에 맞서서 자유(보수)주의를 강화할 것으로 기대한 사람도 있었을 것이다. 12·3 계엄 소동으로 이런 기대가 '지나친, 심지어 잘못된 희망'(übertriebene, ja falsche Hoffnungen, 루카치)이었음이 드러났지만 말이다.

DJ계 역시 집권 이후에는 부침을 면치 못했다. 먼저 DJP 연합의 약속을 지키기 위해 DJ가 지원한 이인제 의원 대신 노무현 의원이 후임 대통령으로 당선된 사실을 지적해야 한다. 그러나 취임 100일도 되기 전에 '[운동권이] 전부 힘으로 하려고 하니(…)이러다 대통령직을 못 해먹겠다는 생각이(…)든다'던 그는 김근태 의원이 지도하던 운동권과의 갈등을 해결하지 못한 채 정권 재창출에 실패하고 결국 자살을 선택할 수밖에 없었다.

그 후 10년 동안 권력금단증상에 시달리며 절치부심하던 민주당은 세월호침몰사건 등을 기화로 하여 노무현 대통령의 직계 문재인 후보를 당선시킬 수 있었다. 그러나 문재인 정부 역시 조국 일가의 비리를 둘러싼 윤석열 검찰총장과의 갈등 때문에 정권 재창출에 실패했다. 또 5년 만에 정권을 반납한 것 등에 따른 내분으로 인해 노무현을 능가하는 이재명이라는 희대의 이단아가 출현했다. 그런데 리어 왕의 '광기'에 비견될 만한 윤석열 대통령의 '무모함과 옹고집'(rashness and waywardness, 셰익스피어) 덕분에 그를 두 번씩이나 내세워 결국 집권에 성공한 것이다.

이재명 정부의 출범은 DJ 정부 이후 민주당 신파의 역사란 결국 문민화를 좌절시킨 '흑역사'였음을 증명한다. 그러나 윤석열 정부가 YS 정부 이후 민주당 구파를 제대로 계승하지 못한 것처럼, 이재명 정부도 DJ 정부 이후 민주당 신파를 제대로 계승한 것은 아니라고 해야 한다. 노무현-문재인 정부 이상으로 이재명 정부 역시 민주당 신파의 정당한 후예가 아니라는 사실은 부정할 수 없는데, 노무현 정부 이후 민주당에서 인민주의가 주류화된 것이 그 증거다.

나아가 DJ 정부 이후 문민화가 좌절되는 과정에서 운동권의 역할에 대한 반성 역시 필요하다. 김근태 의원이 대변하던 민족해방파가 대표적이다. 먼저 민청련을 거쳐 전대협으로 결집했던 민족해방파가 정계로 진출한 것은 DJ의 정계 복귀와 집권을 도우려던 김근태 의원의 지도에 따른 것이다. 물론 정계에 진출하지 않고 운동권에 잔류하거나 생업에 종사하던 민족해방파도 김 의원의 지도에 순응했다고 할 수 있겠지만 말이다.

DJ 정부나 노무현 정부에 대한 민족해방파의 관계가 늘 조화로운 것은 아니었다. DJP 연합의 파기나 노무현 대통령의 자살이 그 증거라고 할 수 있다. 또 민족해방파 내부에서도 전대협 세대와 한총련 세대의 갈등 역시 무시할 수는 없는데, 친문과 친명의 대립은 그런 갈등에 기인한다고 할 수 있다.

그러나 민중민주파도 문민화의 좌절에서 면책되는 것은 아니다. 민중민주파의 다수파는 인민노련(인천지역민주노동자연맹)과 함께 민노당/정의당으로 결집한 반면 운동권에 잔류한 그 소수파는 사회진보연대 등으로 결집했다. 민노당/정의당이 민주당의 졸개로 전락함으로써 문민화의 좌절에 직접적으로 기여한 반면 사회진보연대는 포스트아나키스트의 도전으로 인한 일련의 내분으로 지리멸렬해져서 문민화의 좌절에 간접적으로 기여한 셈이라고 할 수 있다.

민족해방파와 민중민주파가 5·18 광주항쟁의 역사적 의미를 왜곡·변질시킨 과오를 범한 사실 역시 잊지 말아야 할 것이다. 광주항쟁에 대한 민족해방파의 해석은 친북·반미전략에서 점차 민주당의 집권전략으로 타락해왔다. 민중민주파의 해석도 점차 사회주의운동의 역사와 분리되어왔는데, 사회민주주의를 표방하던 민노당/정의당(일부)이나 포스트아나키즘을 표방하던 사회진보연대(일부)나 모두 마찬가지였다.

*　　*　　*

제사로 인용한 것은 모택동의 「24자 잠언(箴言, 아포리즘)」인데, 처음 8자는 사마광과 소순(동파 소식의 부친)의 말이고, 다음 8자는 『시경』과 관련된 말이며, 또 그 다음 8자는 『논어』와 관련된 말로서 다음과 같이 '60자 잠언'으로 번역할 수 있을 것이다.

> 아는 것은 모두 다 말하고, 거리낌이 없어야만 한다.
> 말하는 자는 죄가 없으며, 듣는 자가 조심하면 된다.
> 잘못이 있으면 바로잡고, 잘못이 없으면 북돋는다.

'加勉'은 원래 '더 힘쓴다'는 의미이지만, 이 잠언에서는 '북돋는다'로 번역하는 것이 문맥에 맞을 것이다.

모택동이 「24자 잠언」을 제시한 것은 대약진운동 전야로, 사상의 자유, 즉 양심과 표현의 자유를 제창하는 의도였다. 문화혁명의 '광기'가 폭발하기 이전의 모택동은 여전히 공자와 마르크스의 제자였는데, 그들처럼 알기 위해 배우고, 배워서 알게 된 것을 말할 수 있기 위한 조건이 바로 양심과 표현의 자유이기 때문이다.

『논어』에서 공자는 스스로를 가리켜 '나면서부터 아는 사람'(生而知之者)이 아닌 '배워서 아는 사람'(學而知之者)이라고 말한 바 있다. 또 『자본』 1권을 출판한 이듬해 봄에 마르크스는 둘째 딸 로라에게 보낸 영문 편지에서 이렇게 말했다.

나는 역사의 밑거름을 만들기 위해 책을 게걸스레 먹어치워야 하는 기계다.

I am a machine, condemned to devour [books] and, then, throw them, in a changed form, on the dunghill of history.

아울러 공자와 마르크스를 연결시키는 로크와 스미스도 마찬가지였다는 사실에 주목할 수 있다. 로크는 능력의 90%는 교육의 결과일 따름이라고 주장했고, 스미스는 잡역부(street porter)와의 차이를 타고난 자질로 간주한 '지식인의 자만심'(vanity of the philosopher)을 비판했기 때문이다.

마지막으로, 존 스튜어트 밀이 귀스타브 데슈탈에게 보낸 편지도 인용할 수 있을 것이다.

지식인이 정부의 길잡이고,　　The intelligent classes lead the government,
정부가 무지자의 길잡이다.　　 & the government leads the stupid classes.

마르크스 같은 이론가가 레닌 같은 정치가를 가르치고, 그런 정치가가 인민을 가르치던 마르크스-레닌주의적 관습과도 통하는 말이기 때문이다. '[정치]지도자 겸 이론가'(dirigeant-théoricien, 발리바르)를 자처한 스탈린과 모택동은 이런 관습을 위배한 것이다.

나아가 '백성이란 [어떤 정책과 제도를] 따르게 할 수는 있어도 [그 이치를] 알게 할 수는 없다'(民可使由之, 不可使知之)는 『논어』에서 공자의 말씀과 통하는 말이기도 하다. 『시경』과 『서경』은 군주와 백성을 바람과 풀에 비유하며 교화 내지 신복(信服)의 중요성을 강조했는데, 요순 같은 군사(君師, 군주 겸 지식인)가 소멸한 상황에서 공자는 군주 대신 군자, 즉 지식인에게 주목한 것이다.

지식인의 덕성은 바람,　　　　　　　　　　　　　　　君子之德風
백성의 덕성은 풀이다.　　　　　　　　　　　　　　　小人之德草

2025년 12월
윤 소 영

목차

10

한국사회주의운동사 / 유주형 · 김태훈 · 74

부록: 이재명 정부 최초의 6개월 / 윤소영 · 162

'과천연구실 세미나' · 300

한국헌정사

박상현 · 송인주 · 이태훈

프롤로그

한 나라가 오랜 시간 시행착오를 거치면서 점진적으로 확립한 헌정(constitutional government)이 성문화된 헌법(constitutional law)으로 환원될 수는 없다. 헌법의 규범과 현실이 괴리된 '명목헌법'(nominal constitution)이나 독재를 정당화하는 '장식헌법'(semantic constitution)의 역사적 사례는 무수히 많다. 반대로 영국처럼 성문헌법은 존재하지 않지만 헌정의 전제로서 독립된 사법부에 근거한 법치, 즉 법의 지배(rule of law)를 확립하고 국익(national interest)에 기초한 타협과 양보의 정치과정(political process)으로서 자유주의 헌정을 확립한 나라도 있다.

이런 관점에서 이 글은 헌법의 정신(spirit) 대신 문언(letter)을 중심으로 헌정을 이해하는 '법률적 헌정주의'(legal constitutionalism)가 아니라 자유주의적 정치이념을 규범으로 내재화한 정치행위자의 정치과정에 주목하는 '정치적 헌정주의'(political constitutionalism)의 접근법을 따른다. 현대국가에서 입법·행정·사법의 세 권부의 관계에 대한 헌법적 규정의 준수로서 법치가 헌정의 필요조건이라면, 헌정은 정치이념에 기초해서 정치행위자와 정당이 일상적 정치관행을 통해 삼권을 갖춘 정부를 구성·운영하는 정치과정인 것이다.

한국에서는 1948년 제헌 이후 9차례의 개헌이 있었지만 개헌이 헌법에 규정된 절차를 따른 적은 거의 없었으며 헌법은 정치과정에 관행으로 착근되지 못한 장식헌법에 불과했고, 이승만 정부의 문민독재에 이어 박정희-전두환 정부의 군부독재에 의한 헌정의 유린이 지속되었다. 1987년 이전까지 역대 국회 중에서 5번의 국회가 독재자의 쿠데타에 의해 해산되었고 국회의원 선출제도와 임기도 몇 차례 바뀌었다. 정당은 대통령과 야당 지도자에 종속된 '기생정당'일 따름이었고 국회도 무기력한 '식물국회'에 지나지 않았다. 게다가 대통령의 독재 하에서 중앙정보부나 보안사령부 같은 비밀경찰이 반대세력을 억압하고 독재를 유지하는 주요 수단이 되면서 법에 기초한 권력행사라는 법치주의는 공문구가 되었다.

1987년 이후 문민화와 함께 사법부 독립과 헌정의 전제로서 법치를 확립하려는 시도가 시작되었지만 국익에 기초한 양보와 타협의 정치과정이 없었기 때문에 헌정이 확립되지는 못했다. 입법부와 행정부를 매개하며 정치과정을 이끌어야 하는 정당은 이념과 정책을 확립하지 못했다. 오히려 집권 여당조차 선거결과에 따라 끊임없이 자신의 과거를 부정하면서 당의 명칭을 변경했다. 자유·보수 포괄정당으로 기획되었던 민자당은 이후 신한국당-한나라당-새누리당-국민의힘으로, 호남 지역정당으로 출발한 새정치국민회의는 이후 새천년민주당-열린우리당-대통합민주신당-민주통합당-민주당-새정치민주연합-더불어민주당으로 변신했다.

이 과정에서 각 정당은 친이·친박·친윤과 친노·친문·친명 등 지도자 개인에 대한 인격적 충성에 기초한 파벌연합으로 형해화되곤 했다. 또 정치공학에 의해 창당된 각종 위성정당도 정당정치의 형해화에 기여했다. 그 결과 군부 출신을 대체해서 자유주의적 헌정을 이끌 수 있는 훈련받은 정치엘리트가 형성되지 못했고 양보와 타협

14

을 가능케 하는 안정적 통치연합도 확립될 수 없었다. 또 국민이 '수월성의 원리'에 따라 능력을 갖춘 정치엘리트를 선출하고 그들을 믿고 따르는 '신복'(信服, deference)의 정치문화도 형성되지 않았다.

특히 노무현 정부를 거치면서 1980년대 학생운동을 통해 정치사회화된 386세대를 중심으로 '기득권'에 대한 공격을 전면에 내세운 인민주의가 본격화한 결과 '내전적' 정치관행이 헌정질서를 위협하기 시작했다. 이명박 정부 이래 보수정당의 집권기에는 가두시위 형태로 대선 불복이 빈발했다. 검찰에 대한 공격으로 법치를 흔든 문재인 정부에 이어서 이재명 정부에서는 법원의 독립도 흔들고 있다. 1987년에 개시된 문민화가 법치의 파괴와 헌정의 실패로 귀결되면서 민주정이 인민정으로 타락하고 있는 것이다.

한 나라의 헌정의 성패는 법치의 정착과 동시에 국민의 행복 증진을 위한 객관적 조건으로서 경제성장에 의해 평가될 수 있다. 포용적 정치제도가 포용적 경제제도를 낳음으로써 경제성장을 가능케 한다는 아제몰루의 명제는 헌정과 경제성장의 조응관계를 표현한다. 예컨대 영국은 명예혁명 이후 장기간에 걸쳐 자유주의적 헌정으로의 이행에 성공한 결과 산업혁명을 성공적으로 달성할 수 있었다. 반면 한국전쟁 이후 원조경제로 출발한 한국은 계속된 헌정의 위기 속에서 1960년대 이후 4번이나 중대한 경제위기에 직면했는데, 특히 1979-80년과 1997-98년의 위기는 그 충격이 전례 없이 컸었다.

여기서는 정치제도, 특히 대통령제의 변천을 중심으로 해방과 정부 수립 이후의 한국헌정사를 헌정침해(1960년대까지), 헌정파괴 및 헌정부재(1970년대-1987년), 헌정회복(1987년-1990년대), 헌정해체(2003년 이후)로 시기구분한다. 이는 현재 한국정치가 직면한 난맥상, 즉 '헌정 부재와 법치 파괴'의 배후에 경제 문제가 있으며 장기침체의 경제상태를 초래한 그 근원에는 헌정적 실패, 즉 자유민주주의적 헌정의 회복과 공고화의 실패가 자리하고 있음을 강조하기 위한 것이다.

한국헌정의 파행적 출발

1948년 헌법 공포와 함께 공식적으로 출범한 한국의 헌정은 처음부터 자유민주주의 이념을 천명했다. 따라서 초기의 주요 국정과제는 자유민주주의를 구현할 정치제도를 수립하고 그것을 안정적으로 운용할 수 있는 현대적 정치관행을 형성하는 것이었다. 그러나 헌법을 악용하거나 무시하는 제왕적 대통령과 집권여당의 문민독재가 횡행했기 때문에 이런 과제는 달성될 수 없었다. 특히 초대 이승만 대통령과 자유당 정부는 반공주의를 유일한 이념적 기초로 내세우며 약탈적 국가 운영으로 헌정을 유린했다. 실패한 제1·2공화국을 대신해서 사실상 국가건설을 재개한 1960년대의 박정희 정부는 경제개발을 추진하기 위해 권위주의적 통치로 정치관행의 발전을 억압했고 결국에는 헌정파괴를 시도하기에 이르렀다.

이승만 정부의 헌정침해

한국에서 헌정은 1948년 8월 15일 대한민국 정부 수립과 함께 시작되지만, 선거·의회·정당 등 정치과정을 구성하는 제도적 요소 중선거는 그 이전부터 시작되었다. 미군정이 행정의 토착화를 위한 자문을 담당할 민선의원 40명의 선출에 이미 선거를 활용한 것인데, 그 결과 1947년에 과도입법의회가 구성되었다. 그리고 과도입법의회가 제정한 선거법이 이듬해 최초의 총선을 위한 기틀이 되었다. 이때 21세 이상 성인남녀의 1인1표제 및 소선거구제와 단순다수대표제 등 지금까지 지속되는 선거제도가 도입되었다(김영명, 2013).
그러나 서구 국가들이 경험한 선거제도 시행상의 오랜 학습과정이나 투표권의 점진적 확대를 위한 노력 없이 단번에 보통·평등·직접·비밀선거제가 실시된 만큼, 그 한계도 명약관화했다. 대표적으로 선거에 앞서 정당등록제를 실시하자 명망가 중심의 군소 정당이 우후죽순처럼 생겨났다. 제헌국회의원 200명을 뽑은 1948년 5·10총선에서는 무소속 당선자가 1/3을 상회한 85명에 이르렀고 최대 정당의 의석은 1/5에 불과했다(모종린·와인개스트, 2015; 심지연, 2017). 여운형 등 건국준비위원회의 인민공화국 선포에 맞서 결집했던 한국민주당(한민당) 세력을 제외하면, 대다수 정당은 정당기율은커녕 어떤 정치적 이념이나 정책도 없이 연고나 실리를 따른 명망가들의 이합집산의 산물이었다.

그럼에도 불구하고 5·10총선은 우익세력의 완전한 승리를 통해 남한만의 분단국가를 공식화함으로써 신생국가 한국의 육체(body politic)를 사실상 확립했다. 또 미군정이 부여한 자유민주주의가 최소한 형식적으로는 새 국가의 정신(mind politic)으로 수용되어 사실상 반공주의가 국가 건립의 유일한 이념이 되었다(김영명, 2013). 또 이전부터 반탁운동으로 정국을 주도했고 총선과 함께 정권을 장악하여 정부수립 과정을 주도한 이승만이 국가건설의 주역이 되었다.

애초에 제헌국회는 원내 최대세력이었던 한민당의 주도 아래 의원내각제 헌법을 채택하려 했지만, 국회의장으로 선출된 이승만이 대통령제 헌법을 요구하며 제헌과정을 교란했다. 이로써 헌법이 제정되기도 전에 정부형태가 변경되는데, 이는 권력자 개인의 의지에 따라 헌정이 유린된 최초의 사례였다(심지연, 2017). 결국 한민당이 이승만의 주장을 수용함으로써 최종 선포된 제1공화국 헌법은 단원제 국회와 대통령제 정부형태를 취하되 의원내각제 요소를 가미했다. 국회의 정부불신임 결의권은 삭제되었지만 국회에서 대통령이 선출되었기 때문에 대통령에 대한 의회의 견제장치가 마련되었다. 또 헌법은 국회의원과 대통령 임기를 4년으로 규정하고 대통령은 1차에 한해서 중임할 수 있게 했다. 그러나 이승만은 헌법에서 국무위원 임명에 대한 국무총리의 제청권을 삭제케 함으로써 대통령 전횡의 길을 열었다. 한국의 대통령제는 이미 개인적 권위주의로 타락할 소지를 안고 있었던 것이다(김영명, 2013).

헌법에 따라 국회에서 초대 대통령으로 선출된 이승만은 '초당파주의'를 표방하며 어떤 정당과도 제휴하지 않고 독주했다.1) 국가를 자신과 동일시한 이승만은 주권기관으로서 국회를 인정하지 않았을 뿐만 아니라 정적은 물론이고 경쟁자가 될 만한 사람이면 누구나 탄압했다. 특히 그는 자신의 집권에 사실상 여당 역할을 했던 한민당을 국정에서 완전히 배제했다. 이런 대통령의 전횡에 맞서 한민당은 신익희·지청천계와 합당하여 '최초의 야당'으로 민주국민당(민국당)을 출범시키고 내각제 개헌을 추진했다(안병영·이갑윤, 1999; 이영훈, 2009).

조직화된 원내 야당이 등장하자 대통령도 원내 여당을 필요로 하게 되었다. 특히 중도파와 좌파가 대거 참여했던 1950년 총선에서 의석의 60%가 무소속일 만큼 국회의원이 대거 교체되고 곧이어 신익희 국회의장과 김성수 부통령이 선출되는 등 원내 지형이 이승만에게 불리한 형세를 띠자, 이대로는 대통령 재선이 불가능하다고 판단한 이승만은 1951년 원외 자유당을 창당하고 대통령 직선제 개헌을 추진했다. 행정부가 의회에 제출한 직선제 개헌안이 부결되자 백골단·땃벌떼·민중자결단 같은 청년단체가 국회의원 소환운동을 선동했다(서희경, 2020). 대통령은 담화로 국민에게 직접 호소했고 어용화된 노동자·농민조직이 민중대회 등에 대거 동원되었다. 사유화된 국가가 취약한 사회를 인민주의 정치에 일방적으로 활용하는 양상이 전개된 것이었다(애쓰모글루·로빈슨, 2020).

1952년 봄 지방의회 선거에서 성과를 낸 원외 자유당과 친여조직이 개헌 움직임을 본격화하자 민국당도 의원내각제 개헌안을 제출했다. 양측 개헌안이 국회에서 대결하는 형국에서 의원 소환과 국회 해산을 요구하는 시위가 연일 발생했다. 결국 대통령은 1952년 5월

---

1) 이승만의 '초당파주의'는 사익을 추구하는 국회와 정당으로부터 인민을 보호하는 구원자로 자신을 정립했다는 측면에서 프로토파시즘으로서 인민주의와 친화성을 가졌다. 『한국의 불행』에서 지적한 것처럼, 이승만의 초대 내각에서 문교부장관으로 발탁된 안호상은 이승만 정부를 정당화하는 이데올로기로서 일민(一民)주의를 제창했는데, 그것은 파시즘 이데올로기와 대동소이한 것이었다.

피란수도 부산에서 '잔여공비'를 소탕한다는 명목으로 계엄령을 선포하고 국회의원을 체포·구금하는 등 정치과정을 강제로 중단시켰다. 야당의원들이 집단 감금되고 경찰과 헌병이 국회를 에워싼 공포 분위기 속에서 심야 기립투표로 직선제 개헌안이 통과되었다(이영훈, 2009; 서희경, 2020). '부산정치파동'을 종결시킨 '발췌개헌'은 표면적으로는 행정부와 국회가 제출한 개헌안의 내용을 혼합했지만, 대통령 직선제가 관철되었다는 점에서는 대통령의 의도가 전적으로 반영된 것이었다. 이승만은 이어 열린 전시 대선에서 74.6%의 표를 획득하여 대통령에 재선되었다(심지연, 2017).

집권 2기의 이승만 대통령은 원외 자유당 세력을 정비하고 경찰과 내무부를 중심으로 관료조직을 철저히 장악하여 권력을 자신에게 집중시켰다. 경찰과 내무부 그리고 각종 어용조직이 이승만 개인의 수족처럼 움직이는 상황에서 대통령은 곧 자유당을 통해 장기 집권의 야심을 드러냈다. 대통령 1차 중임 조항의 삭제를 공약으로 내건 자유당은 1954년 5월 총선에서 관권과 금권 그리고 친여 대중을 동원하고 허위사실 유포 등 온갖 정치공작을 활용해서 203석 중 114석을 얻었다. 자유당은 여전히 많았던 무소속 당선자 중 일부를 포섭해서 개헌선 136석을 확보하여 개헌에 나섰고, 그 결과 11월에 대통령의 2차 중임을 허용하는 '사사오입 개헌'이 이루어졌다. 1표가 부족해서 부결로 선포되었던 국회의 개헌안 표결 결과를 개헌정수 재산정으로 번복한 후 통과로 재선포한 것이었다.

개정 헌법은 초대 대통령의 중임 제한을 폐지하여 사실상 이승만의 종신집권을 향한 길을 열었을 뿐 아니라 국무총리제와 국무위원 연대책임제를 폐지함으로써 당시까지 남아 있던 의원내각제적 요소를 모두 제거했다. 자유당은 반공주의를 제외하면 어떤 이념적·정책적 지향도 없이 그저 대통령을 추수하는 기생정당에 불과했고, 이로써 행정부와 입법부의 융합된 권한이 대통령과 그의 개인적 추종자들에게 집중된 문민독재가 출현했다. 헌법은 법치를 보장하기는커녕 이승만 대통령의 권위주의적 독재정을 가리는 장식에 불과했고,

집권여당은 물론 의회 전체가 행정부의 시녀로 전락하면서 정치과정의 파행이 지속되었다(이정복, 2012).

그러나 사사오입 개헌 직후부터 이승만 정부의 독주에 대한 정치적 불만도 점차 조직화되기 시작했다. 1954년 야당 교섭단체인 호헌동지회의 결성을 시작으로 민국당 인사들인 '구파'가 장면이 대표하는 홍사단계, 자유당 탈당파 등의 '신파'를 포섭하여 1955년 9월 민주당이 탄생했다. 반이승만 보수세력이 하나의 통합야당으로 결집함으로써 드디어 국민에게도 정치적 대안집단이 생긴 것이다(이정복, 2012; 이영훈, 2009).

민주당은 1956년 정·부통령선거에서 장면을 부통령으로 당선시키며 대안세력의 잠재력을 증명했고, 이어 정치의 기본구도로 양당제가 자리잡았다.[2] 민주당은 자유당의 파시즘적 '일민민주주의'와 구별되는 본연의 자유민주주의 실현과 농공병진의 경제개발 등을 주창했다(윤근식·김운태, 1999; 김명구, 2011). 민주당은 자유주의 내지 자유보수주의를 지향하는 현대화된 이념정당으로 나아가고 있었던 것이다. 이를 배경으로 민주당은 1958년 민의원선거에서 서울을 비롯한 대도시에서 대승을 거두며 국회 의석의 1/3을 차지할 수 있었다. 그러나 1958년 선거가 집권 가능성을 보여주자 구파에 대한 신파의 당권도전이 개시되었다.

약탈국가의 무정부상태와 의회정부의 막간

이승만 시대에 한국사회는 사실상 무정부상태였다(모종린·와인개스트, 2015). 대통령은 관료·기업 등 제도화된 집단과 그 공식적 기능보다는 자신과 개인적 보호-피보호관계(patronage)를 형성한 정

---

2) 민주당 통합과정에서 배제된 조봉암 등 혁신계 세력은 평화통일론과 '민주사회주의' 노선의 진보당으로 결집하여 대선에서 상당한 표를 얻었지만, 그러나 이승만 정부는 1958년에 국가보안법 위반을 이유로 진보당을 해산했다(윤근식·김운태, 1999).

치인 등에게 주로 의존했다. 2만5천여 명의 경찰을 필두로 폭력적인 각종 어용단체와 내무부 및 지방행정 조직의 간부들은 정권의 흥망과 자신의 흥망을 동일시하며 자신의 사익 추구와 공직 기능을 융합했다. 그 결과 정부와 정치인이 사회로부터 각종 자원을 추출하여 피보호자들에게 배분하는 약탈국가가 출현했다(김영명, 2013; 모종린·와인개스트, 2015).

일제 시기의 법무사들로 시작되어 아직 인적 기반이 취약하던 사법부는 대통령에게 종속된 채 유명무실했다.[3] 입법부를 위시한 정치사회는 이승만 개인에 대한 충성경쟁이라는 형태로 극도로 정치화되어 있었다. 그 결과 모든 곳에서 '불법·무법·위법'(신익희)이 판쳤다. 또 시장경제의 안정적인 작동을 위한 전제조건으로서 폭력의 통제라는 사회적 여건도 불비했다. 대한반공청년단을 필두로 정치깡패의 테러가 횡행했으나 경찰과 내무부는 오히려 그들을 비호했으며 각종 어용단체의 관제 반공데모도 일상적이었다.

기본적인 법치질서가 부재한 결과 경제영역에서는 약육강식의 '자유방임'이 판쳤다. 당시에 자유주의적 경제를 이끌만한 유일한 사회집단이었던 한민당과 기호계 지주세력은 이승만의 토지개혁으로 경제적 기초를 상실했다. 대신 미군정으로부터 넘겨받은 국유적산의 무상 불하와 자의적 처분을 통해 삼성과 럭키금성 등 정권과 유착된 영남계 재벌이 형성되었다. 이승만은 미국의 대규모 경제·군사 원조를 체계적인 경제개발에 활용하기는커녕 정치적 충성에 따른 특전, 즉 수하 인사들에게 배분하는 정치자금으로 유용하며 권력기반 강화에만 관심을 기울였다(김영명, 2013).

그에 따라 1950년대 내내 한국경제는 정체상태에 머물렀고 미국이 환율 변경과 원조 삭감 등으로 압박을 강화한 1957년 이후에는 사실상 위기에 빠졌다(김영명, 2013). 1.9%의 경제성장률을 기록한 1960년 당시 한국경제는 제조업 비중이 10%에 불과한 원조 의존형

---

3) 1950년 사법고시/사업시험이 실시된 이래 판검사는 매년 30여 명만 임용되었고, 1957년부터 100여 명이 임용되었다.

농업경제를 벗어나지 못했다. 그 결과 한국은 세계 최저수준의 1인 당 국민소득에 머무르고 있었다(모종린·와인개스트, 2015).

정부예산의 60%가 미국자금으로 조달되는 상황에서 한국이 경제 성장의 전제조건이 되는 안정적 조세에 기반을 둔 재정국가가 될 길 은 요원했다. 민간에서는 정권유지 수단으로 이용된 환율·물가정책 등의 지원을 받고 정권에 충성한 대가로 외환·은행여신·인허가 등 특혜적 '지대'를 획득한 기업들만 성장했다. 반면 그런 부패에 맞서 야 할 노동자·농민단체는 자유당의 하부조직으로서 반공투쟁에 매 진했다(김영명, 2013; 모종린·와인개스트, 2015).

요컨대 1950년대 말 한국사회는 폭발 직전의 경제위기 상태에 빠 져 있었고 그에 대한 불만이 1958년 총선에서 야당의 약진으로 표출 되었다. 야당의 집권 가능성이 예상되는 상황에서 연로한 대통령 휘 하의 여당은 뭔가 조치를 취해야 했다. 그러나 자유당은 민주정으로 의 개선도, 본격적 독재정으로의 개악도 아닌 의례적인 부정선거를 선택했다(김영명, 2013).

이기붕의 부통령 당선을 위해 관권·금권·강권이 대규모로 활용된 1960년의 3·15부정선거에서 장면은 무려 700만 표차로 낙선했고, 이 것이 이미 불만에 가득 차 있던 학생들의 반정부 가두시위와 경찰의 발포로 이어졌다.4) 경찰의 폭력 진압에 대항하며 시민들이 시위에 가세했다. 반공청년단원의 집단테러 사건 등을 거치며 확대된 시위 는 군부가 발포 요청을 거부하고 중립을 지키는 상황에서 이승만의 즉각 하야와 자유당 해체를 요구한 대학교수단의 시위 등으로 발전 했다(김영명, 2013; 이영훈, 2009). 이승만 정부는 일반 국민과 군부, 나아가 미국 정부의 지지를 일거에 상실하고 붕괴했다.

사임 직전 이승만의 인계로 과도정부를 맡게 된 민주당의 허정

---

4) 1950년대 대학은 전반적으로 침체상태에 빠져 있었고 학생들은 관제시위 에 동원되고 있었다. 그러나 1950년대 후반기에 대학이 양적으로 팽창한 결과 1960년경에는 대학생이 거의 10만에 육박했다. 이들은 학원에 대한 정부의 간섭과 교육행정의 비민주성, 교육시설과 내용의 미비, 사학 비리, 졸업자의 대량실업 등과 관련하여 불만이 컸다(김영명, 2013).

22

내각은 기존 국회를 유지한 채 의원내각제 개헌에 착수했다. 1960년 6월 국회는 의원내각제 채택을 골자로 하는 새로운 헌법을 통과시켰다. 새 헌법에 따라 정부의 재구성을 위한 7·29총선이 비교적 자유로운 분위기에서 실시되었는데, 여기서 민주당이 압승을 거두었다. 8월에는 국회가 윤보선을 국가원수인 대통령으로 선출하고 장면을 정부수반인 국무총리로 임명했다.

그러나 4·19혁명에 이어 적법하게 출범한 민주당 정부도 헌정을 확립하지는 못했다. 대통령 윤보선의 구파와 총리 장면의 신파는 애초에 이승만 독재에 반대한다는 명분으로만 단합했을 뿐이었다.5) 양대 파벌은 당 통제권 등을 둘러싸고 일찍부터 공개적으로 마찰을 빚어왔고 7·29총선도 별도의 본부로 치를 만큼 분열해 있었다(이정복, 2012; 심지연, 2017; 김영명, 2013). 또 총선에서 압승하자 각자의 단독집권을 추구한 양측은 국회 개원 후 민·참의원 의장단 선거에서 총리 인준에 이르기까지 모든 문제에서 충돌을 계속하다가 결국 분당에 이르게 되었다.

이 같은 정국 마비에 끊임없는 가두시위와 파업이 더해져 한국의 사회정치적 혼란은 계속 악화되었다(모종린·와인개스트, 2015). 이승만 정권을 무너뜨린 대학생은 소급입법을 통해 이승만 시대의 부정부패를 청산하고 부정축재자를 처벌할 것을 요구했다.6) 또 일부 대학생은 7·29총선에서 극소수가 원내 진출에 성공한 혁신세력의 장외 정치투쟁에도 결합했다.

특히 전국 대학에서 결성된 민족통일연맹 중 서울대학교의 연맹

---

5) 한민당-민국당계가 주류인 구파는 지사적인 기풍으로 대부분 정치인 출신이었다. 비민국당계, 특히 흥사단이 주축이 된 신파는 구파에 비해 더 젊고 비정치적인 기질의 관료와 법조인이 주류를 이루었다. 구파는 기호 출신이 많고 일제시기 항일운동가가 많았던 반면 신파는 서북 출신이 많고 일제시기 관료와 법조인이 많았다(한승조, 1999).

6) 4·19 부상학생이 주축이 된 이른바 '혁명주체세력'은 부정선거 책임자에 대한 재판 결과에 항의하며 1960년 10월 국회의사당을 점거하고 반민주행위자 처벌을 위한 특별법 제정과 특별검찰부 및 특별재판소 설립을 요구했다. 국회는 결국 이들의 요구를 수용했다(서희경, 2020).

이 제안한 남북학생회담이 북한으로부터 열렬한 지지를 받자 이에 대항하여 재향군인회·전몰군경유족단체·피난민단체·종교단체 등이 우익연합체를 결성했고, 양자는 결국 1961년 4월 대구에서 대규모로 충돌했다. 이후 학생들과 혁신계 인사들은 직접행동을 자제하기 시작했지만 때는 이미 늦었다(이정복, 2012; 김영명, 2013). 이른바 4월 위기설이라는 풍문으로 떠돌던 군부의 쿠데타가 현실화되었던 것이다. 게다가 쿠데타 당시 군통수권자였던 장면 총리는 도주·잠적함으로써 사실상 쿠데타를 용인했다.

쿠데타 주동자들은 장면 정부 치하에서 용공사상 대두를 쿠데타의 첫 번째 원인으로 제시했지만, 제2공화국의 붕괴를 야기한 직접적 원인은 사실 사회의 극심한 대립과 양극화 현상이었다. 이승만 정부 시기에 도입된 자유민주주의의 이상을 좇아 사회적 욕구는 일거에 분출한 반면 그것을 정치적으로 중재할 제도와 주체적 역량은 너무 미숙했다(모종린·와인개스트, 2015; 김영명, 2013). 새로운 의회정부는 헌정복원은커녕 분열과 갈등만 거듭함으로써 스스로 국정 혼란을 증폭시킨 단발의 실험에 그쳤다.

박정희 정부의 헌정침해와 경제개발

장면 정부가 5·16 군부쿠데타로 무너졌을 때 이를 부당하다고 생각한 국민은 많지 않았다. 또 정부를 수호하려는 사회운동도 없었다(민주화운동기념사업회, 2008). 그것은 사실상 해방 이후 16년 동안의 국가건설이 실패했다는 것을 상징했다(김영명, 2013). 기성 정치집단이 아닌 새로운 세력이 국가건설을 맡아야 한다는 무언의 공감대가 있었다. 학생과 함께 현대적 힘을 대변하던 군인이 그 유력한 후보였다.

군대는 한국전쟁을 거치면서 강력하고도 효율적인 집단으로 대두했지만 이승만의 통치기간 동안 문민권력과의 관계에서 안정적인 위치와 고유한 권한을 갖지 못했다. 군부를 경계하고 의심하던 이승만 대통령은 경찰을 이용해 군대를 통제하면서 정치자금을 얻고 선거시기에 표를 획득하는 수단으로만 이용했다. 또 이 대통령은 고위급 장교에 대한 개인적 관계와 통제를 강화함으로써 군부의 독립성과 전문성을 약화시켰다. 이처럼 정부를 지지하는 통치연합에서 군부가 배제되었을 뿐만 아니라 군부의 직업적 특권도 침해되었기 때문에 군부 일각에서는 미국의 묵인 아래 쿠데타 모의가 반복되었고, 결국 4·19 이후 정치적 혼란이 지속되는 상황을 틈타 1961년 5월 박정희 장군이 이끄는 쿠데타 세력이 장면 정부를 무너뜨리고 정권을 장악했다.

반공을 국시로 내걸고 조속한 민정이양을 약속하며 정권을 접수한 군사혁명위원회는 입법·행정·사법 3권을 장악한 최고 권력기관으로 국가재건최고회의를 설치하고 군정을 실시했다. 국가재건최고회의는 정당을 해산시킨 데 이어 정치활동정화법을 공포해서 '구시대 정치인'의 정치활동을 전면 금지시켰다. 그리고 군부는 쿠데타 직후에 설립한 비밀경찰인 중앙정보부를 통해 '정치정화' 명목으로 유력인사들을 정계에서 제거했다. 또한 중앙정보부는 이른바 '4대 의혹사건'을 통해 정치자금을 조성하여 공화당의 사전조직화를 도모했다(심지연, 2017; 김영명, 2013).[7]

정치활동정화법이 공표되자 윤보선 대통령은 하야성명을 발표했는데, 그의 사표를 수리한 국가재건최고회의는 비상조치법 일부를 개정하여 박정희 최고회의 의장을 대통령 권한대행으로 만들었다. 이어 최고회의 위원과 민간인 학자·전문가로 구성된 헌법심의위원회가 설치되어 대통령제 정부형태와 단원제 국회를 골자로 하는 헌법개정안을 작성했다. 국민투표에서 헌법개정안이 압도적 지지를 얻자 최고회의는 제3공화국 헌법을 공포하고 이어서 정당법, 국회의원선거법, 선거관리법, 대통령선거법 등을 공포했다(이정복, 2012;

7) 정치자금 확보를 위한 일련의 부정부패 사건으로 증권파동, 워커힐사건, 새나라자동차사건, 파친코사건을 말한다. 중앙정보부장 김종필은 이 사건들로 조성된 자금을 공화당 사전조직에 이용함으로써 물의를 빚었고 결국 1963년에 '자의반 타의반'으로 잠시 외유를 떠나야 했다.

심지연, 2017).

군부는 쿠데타 주도세력의 권력 장악에 유리한 방향으로 정치제도를 변경시킨 후 1963년 1월 정치활동 재개를 허용했다. 선거에서 무소속 출마를 금지한 새 헌법의 규정과 대폭적 해금조치로 신당 창당 움직임은 활기를 띠었다(이영훈, 2009; 심지연, 2017). 여권에서는 중앙정보부장 김종필의 주도로 군부 출신이 주축이 된 민주공화당이 결성되었고, 야권에서는 민주당 구파와 신파가 각각 주도한 민정당과 민주당이 대두했다. 박정희는 애초에는 민정 불참을 선언했으나 미국의 개입 등으로 군정을 연장하려는 시도가 무산되자 공화당 후보로 대선에 참여했다.

1963년 10월에 실시된 대통령 선거에서 공화당의 박정희 후보는 남로당 활동 및 여순사건 밀고 등 사상 검증을 제기한 윤보선 후보를 '색깔론'에 매달리는 수구세력이라고 반격하면서 영남 좌파의 지지를 얻어 15만여 표차로 간신히 물리쳤다. 그 다음 달에 실시된 총선에서는 여당이 4파로 분열된 야권을 상대로 승리를 거두었다. 공화당은 34%의 득표율에도 불구하고 그들에게 유리하게 설계된 비례대표제 덕분에 의석의 63%를 차지했다(심지연, 2017).

공화당의 '100가지 공약'과 신민당의 '100가지 부정부패' 폭로가 맞붙은 1967년 대선에서는 박정희 후보가 재대결을 펼친 윤보선 후보를 116만표 차이로 크게 이겼다. 1963년 대선에서 '38도선에 이은 36도선(동아방송 가청 경계선인 추풍령)'이 운위될 만큼 '남여북야'로 갈렸던 표심은 4년 만에 '동여서야'로 변화했다(이영훈, 2009). 또 이어진 총선에서는 공화당이 개헌선 2/3를 넘는 의석을 획득했다. 분열되었던 야권이 우여곡절 끝에 신한당으로 재결집했지만 여당의 상대가 되지 못했던 것이다(심지연, 2017). '막걸리·고무신 선거'라는 야유에서 드러난 것처럼 당시 선거는 관권·금권투표가 기본이었고 부정선거 의혹도 끊이지 않았다. 공화당의 막대한 자금 살포와 통·반장 동원은 당연한 일이었고 정치깡패의 폭력활동도 만연했다.

마찬가지로 대통령에게 종속된 기생정당인 여당과 정권에 대한 반대로 일관하는 거부(veto)정당인 야당 사이에 타협과 조정의 정치과정도 있을 수 없었다. 제1공화국 때와 마찬가지로 국정은 헌정과 무관하게 행정부 일변도로 이루어졌다. 입법권과 행정권 모두를 대통령이 행사하는 권력융합적 통치가 지속되었고, 사법부의 견제는 유명무실했다(이정복, 2012). 게다가 무엇보다 중앙정보부의 정치사찰·공작이 비일비재했다. 특히 당·정·민을 가리지 않고 자행된 불법 납치와 고문 등의 폭력사건은 공포정치 분위기를 조성했다(김영명, 2013; 민주화운동기념사업회, 2008).

그럼에도 불구하고 1963년에 비해 1967년에 박정희 정부에 대한 국민적 지지가 커진 데에는 일말의 진실이 있었다. 우선 헌정침해에도 불구하고 제3공화국의 정부는 외관상 군부와 민간이 연립한 준군사정부였다(김영명, 2013). 이 시기에 서북파를 대체한 영남파 장교 출신이 각료의 1/3을 비롯한 주요 공직에 진출하면서 사회 전반에 군부의 영향력이 대폭 증가했지만, 박정희 정부는 정책입안과정에서는 군부를 배제하고 대신 군대의 현대화를 위한 자금을 폭넓게 지원했다. 박정희가 군부 출신 인사를 기용한 것은 개인적 충원에 불과했고, 정책결정은 경제기획원으로 대표되는 관료를 중심으로 이루어졌다(이정복, 2012; 김영명, 2013).

무엇보다 제3공화국이 국민에게 인정받은 가장 큰 이유는 경제개발을 통해 정부의 존재이유를 증명한 데 있었다. 일단 박정희 정부는 영남 출신 정치군인과 고시 출신 신진관료를 주축으로 새로운 통치연합을 만들었고, 그 제일의 목표는 항상적 안보위협에 대처하기 위한 방편으로서 경제개발이었다(이정복, 2012; 모종린·와인개스트, 2015). 이승만 시대의 자유민주주의 이념이 사실상 반공주의라는 부정적 형태를 벗어나지 않았던 반면 박정희 정부를 떠받치는 권위주의적 보수주의 세력은 자유민주주의의 축소를 상쇄할 만큼 '안보와 성장'이라는 긍정적 목표를 갖고 있었던 셈이다.

특히 경제개발 5개년계획의 실행과정에서 달러 부족에 직면한 박정희 정부가 추진한 수출지향공업화는 정부가 통제하는 수출보조금과 수출융자에 기초한 성장체제를 확립함으로써 민간경제에 새로운 유인을 창조했다(모종린·와인개스트, 2015).[8] 부문·업종을 불문하고 수출실적을 달성하는 기업에게 주어지는 마이너스 실질금리의 특혜 여신이 기업의 자발적 설립·참여와 경쟁을 가능케 했던 것이다.

물론 그런 정책은 정경유착을 강화함으로써 생산성·수익성과 무관하게 부채로 덩치만 불리는 재벌의 고질병을 낳았고 편법적 특혜로 사익을 추구하는 '천민자본' 풍토도 확산시켰다(모종린·와인개스트, 2015; 아이켄그린 외, 2017). 그럼에도 불구하고 수출지향공업화는 1950년대와는 비교할 수 없는 경제성장을 가져왔고, 한국경제의 이륙을 가능케 할 민간의 경제주체를 형성하는 데 기여했다.

요컨대 1960년대 박정희 정부의 경제적 성과는 신생국의 경제개발과 산업화가 문민정권보다는 군부정권을 통해 더 잘 이루어질 수 있다는 미국 사회과학계의 현대화론에 일정 정도 부합하는 사례였다. 1970년대의 중화학공업화라는 일탈을 비판한 김준엽이 지적했던 것처럼 농공이 병진하는 장개석과 국민당의 대만식 수출지향공업화 모형이 1960년대까지는 한국에도 적용되었던 것이다. 다만 대만과 달리 한국에서는 기술력을 갖춘 중소기업이 아니라 정부특혜를 받은 재벌이 수출을 주도했다는 차이가 있었다.

그러나 제왕적 대통령의 망령은 다시 살아났다. 1967년 총선에서 개헌선 의석을 확보한 박정희와 공화당은 1969년 3선 개헌에 이어 1972년에는 박정희의 종신집권을 보장하는 유신체제 수립을 강행했다. 헌정을 무시하고 안보와 성장을 추구했던 박정희 정부는 자신의 성과를 지속시키기 위해 헌정을 부정하는 길을 선택했다. 성공한 대통령이 연임을 꿈꾸게 되는 것은 대통령제 본연의 결함일 수도 있는데, 헌정이 취약하고 법치가 불비한 나라에서는 그런 결함이 곧바로 현실화되기 쉬웠던 것이다.

---

8) 이와 함께 정부는 한일국교정상화를 통해 일본에서 제공받은 5억 달러의 종잣돈과 베트남파병을 통해 획득한 10억 달러의 외화를 석유화학공업단지·종합제철소·고속도로 건설 등에 투입해 기반시설을 건설했다.

유신체제의 헌정파괴와 헌정회복을 위한 저항운동

안보를 위한 1970년대의 중화학공업화와 유신체제는 헌정을 완전히 파괴한 명실상부한 군부독재였다. 박정희의 영구집권을 획책하는 독재정권에 맞서 야당은 물론 재야·학생운동이 헌정회복을 내걸고 결집했다. 쿠데타와 광주항쟁을 거쳐 전두환 신군부가 유신체제를 계승하자 반체제운동은 더욱 거세졌고, 학생·청년운동의 일부는 재야운동의 인민주의적 한계를 넘어 사회주의적 대안체제를 지향하는 새로운 운동을 모색하기도 했다.

그러나 1987년 이후 한국사회에서 문민화가 개시되는 데 결정적으로 기여한 것은 학생·청년운동보다는 오히려 제5공화국이었다. 전두환 정부는 비록 군부독재였지만 박정희 때와 달리 법학 전공이 아닌 경제학 전공의 관료를 기용하고 신자유주의적 정책개혁을 통해 파국에 처한 한국경제를 소생시킴으로써 헌정회복과 법치확립을 위한 실질적 여건을 창출했던 것이다.

유신체제와 중화학공업화의 파국

재선에 성공한 박정희 대통령은 야당과 재야의 반대에도 불구하고 김종필로의 정권 승계를 준비하기는커녕 3선 개헌을 감행했다. 1967년 총선에서 이미 확보했던 개헌선을 상회하는 공화당 의석을 활용해서 1969년에 개헌안을 통과시켰던 것이다. 박정희는 외채위기 조짐이 만연했던 1971년 대선에서 '이번이 마지막'이라고 공언하면서 신민당의 김대중을 100만 표 차이로 누르고 승리했다. 1967년 대선보다 얼마간 축소된 표차가 보여준 정권교체의 불안은 박정희의 종신집권 획책을 가속화했다(이정복, 2012).[9]

국제적 데탕트가 전개되던 1971년 말 대통령에게 사전적 긴급조치권을 초헌법적으로 부여한 국가보위에관한특별조치법이 제정·공포되었다. 이후 국회는 계속 휴회되어 야당은 무력화되었다. 긴급조치법을 단독 통과시켰던 공화당도 이른바 '10·2 항명사태' 이후 박정희가 숙청을 통해 통제권을 한층 일원화하자 정당 기능을 사실상 상실했다. 또 그 과정에서 중앙정보부의 개입은 공화당 인사를 더욱 주변화시켰다(심지연, 2017). 대신 박정희는 이른바 '육법회', 즉 육사 출신 영남계 군인과 서울법대 출신 검찰·관료를 측근으로 기용했다(한승조, 1999). 또 오원철 등 서울공대 출신의 기술관료와 군인을 자주국방을 위한 기획에 중용했다.

1972년 10월 17일 박정희는 특별선언을 통해 전국에 비상계엄을 선포하고 헌법 일부 조항의 효력을 정지시키며 비상국무회의에 의한 국정운영을 공포했다. 비상국무회의는 특별선언 이후 불과 열흘 만에 비밀리에 작성된 헌법개정안을 의결했다. 민주주의를 토착화하는 '유신적 개혁'만이 국가의 안전과 조국의 평화적 통일을 기약하는 유일한 길이라는 주장이었다. '한국적 민주주의를 토착화하자'는 대통령의 특별담화문과 함께 공고된 유신헌법은 11월 국민투표에서 전체 유권자의 92% 투표와 91.5%의 찬성으로 확정되었다.[10] 유신은 비상대권을 활용한 박정희의 친위쿠데타였다.

유신헌법은 세 권부의 견제와 균형이라는 삼권분립 원칙을 공식적으로 부정함으로써 기성 헌정질서 일체를 기습적으로 파괴했다. 여기서 대통령은 국가원수이자 정부수반을 넘어 3부 위에 군림하는 '영도자'(Führer, 수령)로 규정되어 입법·행정·사법에 걸친 막중한

---

9) 대선 직후에 실시된 총선에서도 마찬가지의 결과가 나왔다. 야당인 신민당이 공화당을 바짝 추격하여 득표율 차이가 줄어들었던 것이다(48.8% 대 44.4%). 물론 여당에게 압도적으로 유리한 전국구(비례)의석 배분 때문에 원내에서는 여전히 공화당이 우세했다(심지연, 2017).
10) 그러나 국민투표 과정에서 반대의견이 철저히 억압되었기 때문에 개헌을 둘러싼 정당성 시비가 지속되었고 이로 인해 1975년 2월 유신헌법에 대한 국민투표가 다시 실시되었다(심지연, 2017).

임무와 동시에 무제한의 권한을 부여받았다. 게다가 대통령 직선제가 폐지되고 대신 통일주체국민회의라는 별도의 대통령선거인단이 꾸려져 단일후보에 대한 찬반 형태로 대통령을 선출하게 되었다. 대통령 선출과정에 정당이나 사회단체가 개입할 여지가 원천적으로 봉쇄되고 박정희의 단독출마와 영구집권이 보장되었던 것이다(심지연, 2017; 서희경, 2020). 57일 만에 비상계엄이 해제된 1972년 12월 통일주체국민회의는 장충체육관에서 첫 집회를 갖고 박정희를 6년 임기의 대통령으로 선출했다.

유신헌법은 또한 의회를 형해화했다. 대통령이 추천하는 국회 의석의 1/3에 해당하는 전국구 의원은 사실상 임명제 의원으로서 유신정우회라는 별도의 교섭단체를 구성했다. 동시에 단순다수제로 대표 1인을 선출하는 소선거구제가 폐지되고 1구2인제가 채택되어 한 선거구에서 유권자는 1표를 행사하고 득표순으로 2명의 당선자가 선출되었다. 그 결과 1973년의 총선에서 여권은 39% 득표율로 직선제 의석의 절반을 차지한 민주공화당과 유신정우회 의석을 합쳐 전체 의석의 2/3를 차지했다(이정복, 2012; 심지연, 2017). 당총재 박정희의 1인 지배에 기초를 둔 기생정당 공화당은 이제 준정당인 유신정우회와 충성경쟁까지 벌여야 하는 '명목여당'이 되었다. 또 공화당과 유정회가 국회를 장악하면서 국회 자체가 '장식국회'로 전락했다(심지연, 2017).

게다가 유신헌법은 3공 시기의 법관추천회의제도를 없애고 대통령에게 대법원장과 대법원 판사를 비롯한 모든 법관의 임면권을 부여했다. 또 대법원에 부여되던 위헌법률심사권과 위헌정당심사권이 별도 기구인 헌법위원회로 이전되어 법원은 대통령을 견제할 수 있는 명목상의 권한도 박탈당했다. 실제로 유신헌법 제정 이후 박정희는 1973년 3월 모든 법관을 재임명하면서 46명의 법관을 탈락시켰다(이정복, 2012).

박정희는 중앙정보부와 보안사령부, 합동참모본부 정보국, 방첩대 등 주요 정보기구를 확대하고 상호 감시·견제케 하면서 비밀경찰의 활동범위도 한층 확대했다(김영명, 2013). 특히 중앙정보부는 각 부처마다 요원이 상주하면서 공무원 동향을 감시하기도 했고, 경찰·검찰·교정기관을 지휘하면서 수사권과 기소권을 행사하기도 했다. 일반 경찰은 치안보다는 시위 진압이나 정치인·학원 사찰을 담당하면서 비밀경찰을 보조하는 역할을 했다.

이처럼 박정희 1인에게 모든 권력을 집중시킨 유신체제는 유신의 근거가 된 안보 논리를 경제에도 전면 적용했다. 박정희는 경제수석실과 경제기획원의 반대에도 불구하고 오원철의 '공학적 접근'에 따라 군수공업화로서 중화학공업화를 강행했다. 1972년부터 기획된 중화학공업화는 1974년 남베트남 몰락을 기화로 본격적인 방위산업 육성으로 발전했다(모종린·와인개스트, 2015). 그것은 정책금융과 산업정책을 결합하여 중화학공업에 진출한 소수 재벌에 대한 특혜를 확대·심화하는 방식으로 실행되었다. 이는 수출실적을 중시한 1960년대 산업일반적 정책과 구별되는 내수·군수 중심의 산업특수적 정책으로 그 귀결이 바로 재벌의 과잉·중복투자였다.[11]

1977-79년 제조업 전체 투자액의 80%가 중화학공업에 집중되었다. 여신 배정, 재정적 인센티브, 매출 보장, 외국기업과의 경쟁으로부터의 보호 등 독점적 특혜를 받은 재벌은 소유와 지배의 괴리를 한층 심화하는 문어발식 성장을 추구했다. 그 결과 1973년에는 국민소득의 32%를 차지했던 상위 5대 재벌의 비중이 1980년에는 49%로 늘어났다. 재벌은 부채를 조달하여 수익성과 무관한 양적 성장을 추구했기 때문에 1980년에는 한국 기업의 부채비율이 400%에 이르렀다(모종린·와인개스트, 2015).

1970년대 말에 이르러 중화학공업 과잉·중복투자로 인해 한국경제는 사실상 붕괴상태에 직면했다. 1979년에는 경제성장률이 −5%를 기록했다. 중화학공업의 과감한 구조조정이 필요했지만, 1979년 4월에 경제기획원이 마련한 '경제안정화종합시책'은 실행되지 못했

---

11) 1990년대 이후 중화학공업이 수출산업으로 부상하기 위해서는 1980년대 전두환 정부의 산업구조조정이 필수적이었다.

다. 그런데 바로 그해 10월에 박정희 대통령이 암살되었다. 해외채권자를 비롯한 국내외 이해관계자들은 신자유주의적 구조조정을 추진할 책임감 있는 정치권력을 원하고 있었다. 그리고 그때 신군부가 등장했던 것이다(김영명, 2013).

헌정회복을 위한 재야·학생운동과 그 한계

박정희 사후 포스트유신체제를 야당과 같은 전통적 정치집단이 아니라 또다시 군부가 주도하게 된 데에는 부마항쟁에서 광주항쟁으로 이어지는 시기의 극도로 혼란스러운 정치상황이 작용했다. 폭압적 유신체제에 맞서 헌정회복을 위해 싸워온 재야세력의 과도한 정치화와 그것이 야기한 폭동 수준의 무질서상태는 박정희 사후의 결정적 과도기를 유산시킨 데 이어 이후에도 헌정의 정상화를 지연시켰는데, 여기에는 이전부터 축적된 반정부 재야세력의 정치적 관행이 크게 작용했다.

1963년 대선에서 박정희에게 분패한 윤보선은 이후 '정신적 대통령'을 자부하며 야당의 분열과 이합집산 속에서 군사정권과의 타협을 일절 거부하는 '선명야당'을 주창했고, 1970년대에는 극도의 정치적 탄압에 정면으로 맞서며 군정종식과 헌정회복을 요구하는 재야를 이끌었다(김명구, 2011).[12] 재야는 유신체제가 헌정을 파괴하고 정부에 비판적인 모든 정당·정치활동을 중단·억압함에 따라 출현한 일종의 준야당, 즉 반합·비합활동가 집단으로서 초기에는 자유실천문인협회로 대표되는 서울대 출신 문예인들이 주도했고, 이후 정치활동이 금지된 야당 정치인은 물론이고 비정치 영역에서 활동하던 종교인·언론인·교수 등으로 확대되었다(심지연, 2017).

재야는 대학생의 시위가 확산되기 시작한 1973년 11월 민주수호

---

12) 윤보선은 1973년 11월의 선언으로 군법회의에서 유죄선고를 받았지만 1975년 이래 매년 3월 1일에 주요한 성명이나 선언문을 발표하여 반체제 운동의 상징이자 구심이 되었다(이영훈, 2009).

국민협의회 인사들의 시국선언으로 정치무대에 등장했다(민주화운동기념사업회, 2009). 이후 유신반대시위 보도 금지에 항의하는 언론인의 언론자유선언이나 시국간담회 등이 이어졌다. 그리고 그 참여자들을 중심으로 개헌청원100만인서명운동이 전개되고 일부 야당이 동참을 선언하자 박정희는 개헌 관련 논의를 전면 금지하는 대통령 긴급조치를 잇달아 발표했다(이정복, 2012; 민주화운동기념사업회, 2009).

1974년 11월에 출범한 민주회복국민회의는 재야를 구성하는 각계 인사의 연대의 상징으로서 김대중과 김영삼 등의 정치인을 포괄했다(민주화운동기념사업회, 2009). 재야의 조직화는 1976년 3월 1일 윤보선·함석헌·김대중이 주도한 「3·1민주구국선언」 이후 더욱 강화되었다. 그 서명자들은 긴급조치 철폐, 구속인사 석방, 의회정치 회복을 요구했는데, 사건 관계자 20여 명에 대한 재판은 큰 사회적 파문을 낳았다. 이후 해직기자협의회, 해직교수협의회, 자유실천문인협의회, 정의구현사제단, 민주주의와민족통일을위한국민연합 등 사회 각 부문에서 재야단체가 결성되었다(심지연, 2017).

박정희의 독재에 저항한 가장 큰 세력은 재야의 전위 역할을 한 대학생들이었다. 대학생들은 이미 1960년대 말부터 전국 각지에서 3선개헌 반대시위와 군사훈련(교련) 반대시위를 벌였고 정부는 위수령과 휴교령 등으로 대처했다. 유신 선포 전후로 잠잠했던 대학생들은 1973년 10월 서울대생의 시위를 기점으로 전국적으로 반유신 시위를 전개했고, 정부는 전국민주청년학생총연맹(민청학련)에 대한 대통령 긴급조치 4호를 발표하며 강력한 제재에 나섰다. 그러나 1년 후 긴급조치 4호가 해제되자 학생들의 유신철폐시위는 재개되었고, 유신에 대한 일체의 부정적 행위를 금지하는 1975년 5월의 긴급조치 9호에도 불구하고 부마항쟁 때까지 시위는 계속 이어졌다. 학생들의 유신철폐운동 때문에 이 시기 대학은 휴교와 조기 방학을 반복해야 했다(이정복, 2012; 서희경, 2020).

재야와 대학생의 유신철폐운동을 배경으로 제1야당인 신민당은

1974년 1월 개헌을 당면 목표로 설정했고, 8월에 선명노선을 표방한 김영삼이 총재로 선출됨으로써 개헌투쟁이 본격화되었다.13) 1978년 총선에서 신민당은 득표율에서 공화당을 앞섰다(1.1%포인트). 대통령 소속당의 득표율이 반대당보다 낮은 '건국 이래 처음' 발생한 이 같은 결과는 유신철폐운동에 대한 국민의 지지를 반영하며 유신체제의 몰락을 예고한 전조였다(서희경, 2020). 그러나 박정희 정부는 이 같은 사태 전개에 강경일변도로 대응했고 특히 김영삼과 신민당을 무력화하기 위한 정치공작을 계속 시도했다. 그리고 결국 1979년 10월 4일 김영삼이 의원직에서 제명되는 사태가 일어났다. 이를 계기로 10월 16일부터 부산과 마산에서 시위가 격화되었고, 부마항쟁에 대한 대응책을 둘러싸고 정권 핵심부의 강경파와 온건파가 대립하는 가운데 김재규 중앙정보부장이 박정희 대통령을 암살한 10·26 쿠데타가 발발했다.

극단의 비상사태에 직면한 대통령 권한대행 최규하 국무총리는 유신헌법에 따라 먼저 간선제 대통령을 선출하여 헌법을 개정한 뒤 대선을 치러 새 정부를 구성한다는 특별담화를 발표했다. 그러나 12월 초 통일주체국민회의에서 대통령으로 선출된 최규하는 허정 과도정부 때와 달리 개헌절차나 체제전환을 서두르지 않았다(서희경, 2020; 이정복, 2012). 대신 그는 긴급조치 9호를 해제하며 정치적 해금조치를 취했다.

군부의 동향을 예의주시하는 가운데 공화당과 신민당은 곧 활동을 재개했고, 특히 신민당은 12월 6일 이미 대통령 직선제를 포함한 헌법개정 시안을 발표하면서 정부를 압박했다(서희경, 2020). 12일 신군부가 10·26쿠데타의 사후처리 문제와 관련하여 계엄사령관 정승화를 체포하는 대항쿠데타를 감행했지만 정치인들은 이를 숙군

---

13) 그러나 1975년의 경색 국면에서 당의 정치적 존속을 위한 타협을 주창한 이철승이 당권을 잡으면서 신민당은 반정부투쟁을 포기했고 김영삼도 박정희와의 회동 뒤 강경노선을 철회했다. 신민당의 반유신 투쟁은 1979년 5월 김영삼이 당 외부에 있던 김대중의 지지에 힘입어 다시 당권을 잡으면서 재개되었다(김영명, 2013).

(肅軍) 조치로 간주하면서 대수롭지 않게 여겼다(김영명, 2013; 이영훈, 2009). 그리고 1980년 2월 29일 가택연금이 해제된 김대중과 함께 687명의 정치인이 복권되었다.

그렇게 시작된 이른바 '서울의 봄'은 3김 사이의 분열과 경쟁의 연속이었다. 특히 김대중의 신민당 입당을 둘러싸고 야권 지도자들의 협상이 결렬되면서 대권을 향한 양김의 경쟁이 본격화되었고 재야도 분열했다. 양김은 헌정과 법치 확립을 위한 어떤 프로그램도 없이 민주회복을 본인의 대통령 당선과 동일시했는데, 다만 그 방법에서 차이가 있었다. 계속 신민당이라는 정당 내에 있었던 김영삼은 제도개혁을 주장했던 반면 재야와 더 가까웠던 김대중은 대중동원을 더 중시했던 것이다(김영명, 2013). 이런 상황에서 김대중이 4월 29일 민주화를 위한 전국민운동을 호소하자 양대 세력은 완전히 결별했고, 김대중을 지지하는 재야 강경파와 그들을 따른 복학생 주도의 학생운동 강경파가 대규모 시위를 연일 이어갔다(김영명, 2013). 과거청산과 개헌을 촉구하는 재야의 계속된 시위는 결국 사실상의 자파 집권을 선언하는 '재야쿠데타'(dissident coup)와 다름없었다.

12·12대항쿠데타 이후 정치적 입지를 다지다가 중앙정보부의 실권자가 된 전두환 장군은 그런 사태를 좌시하지 않고 두 번째 대항쿠데타인 5·17을 감행했다. 신군부는 계엄을 전국으로 확대함과 동시에 국회의사당을 봉쇄하고 정치인과 재야인사를 체포·연행했다. 김대중은 17일 밤 동교동 집에서 무장군인에게 끌려갔고 바로 다음 날 비상계엄 해제와 김대중 석방을 요구하는 시민·학생이 계엄군과 충돌하는 광주의 비극이 시작되었다(이영훈, 2009; 김영명, 2013).

20년 만에 찾아온 헌정회복의 기회는 결국 양김의 분열과 재야의 경거망동에 이은 신군부의 무력대응이라는 형태로 종결되었다.14)

---

14) 1980년 7월 정부는 '김대중 등 내란음모사건'을 발표했고, 8월 군법회의는 김대중·문익환·고은 등 24명에 대한 재판을 진행했다. 김대중은 사형을 선고받았으나 무기징역으로 감형되었다. 이후 김대중은 정치활동을 일절 그만두겠다고 전두환 대통령에게 직접 탄원하여 망명을 허락받고 1982년 12월 미국으로 떠났다(이영훈, 2009).

'정치·사회정화' 조치를 시작한 전두환 장군이 새 헌법 하에서 대통령으로 선출되면서 출범한 제5공화국의 초기에 야당과 재야는 쥐죽은듯이 숨어 있었다. 그러다가 가택연금 중이던 김영삼의 단식투쟁에 김대중이 동조하면서 양김의 연합이 시작되었고, 집권기반을 공고히 한 전두환 정부가 1984년부터 대학자율화와 정치인 해금 등 유화조치를 취하자 재야와 학생운동이 다시 활성화되었다.

1980년대에 재야는 유신시대에 비해 규모가 더 확대되고 더 조직화된 반정부운동을 전개했다. 특히 이 시기에 1970년대 학생운동 출신을 주축으로 한 민청련(민주화운동전국청년연합)은 재야의 중추를 형성했다. 민청련은 흔히 'C-N-P 논쟁'으로 알려진 내부 토론을 거쳐서 민족민주(ND)혁명론을 전략적 방침으로 설정했다.

그러나 학생운동이 재야의 예비군 역할을 했던 1970년대와 달리 1980년대 학생운동은 야당과 재야로부터의 단절을 추구했다. 유혈참사로 종결된 광주항쟁이 신군부의 쿠데타를 방조했던 미국에 대한 반감과 기회주의적인 태도를 보였던 야당과 재야에 대한 불신을 낳았던 것이다.[15] 이를 배경으로 'C-N-P 논쟁'은 마르크스주의에 기초해서 한국사회의 성격을 과학적으로 분석하고 그것에 근거해서 변혁의 전망을 확립하려는 사회성격 논쟁으로 발전했다. 서울대를 주축으로 한 학생운동은 사회성격 논쟁을 통해 자유주의로부터 사회주의로 전진했다. 또 같은 시기에 사회주의적 지향의 지식인과 노동자운동의 결합을 상징하는 구로동맹파업이 전개되었다. 이후 학생운동 내에서 변혁의 성격을 둘러싸고 'NL-CA 논쟁'과 'NL-PD 논쟁'이 전개되었다.[16]

---

15) 박정희의 반공주의가 상대적으로 친미와 거리를 두었던 것과 달리 1970년대 재야의 기본 입장은 친미반공주의였다. 미국이 한국을 일본에 떠넘기려 한다는 이유로 한일회담에 반대하던 때와 비슷하게 재야는 주한미군 철수나 독자적 핵무장을 반대하며 안보와 관련된 한·미의 갈등을 유신체제 탓으로 돌렸다. 그에 대응하여 박정희는 재야를 사대주의라고 비난했다(김영명, 2013).

16) 이에 대한 더 자세한 설명은 이 책에 실린 유주형·김태훈의 글을 참고하시오.

전두환 군부독재와 정치경제적 조정

5·17쿠데타 직후 전두환은 모든 정치활동을 금지하고 최규하 대통령과 행정부를 무력화한 다음 국가보위비상대책위원회(국보위)를 설치하고 사실상 국정을 장악했다. 그것은 입법·행정·사법의 삼권을 모두 아우르는 최고군사회의로서 사실상 유신체제의 연장이었다(서희경, 2020). 제5공화국의 군부독재와 그 폭압성은 유신시대를 능가할 정도였다. 중앙정보부를 약화한 국가안전기획부(안기부)나 기능과 권한을 강화한 보안사령부 등 정권을 수호하는 비밀경찰이 확대·강화되었기 때문이다(김영명, 2013). 그럼에도 불구하고 전두환의 군부독재는 유신시대 박정희의 군부독재와는 달랐는데, 특히 그는 민정이양의 약속을 지켰다.

우선 정권을 장악한 전두환은 일련의 사회정화조치를 취해 정치사조직을 일소하는 등 '정치운동장'을 정리한 후 헌정체제의 조정에 들어갔다. 국보위 설치로 1980년 8월 최규하 대통령이 사임하자 통일주체국민회의의 보궐선거를 통해 대통령으로 당선된 전두환은 정의사회 구현과 복지국가 건설 등 4가지 국정목표를 제시하고 헌법을 개정했다. 간선 대통령의 7년 단임제를 핵심으로 한 새 헌법안은 10월 22일 국민투표에서 95.5% 투표와 91.6% 찬성으로 확정되었다. 새로운 헌법은 또한 임명제 국회의원을 폐지하고 국회에 내각 불신임권을 부여했으며 대통령의 비상조치권 제한, 사법부의 인사권 독립, 선거공영제 등을 담음으로써 유신 때보다는 자유화된 정치과정의 여지를 남겼다(김영명, 2013). 그리고 무엇보다 헌법 공포에 즈음한 담화에서 전두환은 대통령 임기는 1회뿐이며 1988년 2월 임기가 종료되면 물러나겠다고 약속했다.

새 헌법이 발효되자 기존 정당과 국회가 해산되고 입법회의가 설치되었다.[17] 신군부는 입법회의를 통해 정치풍토쇄신법을 제정·공포하여 '정치적·사회적 부패나 혼란'을 야기해 민주정치의 발전을 저해한 835명 인사의 정치활동을 1988년 6월까지 금지했다(심지연, 2017).[18] 11월에는 해산된 민주공화당의 자산 일체를 무상으로 양도받은 민주정의당이 정의사회 구현 등을 내세우며 대통령을 총재로 추대하고 새 여당으로 출범했다(최호동, 2022). 곧이어 안기부와 보안사의 사전 조정 하에 여러 위성정당이 출현해서 이듬해 총선에는 12개 정당이 선거에 참여했다(심지연, 2017).

정당체계가 정리된 이후 정부는 1981년 1월 비상계엄령을 해제하고 대통령선거와 국회의원선거를 실시했다. 입법회의에서 마련한 대통령선거법에 따라 전국 1900여 개 선거구에서 선발된 5천여 명의 선거인단이 90.2% 지지율로 전두환을 대통령으로 선출했다. 또 3월에는 새로운 국회의원선거법에 따라 총선이 실시되어 민정당이 35.6%의 득표율로 55%의 의석을 차지했다. 민정당이 원내 안정 의석을 확보하면서 안정적 통치기반이 마련되었다고 판단한 정부는 1983년 말 국민화합 차원에서 해금조치를 단행했다(심지연, 2017).

전두환은 제5공화국의 정치제도로 외형상 정당다원주의를 구현하면서도 실제로는 여당의 일당독주를 가능케 하는 '패권정당제'를 창출했다(심지연, 2017). 그런 패권정당제는 신군부 집권의 영속화를 꾀한 것 동시에 헌정회복에 기여하는 의미도 있었다. 첫째, 비록 위성정당이었지만 야당과 '협치'하는 여당을 통치의 주체로 세웠다는 점에서 5공의 독재는 이승만·박정희 독재와 같은 1인 지배가 아니었다(김영명, 2013). 둘째, 위성정당을 통해 김종필계를 비롯한 과거 유신시대의 인적 자원과 그들의 통치역량을 일정 부분 보전했다. 셋째, 비록 위성정당이라 해도 의회라는 정치제도 내에서 정치적 이견을 어느 정도는 표출할 수 있었기 때문에 정치적 안정성이 커졌다. 이는 모든 언로를 사실상 폐쇄했던 유신체제에서 문민정부로의

---

17) 입법회의는 1980년 10월 29일 개회한 후 1981년 4월 10일 폐회하기까지 189건의 법률안을 처리했다(심지연, 2017).
18) 김종필·이후락·김대중 등 26명은 권력형 축재 및 학생시위·노사분규 선동혐의로 5·17때 이미 연행되었고 김영삼은 가택연금되었다. 양김은 정계 은퇴를 발표해야 했다(심지연, 2017).

이행에 필요했던 과도적 조치로서 자유민주주의적 정치과정의 복원에 중요했는데, 1985년 총선 이후의 결과가 그것을 보여준다.[19]

외관상 다원화된 양식으로 정비된 헌정체제는 곧 경제적 성과로도 이어졌다. 특히 전두환 정부가 정치 이외의 영역에서는 확고하게 능력주의 통치를 지향했던 것이 컸다. 정치군인이었던 박정희와 달리 미국식의 현대화된 교육과정으로 양성된 직업군인이었던 전두환은 '군은 안보만 한다'는 약속대로 각계 전문가를 존중하며 중요한 국정 현안을 최고의 전문관료에게 일임했던 것이다. 그 결과 1979년에 작성되었지만 방치상태에 있었던 경제기획원의 경제안정화종합시책이 실행될 수 있었다. 이로써 한국경제는 신자유주의적 정책개혁을 통한 구조조정을 실행하게 되었다.

경제관료는 일단 재정긴축 기조를 확립했다. 거시경제 안정을 회복하기 위해서는 환율을 조정하고 통화팽창을 줄여야 했다. 이어 시장주의적 자유화 조치를 취하면서 독점규제와 공정거래에 관한 법률을 도입하는 한편, 관세와 수입 제한을 축소하고 산업정책의 방향을 연구개발 같은 기능 지원으로 재설정했다. 또 정책금융 특혜를 단계적으로 축소하고 금융부문의 자유화 조치도 실행하기 시작했다(아이켄그린 외, 2017).

1982-83년에는 금융자유화의 일환으로 주요 시중은행이 민영화되었다. 그러나 은행장 임명 재가권은 여전히 재무부가 보유하여 정부의 신용할당 통제권이 포기된 것은 아니었다. 1984년에는 재벌에 대한 여신관리 제도를 강화해서 5대 재벌에 대한 여신 총액이 동결되었고 상위 30대 재벌에 대해서는 한도가 설정되었다. 또 정책당국

---

19) 이뿐만 아니라 전두환은 집권 초기부터 일부 원로와 정치인을 직접 찾아가 자문이나 협조를 구하는 등 정치과정에 필수적인 '대화를 통한 협치'도 시도했다. 이와 관련하여 제5공화국 출범 직후인 1981년에 '정권을 무너뜨리는 것만이 민주투쟁은 아니다'라며 전두환 정부에 대한 지지의사를 표방했던 재야 지도자 윤보선은 그 이유로서 '박정희는 대화를 거부했기에 투쟁했지만 전두환은 응했기에 지지했다'고 말한 바 있다(이영훈, 2009; 김명구, 2011).

은 은행과 재벌 사이의 방화벽을 강화하고 개별 재벌의 은행지분 한도(8%)를 규정했다(아이켄그린 외, 2017).

전두환 정부의 이 같은 조처는 1982년부터 효과를 나타냈다. 25%를 상회하던 물가상승률이 7% 수준으로 하락하다가 1983년부터는 3%대까지 떨어진 것이다. 이런 상황에서 정부는 1986년 산업합리화지원법(기업의 채무조정)을 통과시켜 구조조정을 완화하는 대신 독점규제 및 공정거래에 관한 법률을 개정하여 재벌의 상호출자를 금지하고 계열사 출자총액을 제한했다. 정부는 1986-88년의 이른바 '3저 호황'에 힘입어 확장을 재개한 재벌의 개혁을 망설였고, 구조조정이 필요한 경우에는 공적 자금을 통한 인수합병을 꾀했다. 부실기업을 인수한 기업의 대부분은 기업선정기준을 충족시킨 재벌이었기 때문에 산업합리화는 결국 재벌의 강화로 귀결되었다(모종린·와인개스트, 2015).

이 시기에 나머지 이익집단과 달리 재벌 회장들은 대통령과 만나 자신의 의견을 피력할 기회도 가졌다. 재벌은 수입자유화에 저항하고 해외기업의 국내 진입에도 반대했다(아이켄그린 외, 2017; 이정복, 2012). 제5공화국 시기에 정경유착이 더욱 강해지고 비자금 관련 권력형 비리가 끊이지 않았던 것도 이 같은 정·재계간 '대화'와 무관치 않았을 것이다(김영명, 2013).

문민정부로의 이행과 그 한계

1980년대 중반부터 개헌을 둘러싸고 전개된 사회적 긴장과 갈등은 결국 1987년 대통령 직선제를 쟁취한 '문민화'로 일단락되었다. 그러나 대선에서 양김이 분열한 결과 한국의 문민정치 시대는 또다시 군부 출신의 대통령과 함께 시작되었다. 노태우 정부는 삼권분립과 헌법기관의 내실화 위에서 정당정치를 활성화하는 등 헌정 복구를 시도했다. 노태우의 통치를 이은 김영삼 대통령은 자유주의 내지 자유보수주의적 정치개혁을 통해 자유민주주의적 헌정과 법치의 공고화를 시도했다. 그러나 그것은 절반의 성공에 불과했는데, 3저 호황으로 급성장한 금권주의 세력과 현실사회주의 붕괴 이후 부활한 인민주의 세력의 저항으로 구조조정에 실기하면서 결국 1997-98년 경제위기를 맞이했기 때문이다.

대통령 직선제의 복원

전두환 정권 말기에서 노태우 정부의 출범에 이르는 시기는 의회와 제도권을 넘어선 다양한 사회세력이 전환적 태세로 한국의 자유민주주의적 헌정을 재정초한 시기였다. 그러나 문민화된 헌정체제의 구성 및 운용과 관련해서 이후의 정치과정에는 여전히 많은 한계가 있었는데, 그런 한계도 이 시기의 정치관행에서 배태되었다.

이른바 '87년 체제'의 시작은 헌정회복을 이끌 정당정치의 주체, 즉 새로운 야당의 출현이었다. 가택연금 상태였던 김영삼이 1983년에 5·18 3주년을 맞아 무기한 단식을 감행하자 미국 체류 중이던 김대중이 지지의사를 표명했고 이를 계기로 1984년 5월 18일에 민주국민협의회추진위원회(민추협)가 결성되었다. 11월 정부가 김영삼·김대중·김종필 등 마지막까지 규제대상으로 남아 있던 정치인을 해금하자 민추협은 1985년 2월에 실시될 총선을 앞두고 내부논의 끝에 김영삼의 선거투쟁 노선을 따라 1985년 1월에 신한민주당을 창당했다.[20] '서울의 봄' 이래 분열되어 있던 김영삼계와 김대중계가 통합하여 공동의 반정부투쟁을 전개할 기반이 마련된 것이었다(민주화운동기념사업회, 2010).

1985년 2·12 총선은 외형적으로는 35.3%의 득표율로 원내 148석

---

20) 당시 민추협 내에서 김대중과 재야는 대체로 선거 참여에 부정적인 태도를 보였지만 김영삼은 '선거 거부운동은 1단 기사로 끝나고 말지만 선거에 참여하면 합법적으로 반독재운동을 벌일 수가 있다'는 논리로 그들을 설득했다(이영훈, 2009).

을 얻은 민정당의 승리였다. 그러나 이 선거는 창당한 지 한 달도 안된 신민당이 서울·부산·광주·인천·대전 등 대도시에서 모두 승리하며 제1야당으로 부상했다는 점에서 '중대선거'(critical election)로 기록되었다(서희경, 2023). 선거에서 드러난 표심은 군부독재 종식에 대한 국민의 열망이자 야권통합에 대한 국민의 당부로 이해되었고, 야권통합 논의가 전개되기 시작되자 군소 위성정당 국회의원들이 대거 탈당하여 신민당에 입당했다. 신민당은 곧 전체 의석의 1/3을 넘는 103석을 확보했고, 이를 바탕으로 직선제 개헌을 통한 정권교체라는 방침을 설정했다(심지연, 2017).

신민당이 직선제 개헌으로 정권을 잡는 전략을 취했던 반면 민정당은 호헌 또는 최소한 의원내각제 개헌을 통해 다수파로서 계속 정권을 유지한다는 전략을 취했다(김영명, 2013). 개헌세력과 호헌세력의 대치상태는 1986년 2월에 시작된 직선제개헌1천만서명운동을 계기로 본격화되었다(심지연, 2017). 일단 여야는 국회 내에 헌법개정특별위원회를 구성하는 데 합의했으나 개헌특위는 의견 대립으로 파행을 계속했다. 동시에 신민당은 전두환 정부와의 타협 여지를 보인 이민우 총재로 대표되는 온건파와 직선제 개헌을 고수하는 양김으로 대표되는 강경파로 분열했다. 결국 양김은 신민당을 탈당하여 1987년 2월에 통일민주당을 창당하고 장외에서 직선제 개헌운동을 전개했다(심지연, 2017).

여기에는 여야의 교착상태를 타개한 외부의 힘, 즉 재야와 학생운동이 크게 작용했다. 1987년 1월 서울대생 박종철의 고문치사사건이 언론에 발표되자 김영삼·김대중 공동의장의 참여 아래 민추협도 농성에 들어갔다. 그들은 박종철고문치사사건을 직선제 개헌운동에 접목시켜 대여투쟁을 강화하고자 했다. 재야와 연대한 야당은 내각 총사퇴를 요구했고 내무부장관과 치안본부장이 즉각 경질되었다(민주화운동기념사업회, 2010).

그러나 민정당은 원내외의 압력에도 불구하고 개헌안과 관련해서는 조금도 물러서지 않았다. 협상이 난항을 거듭하자 전두환 대통령은 기존 헌법대로 후계자인 노태우에게 정권을 이양하는 과정에 착수하겠다는 4·13호헌조치를 발표했다. 이 발표에 대응하여 5월에 민주헌법쟁취국민운동본부가 발족하고 6월까지 대규모의 시위가 지속되자 대통령은 야당과의 협상을 재개하는 것으로 선회했다. 그리고 마침내 민정당이 노태우를 대통령 후보로 지명한 6월 10일 호헌에 반대하는 시민이 궐기했다.[21] 국민운동본부가 개최한 전국민대회를 통해 전문직·관리직·사무직 등 중산층까지 대거 가두시위에 참가한 것이다.

도시 중간계급이 호헌철폐운동에 동참한 것은 여당·정권과 야당·재야 간 협상게임의 전환점이 되었다(김영명, 2013; 모종린·와인개스트, 2015). 6·10항쟁 이후 이어진 대규모의 전국적 시위는 경찰력으로 진압이 불가능했다. 결국 가두의 압박 속에서 영수회담을 비롯한 여야의 대화가 이어졌고, 집권세력이 대통령 직선제를 위한 개헌에 동의한다는 이른바 '6·29선언'이 나왔다. 사실상 '항복'(노태우)으로 비쳤던 그런 정치적 결단은 군대 동원까지 고려했던 전두환으로 대표되는 강경파가 아니라 노태우로 대표되는 온건파가 신군부 내에서 주도권을 갖게 된 결과였다. 물론 군대의 동원에 반대의사를 표했던 미국의 압력도 온건파가 주도권을 잡을 수 있는 배경이 되었다(심지연, 2017; 서희경, 2023).

6·29선언 이후 개헌협상은 민정당과 민주당의 8인정치회담에서 비공개로 신속하게 진행되어 8월 31일에 완료되었다. 이 같은 개헌협상은 국회의 개헌절차를 따르지 않았을 뿐만 아니라 통일민주당 이외의 야당과 국회의원 다수를 배제한 밀실협상이었다. 또 밀실협상을 통해 만들어진 개헌안은 이승만 정부에서 작성되었던 발췌개헌처럼 양당 지도자의 정략적 고려를 반영한 '누더기' 법안에 가까운 것이었다. 그 결과 5년 단임의 대통령 직선제를 골자로 하는 새 헌

---

21) 5·18 추모미사에서 천주교정의구현사제단이 박종철고문치사사건의 은폐·조작을 폭로한 것이 6월 항쟁의 주요한 계기가 되었다. 결국 국무총리·안기부장·검찰총장이 은폐·조작에 책임을 지고 사임을 했지만, 6월 9일 연세대생 이한열의 사망으로 또다시 폭발한 민심을 가라앉히지는 못했다.

법이 만들어졌다(서희경, 2023).

이에 따라 유신 때보다는 약화되었지만 제5공화국의 '제왕적 대통령제'가 온존되었는데, 이는 정치과정의 활성화와 동시에 헌정·법치에 대한 왜곡 효과를 제도화하는 것이었다. 대선, 총선, 재보궐·지방선거 등 거의 매년 실시되는 잦은 선거로 인해 정당 간 경쟁과 대결적 정치문화가 지속·강화되었을 뿐 아니라 그런 '중간평가'의 승패에 따라 대통령이 '제왕'과 '레임덕'의 양극단을 오가게 되었기 때문이다(서희경, 2023).[22]

대통령 직선제 쟁취라는 제한된 성공만을 거둔 재야·학생운동의 불만족도 향후 정치과정에 왜곡효과를 낳게 될 것이었다. 새 헌법이 1987년 8월 국회에서 통과되고 10월 국민투표로 확정되자 정치와 관련된 모든 관심이 12월 대통령선거로 집중되면서 6월 항쟁에 참여했던 모든 재야·학생운동 세력은 명분의 성공과 동시에 변질을 시작해야 했다. 문민화는 선거경쟁에서의 세력대결로 치환되었고 그 성패는 대선결과와 등치되었던 것이다. 실제로 6·29선언 직후 양김은 곧바로 대선후보 경쟁에 돌입하면서 분열했고, 그 대응을 둘러싸고 재야와 학생운동 역시 분열했다.[23]

결국 1987년 12월에 실시된 대선에서는 민정당의 노태우 후보가 김영삼·김대중·김종필이 이끄는 3개 야당의 분열 덕분에 어부지리로 당선되었다. 선거과정에는 경상도·전라도·충청도로 분할된 지역감정이 강력한 영향을 미쳤다. 특히 부산·경남에서 우세한 김영삼후보와 전라도에서 우세한 김대중 후보의 지지세력이 격렬하게 대립했다. 선거 패배 직후 양김은 대선을 '원천적 부정선거'로 규정하

---

22) 5년 단임 대통령은 공약 이행을 위한 시간을 갖기도 전에 총선과 지방선거를 준비해야 한다. 1987년 이후 지금까지 선거가 없었던 해는 7개 년에 불과하며, 대통령은 통상 5년 임기 동안 총선 2회, 지방선거 1회를 치르거나 총선 1회, 지방선거 2회에 재보궐 선거 4-6회를 치렀다(서희경, 2023).
23) 그러나 학생운동 일각에서는 6월 항쟁과 그에 뒤이은 7-9월 노동자대투쟁을 결합시키려는 시도도 있었다. 이들은 이후 대선에서 87년의 성과를 야당과 재야가 독점하는 것에 반발하여 민중후보를 내세우기도 했는데, 이것이 1987년 이후 민중민주(PD)파의 기원이 되었다.

고 선거 무효화투쟁을 선언하면서 자신들의 패배를 인정하지 않는 '대선 불복'의 모습을 보였다(심지연, 2017). 1980년 '서울의 봄' 시기와 마찬가지로 양김에게 문민화는 여전히 자신의 대통령 당선을 의미했을 따름이었다.

노태우 정부의 '문민화'와 포괄정당 실험

1988년 2월 '군의 정치 개입은 시대착오'(이상훈 국방부장관)임을 공언한 신군부 온건파를 대표하는 노태우 대통령이 이끄는 '문민화'가 시작되었다(김영명, 2013). 비록 불완전했지만 자유민주주의적 정체의 확립을 위한 전제로서 법치가 시도되었다. 비밀경찰의 권한을 축소하고 검찰의 독립성을 제고하려는 노력으로 법적 절차에 따른 수사·기소 관행이 수립되기 시작했던 것이다. 검찰은 합동수사본부나 관계기관대책회의 등을 통해 법적인 절차를 갖춘 사법권 집행을 도모함으로써 경찰은 물론이고 보안사와 안기부에 대해서도 '견제와 균형'을 시도했다.24) 그리고 이회창 대법관의 중앙선거관리위원장 재임을 계기로 정부가 공명선거캠페인을 주도하면서 '정치경기장'의 중립 운영도 보장되기 시작했다.25)

노태우 정부의 이 같은 헌정 정상화는 군부가 후퇴하고 문민화된 정치영역에서 그 자신의 정치적 기반이 취약했던 탓에 이루어진 것이기도 했다. 새 대통령 취임 직후인 1988년 4월에 새 헌법에 따른 첫 번째 국회의원선거가 여야가 합의한 소선거구제로 실시된 결과, 지역주의적 투표행태가 강화되면서 헌정사상 최초의 '여소야대' 국회가 구성되었기 때문이다(심지연, 2017).26) 여당인 민정당(125석)

---

24) 또 소장판사들이 법원의 독립성을 요구한 '2차 사법파동' 이후 새롭게 임명된 10대 대법원장 이일규를 중심으로 이른바 '이일규 체제'가 출범함으로써 법원의 독립성도 제고하려는 노력이 시작되었다.
25) 이회창의 선관위는 1989년 4월과 8월의 보궐선거에서 불법·탈법 선거운동이 판을 치자 후보자 전원을 고발하고 대통령과 각 당에 선거법 준수를 당부했다(이영훈, 2009).

을 압도한 평민당(70석), 민주당(59석), 공화당(35석) 세 야당은 여당의 반대에도 불구하고 국정감사 등에 관한 법률을 공동으로 통과시키는 등 위력을 드러냈고 이에 대응하여 대통령은 야3당이 통과시킨 법안에 대한 거부권을 행사하기도 했다.

이처럼 야3당의 공조체제로 인해 국회 운영을 비롯한 정국 운영에서 여당이 끌려다니는 형국이 되면서 노태우 정권에서는 입법부 중심의 정치과정이 활성화되었다. '5공청산'을 정치적 의제로 내세운 제5공화국정치권력비리조사특별위원회(5공특위)와 5·18광주민주화운동진상조사특별위원회(광주특위)가 설치되고 의정사상 최초의 국회 청문회가 개최되었던 것이 대표적 사례다.27) 이외에도 13대 국회에서는 역대 국회의 평균치인 460건의 두 배가 넘는 938건의 법안이 상정되었는데, 그 중 65%가 여소야대의 전반기에 나타났다(김영명, 2013). 또 그 과정에서 국회 역사상 최초로 합의제적인 방식의 국회 운영이 시작되었다. 과거 여당이 독차지했던 상임위원장직이 여야에 골고루 배분되고 국회 부의장 두 자리가 야당에게 돌아가는 등 여야 협상을 중시하는 관행이 출현한 것이다(강원택, 2025).28)

그런데 광주문제는 1989년에도 국회 내에서 다른 정책적 논의를 압도하는 중요한 정치적 의제가 되었다. 야권은 전두환의 국회 증언과 5공 핵심인사의 공직사퇴 및 사법처리를 강력히 요구했다. 특히 김대중 평민당 총재는 6월 광주에서 이 문제가 해결되지 않으면 노태우 정부 종식투쟁을 전개하겠다고 선언했다. 결국 12월 청와대에

---

26) 4월 총선에서 민정당은 호남에서 한 명의 당선자도 내지 못한 대신 대구의 모든 지역구에서 당선자를 내고 경북 21개 지역구에서 17명의 당선자를 냈다. 평민당은 영남에서 한 명의 당선자도 내지 못했고 민주당은 부산 15개 지역구에서 14명의 당선자를 냈다. 공화당은 지역구 당선자의 절반 이상인 15명이 충청도에 출마한 후보였다(심지연, 2017).

27) 5공특위와 광주특위 청문회가 시작된 지 20일 후인 1988년 11월 전두환은 재임 중 비리에 대한 사과와 함께 재산을 헌납한다는 성명을 발표하고 백담사에 은거했다(서희경, 2020).

28) 중립적 국회운영을 위한 국회의장의 탈당이나 '상원'과 유사한 기능을 하는 법사위원회의 위원장 야당 배정 같은 주요 관행은 2004년에 만들어지는데, 이런 관행은 '문재인 정부'에서 모두 폐기된다(강원택, 2025).

서 1노3김의 여야 영수회담이 열려 연내 5공 청산을 위한 11개항이 합의되었다. 12월 31일 전두환은 국회에서 증언을 했는데, 김영삼이 영입한 민주당 초선의원 노무현은 그를 향해 명패를 던지는 돌출행동으로 일약 '청문회 스타'가 되었다.

이처럼 대통령과 여당은 일정한 양보를 했지만 제1야당을 필두로 야권은 어떤 양보도 하지 않는 비타협적 의사결정을 고수하자 여당으로서는 소수당의 한계를 극복한다는 차원에서 정계 개편의 필요성을 절감하게 되었다. 게다가 4당구도의 교착상태가 지속되는 상황에서 대선에 불복하는 학생운동은 연일 시위·농성을 벌였다. 특히 이 시기 학생운동을 주도한 전대협은 1988년부터 광주학살·5공비리 원흉처단투쟁과 전·이(순자)구속처벌투쟁 같은 선도투쟁을 전개했다(민주화운동기념사업회, 2010). 1989년에는 급증한 대형사업장 노동쟁의를 비롯해, 급진적 통일논의에 이어 불법적 방북사건이 발생하는 등 법치의 정착을 저해할 정도로 사회적 소요가 지속되었다(아이켄그린 외, 2017). 따라서 법치를 안정화하기 위해서도 원활한 정치과정을 가능케 할 정계 개편이 요구되었고, 민정·민주·공화 3당의 합당으로 귀결되었다. 일본의 자민당처럼 보수주의와 자유주의를 포괄하는 '포괄정당'(catch-all party, big tent)으로서 민주자유당이 출범했던 것이다(심지연, 2017).29)

이와 동시에 노태우 정부는 헌정과 법치의 안정화를 위한 사회경제적 여건을 갖추는 노력도 경주했다. 노태우 정부는 야당의 요구를 수용하여 부동산 가격상승을 억제하고 투기를 방지하기 위해 토지

---

29) 심지연(2017)에 따르면, 민정당은 집권세력으로 존속하려면 내각제로 헌법을 고치는 수밖에 없다는 생각으로 합당을 추진했고, 민주당은 제2야당의 위상으로는 정국을 주도할 수 없다는 생각으로 합당을 수용했으며, 공화당은 군소정당으로의 전락을 모면하기 위해 합당에 참여했다. 반면 제1야당으로서 여소야대 정국을 주도했던 평민당의 김대중은 노태우의 합당제의를 거절했다. 김영삼이 합당을 수용한 반면 김대중이 합당을 거부한데에는 지지기반의 차이도 중요한 영향을 미쳤다. 김영삼이 중산층의 지지를 받을 수 있다고 자신했던 반면 김대중은 주요 지지기반이었던 재야와 학생운동을 고려하지 않을 수 없었던 것이다.

초과이득세를 비롯한 각종 규제를 도입했으며, 주택 200만호의 신도시 건설 등을 통해 중산층을 육성하고자 했다. 또 의료보험제도가 전국민으로 확장되고 지역인재의무채용제와 최저임금제가 도입되었다. 언론기본법을 폐지하여 언론자유화가 이뤄졌고 노조의 격렬한 시위에도 상대적으로 온건히 대응하여 꾸준한 임금인상을 가능케 했다(김진표, 2024).

또 노태우 정부는 대외적으로 올림픽 개최와 냉전종식이라는 상황에서 북한과의 전쟁 위험을 축소하기 위한 북방정책을 추진하여 소련·중국·동유럽·베트남 등과의 국교정상화를 완수했다. 이 시기에 남북한의 국제연합(UN) 동시가입과 한반도 비핵화 등을 담은 「남북 사이의 화해와 불가침 및 교류·협력에 관한 합의서」(1992)도 체결되었다(이정복, 2012; 민주화운동기념사업회, 2010). 포스트냉전 체제라는 새로운 국제질서 속에서 취해진 이 같은 조치들은 노태우 정부의 국정이념이 과거의 단순한 친미반공주의에서 벗어났음을 보여주는 것이다.

그러나 노태우 정부는 대내 경제의 관리와 관련해서는 한계를 노출했다. 한국경제는 1986–88년의 이른바 '3저 호황' 속에서 상당한 규모의 경상수지 흑자와 높은 경제성장률을 유지했다. 이로 인해 노태우 정부는 산업구조조정에 소홀했고, 대신 규제완화·경쟁확대·가격자유화 같은 시장중심의 개혁에 치중했는데 이는 재벌에게 더 큰 자율성을 부여했다. 그 결과 종합금융사 등 제2금융권에 진출한 재벌은 부채경영을 심화하며 수익성과 무관하게 양적인 팽창에 몰두했다. 이와 동시에 재벌의 취약한 지배구조, 즉 최소 소유로 최대 지배를 실현하는 다단계 출자가 만성화되었다(아이켄그린 외, 2017; 모종린·와인개스트, 2015).

재벌에 대한 기존의 정치적 제약이 완화된 상황에서 규모를 키운 재벌은 오히려 통치엘리트와의 연계를 강화하며 정치적 영향력을 키웠다. 문민화로 인해 정권의 정당성을 보장하는 선거가 더욱 중요해진 상황에서 기업이 기부하는 거액의 선거후원금은 정당운영에서 결정적인 역할을 하게 되었다. 그 결과 여당은 재벌을 제재하기는커녕 그들에게 포획된 상태에 이르렀다.[30) 이는 정치가 금권주의에 의해 변질되기 시작했다는 것을 의미하는데, 특히 현대라는 재벌기업의 총수 정주영이 창당한 국민당의 출현은 이 같은 금권정치를 상징하는 것이었다(모종린·와인개스트, 2015).

민자당 출범 이후 치러진 1991년의 지방광역의회의원 선거에서 65%의 득표율을 얻었던 민자당은 이듬해 3월에 실시된 총선에서는 과반에 1석이 미달하는 부진을 보였다. 이른바 '내각제각서 파동' 등으로 내분을 겪었을 뿐만 아니라 신생 국민당이 지역구만으로도 원내교섭단체를 구성할 24석을 획득했던 것이다(심지연, 2017). 그러나 더 중요한 것은 지역주의 투표행태가 정착된 상황에서 민자당이 평민당과 호남을 소외시키는 보수대연합으로 인식되었다는 사실이다(김영명, 2013). 실제로 민자당 출범 이후 더욱 격렬하게 분출했던 학생시위는 이 같은 인식을 확산시켰다.

그러나 총선 이후 민자당은 무소속과 신생 국민당 소속의원을 적극 영입해서 국회 개원 이전에 과반수 확보에 성공했다. 그리고 민자당 내 소수파였던 민주계의 김영삼이 김윤환 등 민정계 일부의 도움으로 당내 권력투쟁에서 승리했다(김영명, 2013). 그리고 대통령선거를 앞두고 대세론을 인정한 노태우 대통령의 중립 아래 여당 최초로 대통령후보 경선을 통해 김영삼이 후보로 선출되었다. 재야세력을 영입하여 새롭게 창당된 신민주연합당도 경선을 거쳐 김대중을 후보로 선출했고, 국민당은 정주영을 후보로 추대했다. 1992년 12월 82%의 투표율을 보인 대통령 선거 결과 민자당의 김영삼 후보가 41.4%를 얻어 대통령에 당선되었다. 그러자 패배한 당일 새벽 김대중은 정계은퇴를 선언하고 영국으로 출국했다.

---

30) 노태우 대통령은 재벌 총수들로부터 천문학적 액수의 정치자금을 받았고 퇴임 후에도 5천억 원 이상이 남아 있었던 것으로 밝혀졌다(이정복, 2012). 노태우 대통령의 비자금 중 일부는 선경그룹으로 흘러들어 갔는데, 이는 최근 최태원과 노소영 부부의 이혼소송에서 대규모 재산분할을 요구하는 주요한 근거가 되었다.

김영삼 정부와 헌정 공고화의 실패

군부독재와 문민정부 사이의 가교 역할을 한 노태우 정부 시기는 역설적으로 한국에서도 강한 국가와 강한 사회가 서로를 키워가는 '좁은 회랑'(애쓰모글루·로빈슨, 2020)의 시기였다고 할 수 있다. 그러나 한국은 여전히 자유민주주의적 헌정을 지지하는 시민사회를 형성하지는 못했다. 정부와 여당에 대한 반대로 일관하는 이른바 '민중운동'이 경제정의실천시민연합(경실련) 등 시민운동을 압도하면서 정치제도 나아가 법과 질서 일반에 대한 불신을 조장하고 있었기 때문이다(아이켄그린 외, 2017). 따라서 새로이 출범한 김영삼 정부는 아직 불안정한 헌정과 법치를 공고히 할 역사적 과제를 가지고 있었고 문민정부라는 기치를 내세워 그런 과제를 실현하고자 했다.

김영삼 대통령은 집권 초기 정권에 대한 지지율이 94%에 이를 만큼 군인 출신의 전직 대통령들과 달리 정치적 정통성이 확고했다. 대통령은 이에 힘입어 고위공직자 재산내역 공개와 금융실명제를 실시하며 정치개혁과 반부패 사정을 추진했다. 또 대통령은 군부 내부의 오랜 사조직인 하나회를 해체하여 차후 군부가 정치에 개입할 여지를 소멸시켰다. 그러나 김영삼 정부는 자유주의적 문민화를 안정적으로 뒷받침할 지배연합을 구축하지는 못했다. 민자당은 자유(보수)주의적 분파인 민주계와 (권위)보수주의적 분파인 민정계의 갈등에 내내 시달렸는데, 이미 '항복'을 선언했던 군부독재 지배연합에 대한 과도한 인적 숙청의 영향도 없지 않았을 것이다.

군부독재의 잔재에 대한 발본색원식 청산이 정치적 반동을 불러올 위험을 '정치 9단'으로 불리며 의회주의적 타협에도 앞장섰던 김영삼 대통령이 몰랐을 리는 없다(김영명, 2013). 김영삼 정부가 결국에는 전두환과 노태우의 구속수감, 즉 퇴임한 전직 대통령에 대한 사법처리라는 '한국의 고유한 정치관행'(서희경, 2023)을 시작하게 된 데에는 헌정과 법치의 확립을 역사에 대한 소급적 심판으로서

'역사바로세우기'로 대체하도록 강제한 운동권의 압력이 컸다. 전통적인 재야나 학생운동에 더해 문민화 이후 등장한 각종 이익집단과 시민단체가 보수대연합에 대항하는 유일한 야당으로서 김대중의 민주당을 한층 강화시켰던 것이다.

출범 당시 한국경제는 재벌의 과잉·중복투자로 인한 침체상태에 빠져 있었기 때문에 김영삼 정부는 1993년 3월 신경제100일계획이라는 경기부양책을 발표하며 경기회복을 최우선과제로 삼았다. 금리 인하, 설비투자자금 공급, 정부사업 조기 실행 등으로 구성된 경기부양책은 시중의 자금공급을 빠르게 늘렸고, 금융관련 규제완화를 포함한 추가적인 대내외 자유화 정책도 투자에 영향을 미쳤다. 정부는 재벌에게 주력업종 집중을 요구하는 업종전문화정책을 도입하는 대신 여신과 지분투자 규제를 면제해주었고, 이런 규제완화의 결과 주요 산업에서 설비투자가 급증했다(모종린·와인개스트, 2015).

문민화의 완성을 지향한 김영삼 정부는 사실 강제적 기업구조조정에 소요되는 정치적 비용을 지불해줄 지지기반이 없었고, 금권세력의 정치적 영향력이 커진 상황에서 시장에 직접 개입하여 부실기업을 강제퇴출시킬 수도 없었다. 이 시기에 정부는 산업정책은 폐기했지만 기업에 장기투자자금을 제공했던 산업은행을 통해 투자시장에 직접 개입하고 있었다. 이로 인해 산업은행의 대출결정이 민간에서 정부의 지원에 대한 신호로 읽히는 관치금융 관행이 사실상 지속되었고, 이는 '이익의 사유화, 손실의 사회화'라는 재벌의 대마불사 경향을 더욱 자극했다.[31]

재벌의 사업 확장은 1994-96년에 정점에 도달했는데, 3년 동안 제조업 설비투자가 연평균 38.5%씩 증가했다. 투자자금 대부분은 부채에 기초한 것으로 이 시기에 제조업의 자기자본 대비 부채비율은 400%로 상승했다(모종린·와인개스트, 2015). 그럼에도 수익성과 무

---

31) 1994-96년에 재벌의 설비투자자금 중 많은 부분이 산업은행에 의해 제공된 것이었다. 산업은행은 1997년 경제위기 당시 최초로 부도를 낸 대기업인 한보철강에 관여한 주거래은행 중 하나였다(모종린·와인개스트, 2015).

관하게 자동차·석유화학·철강·전자 등 중화학공업에 대한 재벌의 투자가 지속되었다. 한국은 1995년 1인당 국민소득이 1만 달러에 이르며 경제협력개발기구(OECD) 가입을 정식으로 요청했고, 국내에서는 선진국 진입을 자축하며 '너무 일찍 샴페인을 터뜨리는' 분위기가 있었다.

노태우 정부를 거치며 성장한 재벌기업의 노동조합 역시 이 기회를 놓치지 않았다. 재벌노조는 자본이 누리는 초과이윤의 공유를 요구하며 세력 과시에 돌입했다. 1993년 말 우루과이라운드에 반대하는 대규모 시위를 조직했던 농민운동처럼 노동자의 이익을 전체 국민의 이익으로 호도하며 '폭력과 지대의 교환'을 추구하는 인민주의적 노조운동이 대두한 것이었다.

그러나 정부는 재벌의 금권주의와 노조의 인민주의가 상호 경쟁·강화하면서 국가경제의 장기적 경로를 왜곡할 가능성을 미연에 감지하고 사회·경제적 조정에 착수하는 일을 할 수 없었다. 일단 집권당인 민자당이 분열·축소 위기에 처해 있었다. 당내 계파 갈등이 심해지며 당 대표를 맡았던 김종필이 1995년 1월 민자당 대표직 사퇴를 선언하고 내각제 실현을 기치로 자유민주연합(자민련)을 창당했다. 6월에는 헌정사상 처음으로 주민들이 자치단체장을 뽑는 전국동시지방선거에서 민자당이 참패했다.[32] 사실상의 중간평가에서 참패한 김영삼 대통령은 위기에 대처하는 과정에서 12·12쿠데타와 5·17쿠데타 조사를 위한 특별법 제정을 당에 지시하며 역사바로세우기라는 명분을 내세웠다. 또 당의 쇄신도 시도하여 당명을 신한국당으로 바꾸었다. 신한국당은 자유당·공화당·민정당에 이어 대통령이 직접 만든 네 번째 당으로 기록되었다(심지연, 2017).

이 시점에 대통령의 영원한 숙적, 김대중도 '주류화'를 추진하는 재야의 지원으로 정계에 복귀했다. 대선 패배와 동시에 정계은퇴를 선언했다가 1993년 9월 귀국하여 아시아태평양평화재단(아태재단)

---

32) 민자당은 전국 15개 광역자치단체장 중 5명, 230개 기초자치단체장 중 70명, 875개 광역의회의원 중 286명을 당선시키는 데 그쳤다.

공동이사장으로 있던 김대중은 민주당의 조순이 서울시장에 당선되었던 전국동시지방선거에서 지원유세에 나섰고 결국 1995년 7월에 정계복귀를 선언했다. 김대중은 1992년 대선에 앞서 이기택 등의 (꼬마)민주당과의 합당으로 출범했던 민주당을 사실상 해체시키고 호남을 지역기반으로 하는 새정치국민회의를 창당했다. 정당을 상대화하는 '국민회의'라는 명칭은 특히 재야세력과의 확대된 연대를 함의한 것이었다. 민청련의 김근태와 그를 따르던 재야인사들이 국민회의 창당에 참여했고, 1998년 이후에는 재야와 노동계 인사가 대거 영입되었기 때문이다.

1996년 총선에서 신한국당은 34.5%의 득표율로 총 139석을 차지한 반면 국민회의는 25.3%의 득표율로 78석을 차지했고 자민련은 16.2%의 득표율로 50석을 확보했다. 신한국당은 전통적으로 야당세가 강했던 서울과 수도권에서 예상 밖으로 약진한 반면 국민회의는 목표치를 크게 밑도는 부진을 면치 못한 것인데, 이는 국민회의와 자민련이 사실상 김대중과 김종필이라는 인물 중심 지역정당이라는 성격을 벗어나지 못했기 때문이다(심지연, 2017).

총선 이후 신한국당은 몇몇 무소속의원을 영입하여 다시 다수당이 되었다. 호남당이라는 사실이 입증된 국민회의는 곧 자민련과의 공조를 추진했다(김영명, 2013). 정치이념이나 정책과 무관한 지역연합의 성격이 강했던 양당의 공조체제는 15대 대선에서 후보단일화로 발전했다. 1997년 10월 국민회의와 자민련이 후보단일화에 전격 합의하면서 DJP연합이 탄생했다. 합의의 골자는 대선후보를 김대중으로 단일화하고 집권하면 양당 공동정부를 구성해서 총리는 자민련이 맡는다는 것과 1999년 말까지 내각제 개헌을 완료한다는 것이었다(심지연, 2017).

반면 신한국당에서는 집권 말기의 김영삼 대통령이 한보 사태와 차남 현철 문제로 레임덕에 처해 있었다. 특히 1997년 1월 한보철강의 부도사태는 부채로 지탱해온 재벌의 선단식 경영과 은행의 부실경영이 맞물린 결과였다. 게다가 강력한 규제제도가 없는 상태에서 시작된 금융자유화와 규제완화는 재벌의 무분별한 단기차입을 통한 투자확대와 더불어 재벌이 소유한 종합금융사의 고위험 외환투기를 야기했는데, 그것이 7월 태국발 외환위기를 만나 한국의 외환위기를 유발할 것이었다(모종린·와인개스트, 2015).[33]

그러나 국내 정치는 이미 대선 국면으로 접어들고 있었다. 신한국당은 무력해진 당총재 김영삼 대통령의 중립 아래 대통령 후보 경선에 돌입했고 주도권을 잡은 민정계가 감사원장과 국무총리를 역임한 이회창을 대통령 후보로 추대했다. 그러나 경선 결과에 불복한 이인제가 탈당하여 국민신당을 창당하는 와중에 신한국당은 소수로 전락한 (통합)민주당과 통합하여 한나라당을 출범시켰다.[34] 결국 재야를 수혈하고 김종필을 견인하여 DJP연합을 형성한 김대중과 한나라당의 이회창 그리고 국민신당의 이인제가 대통령 선거에서 맞붙었고, 호남과 충청의 지역주의를 동원한 김대중이 근소한 표차(1.5% 포인트)로 이회창을 누르고 대통령으로 선출되었다.[35] 그러나 김대중은 곧 그의 집권기반이 된 일시적 지배연합의 내부 모순에 처할 것이었다.

---

33) 한보철강이 부도가 난 직후 이른바 '국민기업' 기아차를 둘러싼 논란이 벌어졌다. 채권단은 부실경영에 책임이 있는 경영진의 사퇴를 요구했으나 기아의 최고경영자는 자력회생의 배수진을 친 노조의 지지를 받으면서 사퇴를 거부하고 '국민기업'에 대한 정부의 지원을 요구했다. 그러나 국제통화기금의 구제금융이 결정된 1997년 말 기아차는 결국 법정관리에 들어갔고 1999년 초 현대차에 인수되었다.

34) 이 시기에 대선후보 이회창과 대통령 김영삼의 개인적 관계도 더욱 악화되었다. 1997년 10월 검찰이 DJ비자금수사 유보를 발표하자 이회창은 김영삼의 탈당을 요구했고, 11월에 김영삼이 탈당하자 상당수 비주류 인사들도 당을 떠나는 사태가 발생했다(심지연, 2017).

35) 1992년 대선과 비교해보면, 1997년 대선에서 김대중 후보는 대전(28.7% → 45.0%), 충남(28.5% → 48.3%), 충북(26.0% → 37.4%)에서 대약진하면서 영남권의 열세를 만회했다. 대선후보로서 지지율이 항상 30%의 '박스권'에 갇혀 있던 김대중은 결국 충청도의 도움으로 평생의 대망을 성취할 수 있었던 것이다(서희경, 2023).

김대중 정부 이후 인민주의의 대두

김영삼 정부가 국제통화기금에 구제금융을 신청하며 몰락하자 김대중은 마침내 대권의 야망을 성취했다. 김대중 대통령은 경제위기의 모든 책임을 전임 대통령에게 전가하면서 한국경제를 해외자본에 종속시키는 신자유주의적 구조조정을 실시했다. 김대중의 뒤를 이은 노무현은 학생운동권 출신 386세대 정치인을 중용하며 기득권세력을 공격하는 인민주의를 본격화했다. 노무현 정부에서 권력을 행사했던 386세대는 이후 이명박과 박근혜로 이어진 보수정권 시기에 이념적·정책적 대결이 아니라 각종 괴담과 '원한의 정치'로 대중을 동원하면서 촛불시위 형태로 대선 불복을 반복했다. 선거를 통한 정권교체를 이뤄낸 김대중 정부의 출범으로 완성된 듯 보였던 한국의 자유민주주의적 헌정질서는 인민주의 세력의 주류화가 본격화된 노무현 정부에서 사실상 해체 국면에 진입했던 것이다.

김대중 정부와 신자유주의적 구조조정

김대중 정부의 출범은 헌정사상 최초의 문민정부간 그리고 여야간 평화로운 '수평적 정권교체'(김대중)로서 1987년 이래의 문민화 과정이 명실상부한 자유민주주의적 헌정질서로 완성되는 계기처럼 보였다. 그러나 '1997년 12월부터 1998년 4월까지 월평균 3천건 이상의 기업이 도산하고 물가 폭등에 167만의 실업자가 쏟아지는 상황'(김진표, 2024)에서 김대중 대통령은 당선자 시절부터 급한 불을 먼저 꺼야 했다. 인위적 고금리를 처방한 국제통화기금 채권단과의 재협상을 비롯한 경제위기 대응과정에는 김대중의 집권에 결정적 기여를 한 DJP연합의 역할이 컸다.

1998년 2월 대통령에 취임한 김대중은 '민주주의와 시장경제의 병행발전'을 국정목표로 제시하고 김영삼 대통령의 문민정부와의 차별화를 위해 '국민의 정부'라는 명칭을 사용했다. 이어 김대중 대통령은 총리를 맡은 김종필을 포함해서 6명의 자민련 출신 인사를 각료로 임명함으로써 공동정권을 출범시켰는데, DJ측 인사는 주로 내무 일반과 관련된 통치 측면을 맡았다면 JP측 인사는 경제·통상·기술 측면을 맡았다. 위기수습팀인 비상경제대책위원회를 비롯하여 초기의 주요 경제정책 담당자들은 능력주의에 따라 배치된 이전 정부 출신의 경제관료였던 것이다(서희경, 2023; 김영명, 2013).

자민련은 그렇게 김대중 정부의 초기 경제개혁을 주도했고, 김대중 대통령은 정상적 정치과정을 무효화하는 일종의 '비상대권'으로 그들의 정책개혁을 뒷받침했다. 이 같은 개혁에 야당은 물론 국민적 저항이 덜했는데, 경제위기의 시급성에 더해 서민을 대변한다는 인민주의적 수사와 잠재적 저항세력인 재야와의 연계가 중요하게 작용한 결과였다.

물론 국제통화기금과의 구제금융협약을 따라 추진된 신자유주의적 구조조정이 한국경제를 부활시키는 데 성공한 것은 아니었다. 오히려 그것은 '작은 내 집을 팔고 큰 전셋집'에 살게 되는 방식으로 한국경제를 전환하는 계기가 되었다. 본격적인 시작은 1998년 2월 취임과 동시에 대통령이 시행한 금융시장 안정화 조치였다. 이어 정부는 긴급수혈용 해외투자를 유인하기 위해 금융시장의 추가적 규제완화와 자유화를 추진했다. 또 정부는 시중은행에 공적 자본을 투자한 다음 해외투자자에게 매각하는 등의 금융구조조정을 단행했다. 그 결과 2008년 기준 7개 시중은행 중 원매자가 없었던 우리금융지주만이 한국 정부의 소유로 남았다. 외국인 투자자들은 나머지 6개 시중은행의 주요 지분을 보유했고 그 중 3개에 대해서는 경영권도 확보했다. 외국자본이 지배하는 은행자산이 전체의 1/3 내지 1/2을 차지하게 되면서 시중은행들에 대한 소유권이 해외로 이전되었던 것이다(모종린·아이켄그린, 2015).

정부는 은행의 부실과 연계되어 있던 기업의 구조조정도 단행했다. 1998년 1월 김대중 대통령 당선자는 기업 총수들과 계열사 상호

지급보증 제한 및 재무구조 개선 등 기업구조조정의 5대 원칙에 합의했다. 재벌계열사 상호지급보증의 단계적 해소가 의무화되었고 5대 재벌은 부채비율을 200% 이하로 낮추어야 했다. 또 정부는 부실기업 폐업과 계열사의 정리 및 통합을 통한 사업활동 합리화를 추진했는데, 여기에는 재벌계열사 맞교환(빅딜) 등의 구조조정 조치가 포함되었다(모종린·아이켄그린, 2015).

이와 함께 외국인 투자자들이 자본시장에서 투자자금의 주요 자금원으로 부상했다. 주식시장의 시가총액을 기준으로 외국인 투자자들이 차지하는 비중은 꾸준히 증가하여 2005년이면 43.3%에 이르렀다. 재벌기업 소유권의 1/3 이상이 외국인의 수중에 떨어진 결과 재벌 가족은 경영권 방어를 위해 분투하게 되었다(모종린·아이켄그린, 2015: 207). 그러나 김대중 정부 이후 재벌노조는 재벌기업의 소유권 상당 부분이 외국인에게 이전되었다는 사실에는 무관심한 채 경영권 방어를 위해 쌓아둔 재벌의 초과이윤을 공유하기 위한 파업과 시위를 고수했다.

한편 김대중 정부에서도 양보와 타협의 정치과정은 나타나지 않았다. 한편으로는 헌정과 법치에 대한 존중의 정치관행이 정착되어 갔지만, 다른 한편으로는 김대중 대통령으로 대변되는 비주류 세력의 정치적 부상에 대한 견제가 심화되었다. 대통령은 경제위기라는 특수한 정세를 틈타 국난극복을 위한 고통분담을 강제하는 인민주의적 수사를 남발하면서 대중의 지지를 확보하고 의회정치를 마비시키며 신자유주의 정책개혁을 실행했다. 이 과정에서 의회를 우회하는 노사정 합의 같은 코퍼러티즘적 장치도 활용되었다. 또 대통령이 '지역등권'을 표방하며 추진한 일종의 '정체성 정치', 즉 권력에서 소외되었던 지역을 우대하는 인사조치는 여야간·당파간 권력투쟁은 물론이고 당내 계파투쟁을 심화시키곤 했다(김영명, 2013).

임기 내내 여소야대로 인해 소수파 정권에 머물렀던 김대중 정부는 정치적 주도권을 잡기 위해 편법적 수단들을 활용했다. 출범 초기에 국민회의는 한나라당 의원에 대한 영입 작업을 추진하는 동시에 국민신당을 당대당 통합형식으로 흡수했다. 또 여당은 정치자금법을 위반한 야당 정치인에 대한 소환과 경제위기의 책임을 추궁하는 경제청문회를 통해 야당을 압박했다. 이런 노력의 결과로 1998년 9월 초 국민회의·자민련은 국회 과반수 의석을 넘는 151석을 확보하여 정당연합을 통한 단점정부를 구성할 수 있었다(심지연, 2017).

그러나 의원내각제를 고리로 맺어진 국민회의와 자민련의 공조관계는 개헌의 가능성이 약화되면서 점차 긴장관계로 바뀌었다. 결국 김대중과 김종필은 1999년 7월 연내 개헌을 유보하는 데 합의함으로써 내각제 논의에 종지부를 찍었다. 경제개혁과 남북문제 해결 등 내각제 공약 당시와 사정이 너무 달라져서 개헌을 연기하지 않을 수 없다는 핑계였다. 이어 2000년 4월의 총선을 앞두고 총선시민연대가 실정법을 위반하면서 감행한 낙천·낙선운동의 대상에 김종필을 비롯한 자민련 지도부가 포함되었지만, 대통령은 어떤 구체적 대응조치도 취하지 않았다.36) 이에 자민련은 2000년 2월 민주당과의 공조를 공식 파기하는 내용의 대국민 선언문을 발표했고, 이로써 2년 3개월 동안의 DJP연합이 막을 내렸다(심지연, 2017; 김영명, 2013; 서희경, 2023).

국민회의는 총선을 앞두고 확대개편된 신당을 창당하여 2000년 1월에 이미 새천년민주당으로 변신한 상태였다. 국민회의는 정당사적으로 볼 때 대통령에 의해 창당된 여섯 번째 집권당이 되는 동시에 김대중이 주도해서 만든 여섯 번째 정당이었다. 문민화가 타협과 조정의 정치과정으로서 헌정을 확립하는 데 계속 실패한 결과 권력을 장악한 개인의 의사에 따라 집권당이 창당되는 관행이 지속되었던 것이다(심지연, 2017). 이런 측면에서 볼 때 새천년민주당은 여전히 총재 1인의 지배체제로서 기생정당의 성격을 벗어나지 못했다. 김대중은 이인영(고려대)·임종석(한양대)·우상호(연세대)·송영길(연

---

36) 『인민주의 비판』에서 지적했던 것처럼 김대중 정부 시기에 시민단체는 재벌, 정치가, 조·중·동에 대한 대중적 원한을 조작·동원하는 인민주의적 공세를 통해 김대중 정부의 신자유주의적 정책개혁을 보완하는 역할을 했고, 차후 노무현 정부에서 인민주의가 본격화되는 데 기여했다.

세대) 등 386세대 운동권 출신을 수혈했는데, 이들은 김근태(서울대)의 지도 아래 DJP연합을 견인했던 구주류와 대립하며 노무현을 대통령 후보로 추대하는 핵심 세력이 될 것이었다.

2000년 4월에 실시된 총선은 한나라당과 새천년민주당의 양당체제를 탄생시켰다. 57.2%의 투표율을 보인 총선에서 한나라당은 총 133석을 확보함으로써 제1당의 자리를 지켰다. 반면 국민회의와 자민련은 각각 115석과 17석을 얻었다. 선거과정에서 지역주의가 오히려 강화된 결과 양당 모두 상대방 지역에서는 한 명도 당선시키지 못했다(심지연, 2017).

총선 결과로 다시 재현된 여소야대 구도에 대응해서 새천년민주당은 자민련이 국회 교섭단체를 구성할 수 있도록 의원을 '임대'해주는 등의 정치공작을 통해 공조관계를 복원하려고 했다. 그러나 김대중 정부가 2000년 6월 15일 남북정상회담을 계기로 남북관계 개선을 정당성의 원천으로 삼으려고 한 것에 대응해서 2001년 8월 임동원 통일부장관의 해임건의안을 제안한 한나라당에 자민련이 동조하면서 두 당의 공조관계는 붕괴했다. 자민련에 임대되었던 의원은 결국 민주당으로 복귀했다(심지연, 2017). 이후 민주당은 국회에서 한나라당에 끌려다니는 형국이 되었고, 2002년 초 이른바 '홍삼게이트'라고 불리는 대통령 세 아들(홍일·홍업·홍걸)의 비리 사건이 터지면서 6월 지방선거에서 16개 광역단체 중 11개를 한나라당에 내주며 참패했다.

그 뒤를 이어 2002년 대통령 선거전이 시작되었다. 대통령 후보 선출과정에서 양당 모두 최초로 국민참여 경선을 채택했는데, 2000년 4월 총선 당시 당권을 장악하고 1인 지배체제를 굳혔던 이회창의 한나라당은 경선과정에서 대중의 주목을 거의 받지 못한 반면 2001년 대통령의 당 총재직 사퇴 이후 동교동계와 소장파가 분열되었던 새천년민주당의 국민참여 경선은 과열양상을 보이며 대중의 주목을 받았다.

새천년민주당 경선은 DJP연합의 복구를 위해 국민신당 출신 이

인제를 지지한 동교동계 주류와 김근태계 및 '천·신·정'(천정배·신기남·정동영) 등 소장 명망가의 비주류가 지지한 노무현의 대결로 압축되었다. 노무현은 3월 울산 경선에서 1위를 차지했고 곧이어 광주 경선에서도 1위를 차지함으로써 이른바 '노풍'을 불러일으켰다. 호남당인 민주당에서 부산 출신인 노무현이 지역주의 혁파를 외치며 후보로 선출되자 경선의 극적 효과는 배가되었다(서희경, 2023). 여기서 정치인 펜클럽의 원형인 '노무현을사랑하는사람들의모임'(노사모)이 결정적인 역할을 했다. 그리고 막판에 국민통합21의 정몽준과 야권 단일화에 성공했다가 철회되는 등 우여곡절이 오히려 전화위복이 되어 노무현은 유력한 당선 후보였던 이회창을 상대로 전세를 역전시키고 근소한 표차(2.3% 포인트)로 대통령에 당선되었다. 김대중은 집권기 중에 어떤 후계자도 만들지 않아 결국 명문가의 '양자'를 들였다가 잡초 같은 '고아'에게 대권을 내주는 실패를 자초한 꼴이었다.

노무현 정부와 인민주의의 본격화

2002년 12월에 실시된 대선은 문민화 이후 정치를 지배했던 3김의 퇴장으로 한국정치의 중요한 변곡점이 되었다. 대선에서 스스로 비주류임을 내세워 기성정치의 혁파를 주창했던 새천년민주당의 후보 노무현이 예상을 깨고 대통령에 당선된 것이었다. 국회의원 경력이나 국정운영 경험이 일천했던 노무현이 대통령에 취임하면서 기득권 세력에 대한 공격을 특징으로 하는 인민주의 정치가 본격화되었다.[37]

노무현 후보는 지역주의 혁파를 외쳤지만 대선의 실제 투표에서

---

37) 1988년 김영삼에 의해 발탁되어 정치에 입문한 노무현은 그해 실시된 광주청문회에서의 돌출행동으로 세간의 주목을 받았다. 1990년 3당 합당을 거부한 그는 1995년에 새정치국민회의에의 합류도 거부했다. 그리고 2000년 총선에서 새천년민주당 후보로 부산 지역에 출마하여 낙선했지만 결국 김대중 대통령에 의해 해양수산부 장관에 등용되었다.

는 지역주의가 여전히 중요하게 작용했다. 그런데 노무현은 지역균형발전을 내세우며 수도권과 지방을 대립시키는 새로운 형태의 지역주의를 채택하고 수도 이전을 자신의 공약으로 내놓았다. 단순한 소외지역 인사의 우대를 넘어 한국사회의 부와 권력의 지역적 편제를 인위적으로 재편하겠다는 희대의 전망을 제시했던 것이다(김영명, 2013). 그리고 이는 지방세력의 지지로 이어져 전라·충청지역 유권자의 새로운 연합이 실제로 노무현의 당선에 결정적인 요인으로 작용했다(이정복, 2012).

이와 동시에 2002년 대선부터 세대가 주요한 변수로 부상했다. 노무현 후보의 승리는 386세대로 불린 30-40대 젊은 유권자의 광범한 지지에 힘입었다. 노사모를 비롯해서 자신의 주요 지지자를 표적으로 삼은 감성캠페인식 선거운동을 전개한 것이 특히 주효했다. 동시에 민청련 세대 재야인사를 따라 정치에 입문했지만 DJP연합 등을 주도한 구주류에 밀려 여당의 주변부에 머물던 386세대 정치인들이 '주류교체'를 내걸고 노무현을 중심으로 결집했다.[38] 대선기간 중 노무현의 주요 선거참모였던 그들은 노무현의 당선과 함께 청와대에 입성했다(이정복, 2012).

또한 노무현 후보의 선거 승리에는 전통매체인 신문과 텔레비전이 아니라 젊은 유권자가 선호하는 인터넷과 모바일 통신장비를 적극 활용한 여론전의 기여가 컸다. 이 과정에서 '조·중·동'으로 대표되는 주류 신문은 기득권을 옹호하는 전통매체(legacy media)로 낙인찍혀 일방적인 거부 대상이 되었다. 대신 젊은 유권자에 대해 감성적인 선거광고에 적합한 인터넷 등의 혁신매체(new media)가 정치 관련 정보의 중요한 공급원이 되었다. 노무현 캠프의 온라인 선거전략은 특히 젊은 유권자로 하여금 대선구도의 이미지를 '소탈한 서민 대 권위주의적 귀족'의 대결로 인식하게 만드는 데 집중되었다

---

38) 또 훈련 중이던 미군 장갑차에 여중생 효선이·미선이가 사망한 사고는 선거 당일까지 촛불시위를 낳았는데, 노무현 후보는 이에 합류하여 386세대에게 호소력을 갖는 반미라는 쟁점을 적극 활용했다(서희경, 2023).

(윤성이, 2012).

김대중 정부 때부터 양산된 시민운동이 선거에 개입한 것도 노무현의 승리에 기여했다. 당시 그들이 지지하는 비주류 집권세력의 우세를 위해 불법 감행도 마다치 않았던 시민운동은 구정치인을 권위주의와 타협·공존했던 구질서의 일부로 공격했다. 특히 그들은 후보자격 요건 또는 부패 이력의 검증 같은 도덕적 기준을 제시했고, 이를 통해 한나라당 등의 구정치인이 부도덕하고 무능한 직업정치인 집단이라는 이미지를 확산시켰다(서희경, 2023). 요컨대 시민운동은 기성 정치권을 부정하면서 선거과정 자체를 도덕화했는데, 이는 정치인에 대한 표준을 '국민의 눈높이'에 맞추어 하향평준화함으로써 인민주의를 위한 '정치경기장'을 본격적으로 개방하는 것이었다.

노무현은 대통령이 되고서도 '기득(旣得)에 대한 미득(未得)의 투쟁'이라는 정치관을 바꾸지 않았다(서희경, 2023). 노무현과 그의 지지자들은 삼성전자(재벌), 조선일보(보수언론), 서울대학교(엘리트 교육기관), 대법원(보수적 사법엘리트), 강남(서울 부유층)을 기성 엘리트 권력을 대표하는 5대 부문으로 간주했다(모종린·와인개스트, 2015). 국민을 통합하는 대통령이기보다는 오히려 적폐와 싸우는 정치인이길 선택한 대통령의 편향과 그것에 동조하는 '투쟁적 통치연합'이 형성되기 시작한 셈이었다.

이에 따라 기득권을 공격하는 일련의 개혁정책이 추진되었다. 노무현 정부는 총수 일가 지분보유 제한 등의 조치를 취하면서 계속해서 재벌을 압박했다. 반면 외국자본에 대해서는 호의적인 정책을 추구해서 4개 시중은행을 외국투자자에게 매각하는 것을 승인했다. 또 그 과정에서 해외자본의 유입을 용이하게 하기 위한 방안으로 한미자유무역협정도 추진되었다. 그러나 한미자유무역협정은 반미 성향을 보인 386 정치인들의 반대로 인해 친노진영의 분열을 야기하는 계기가 되기도 했다.

또 노무현 정부는 권력분산이라는 취지로 수도를 이전하는 국가균형발전사업을 추진했다. 이 계획은 관습헌법이라는 법리를 제시한 헌법재판소의 위헌판결로 좌초되었다. 그러나 노무현 대통령은 청와대와 외교·안보 등 6개 부처만 서울에 남기고 49개 중앙행정기관을 세종시로 옮기는 행정중심복합도시특별법을 제안함으로써 자신의 의지를 관철시켰다(서희경, 2023).

노무현 대통령은 관료기구를 우회하기 위해 많은 신진 정책입안자를 신설한 특수경력직에 임명했다. 광범위한 행정조직 개편을 단행하여 일종의 '그림자내각'을 만든 셈인데, 그 결과 청와대는 수많은 정무직의 근거지가 되었고 특히 대통령직속위원회는 신진엘리트를 정책결정과정에 등용하는 메커니즘이 되었다. 장관도 자신의 정책자문관을 임명할 수 있게 되면서 엘리트 충원 통로도 확대되었다. 중앙인사위원회에 따르면, 노무현 정부에서 2006년 9월까지 종사했던 84인의 장관 자문관 중 15.5%만이 경력직 공무원이었다(모종린·와인개스트, 2015). 나아가 노무현 대통령은 사법시험을 법학전문대학원으로 대체하고 행정고시에 적성시험(PSAT)을 도입하는 등 통치엘리트의 공급 원천까지 개편하여 이른바 '역사의식을 갖춘 전문관료'의 선발·양성을 시도했다(김진표, 2024).

정치과정과 관련해서도 노무현 대통령은 파격으로 일관하며 하향평준화를 추구했다. 우선 대통령은 당선 직후 기자회견에서 민주당 구주류의 인적 청산을 요구했다. 이후 김대중 정부 시기의 대북송금에 대한 특검을 계기로 동교동계 구주류와 친노그룹으로 불린 신주류의 갈등이 폭발했고, 이는 결국 2003년 11월에 열린우리당 창당으로 귀결되었다. 대통령을 배출한 정당이 분당에 이르는 정당사 초유의 사태가 발생했던 것이다(심지연, 2017).

그러나 민주당 탈당파 40명과 한나라당 탈당파 5명 등 47명의 의원이 창당한 열우당은 대통령에 의존하는 전통적 기생정당을 벗어나지 못했다. 게다가 열우당이 등장하면서 정책·이념을 통한 단합은 커녕 지도자 개인과의 친분관계가 정당정치에 중요한 요소로 부상했다. 향후 등장할 이른바 친이·친박이나 친문·친명의 시발점이 친노였던 것이다. 이후 여소야대 상황에서 노무현 대통령은 입법교착과 국정마비를 막기 위해 시민단체 등을 동원하여 국회와 정치권을 우회하거나 압박했다. 제도적 정치를 '가두의 정치'로 무력화시키려는 그런 시도는 대통령과 국회의 갈등을 증폭시켰고 결국 국회에 의한 대통령 탄핵으로 이어졌다(서희경, 2023).

2004년 총선을 앞두고 대통령이 열우당에 대한 지지를 공개적으로 호소하며 선거중립을 위협하자 민주당 조순형 대표가 탄핵소추를 제안하고, 3월 한나라당과 민주당 소속 의원 159명이 대통령 탄핵소추안을 발의했다. 그럼에도 대통령은 야당에 대해 계속 비타협적인 태도를 고수했고 이에 대통령 탄핵소추안이 가결되고 말았다. 그에 따라 헌법재판소가 대통령 탄핵사건을 심리 중이던 4월에 실시된 총선은 사실상 '제2의 대선'이 되었고, 노사모의 주도 아래 탄핵무효를 주장하는 대규모 촛불시위가 거리를 메웠다. 사실상 국민투표적 성격을 가졌던 총선은 결국 강력한 탄핵 역풍을 증명하며 열우당에게 국회 전체 의석의 과반수를 넘는 152석을 선사했다(서희경, 2023).

국회 사상 최대의 의원교체율을 기록한 2004년 총선으로 학생운동·시민운동 출신이 대거 국회에 입성했다. 특히 열우당 당선자 152명 중 108명에 이른 초선 의원의 다수를 이룬 386정치인들은 이후 자신들만의 원칙을 세우고 그것을 훼손하는 것을 배신으로 간주하는 '반정치의 정치'를 국회 내부로 가져왔다. 이른바 '108번뇌'의 등장으로 상대를 증오하는 원한의 동원과 결합된 원내 '진영 대결'이 시작되었던 것이다(서희경, 2023).

2004년 5월 헌법재판소는 국회의 대통령 탄핵 청구를 기각했다. 대통령제의 기원인 미국과 달리 선거로 선출된 대통령의 운명을 의회가 아니라 헌법재판소라는 특별재판소가 결정했던 것이다. 이로 인해 '정치의 사법화', 즉 사법기관이 정치적 문제를 결정하는 관행이 출현했다(서희경, 2023). 게다가 양보와 타협을 통해 정치적으로 해결되어야 할 문제가 법적 심판의 대상이 되면서 정치의 사법화는 역으로 사법적 결정이 정치에 영향을 받는 '사법의 정치화'도 야기하게 되었다.

그러나 노무현 정부는 국정실패로 일관해서 국민적 지지도가 계속 하락했고 열우당에 대한 지지율도 급락했다. 또 열우당은 핵심 지도자가 거의 모두 행정부로 진출해서 당의 지도력이 사실상 공백 상태에 빠졌다. 열우당은 시작부터 '출세주의자' 내지 '투기꾼' 정당의 면모를 보였고, 그 결과 당내에는 계파주의가 만연했다. 결국 열우당은 2005년 재보궐선거에서 패배하여 국회 과반수라는 우위를 잃었고, 그 후 실시된 모든 재·보궐선거에서 야당인 한나라당에게 연전연패했다. 탄핵을 계기로 반등했던 대통령 국정수행에 대한 지지율도 3년차 중반 이후 하락하기 시작해서 4년차 말에는 12%까지 하락했다(서희경, 2023).

노무현의 인민주의 정치는 문민화 이후의 정치제도와 관습을 파괴했지만 새로운 제도와 관습은 만들어 내지는 못했다. 대신 부당한 방식으로 권력을 얻은 '그들'과 도덕적인 '우리'의 끝없는 대결이 전개되었다. 국회에서뿐만 아니라 행정부와 사법부, 언론과 시민사회에서도 동일한 현상이 발생했다. 그 결과 타협과 양보의 정치과정에 기초한 헌정질서의 확립은 요원해졌고 오히려 '내전적 정치'로 인한 정치의 양극화를 개시했다.

2006년에 실시된 재·보선에서도 패배하자 김근태계를 비롯한 열우당 지도부는 이해찬 등 친노그룹의 반대에도 불구하고 신당 창당을 통한 정계개편을 모색하면서 2007년 12월 대선을 앞둔 8월에 대통합민주신당을 창당했다. 그 이전인 1월에 노무현이 4년 연임 대통령제를 골자로 하는 개헌안을 발의하겠다고 발표하자 신당 창당파는 대통령 탈당을 요구했다. 결국 2월에 노무현은 노태우·김영삼·김대중에 이어 네 번째로 탈당하는 대통령이 되었고 개인적으로는 임기 중 두 번이나 탈당하는 기록을 세웠다(심지연, 2017).

대통합민주신당은 대통령 후보 경선과정에서 각 진영의 고소·고발이 이어지는 등 극심한 분열을 겪었고 우여곡절 끝에 정동영을 후보로 선출했지만 2007년 12월 대선에서 참패했다. 대선 패배 이후

신당은 새천년민주당을 승계한 민주당과 합당하여 민주통합당이 되었다. 2003년 11월 새천년민주당과 열우당 분당 이후 4년여 만에 '도로 민주당'이 된 것이었다(신명순, 2012; 서희경, 2023).

보수정부의 출현과 반복되는 대선 불복

2007년 12월 대선을 준비하는 과정에서 야당의 내부적 균열도 시작되었다. 후보 경선과정에서 민주계가 지지한 이명박과 민정계가 지지한 박근혜의 갈등이 분당설이 나올 정도로 격렬했던 것이다. 게다가 한나라당 대선후보를 두 번이나 지낸 이회창이 2007년에도 대선 출마를 선언하면서 한나라당 경선에서 패배한 박근혜를 자기편으로 끌어들이기 위해 많은 노력을 기울였다. 2007년 대선은 대통합민주신당이 BBK 주가조작 사건에 이명박 후보가 관련되었다는 의혹을 제기하면서 네거티브 캠페인이 지배하는 선거가 되었다(심지연, 2017).

대선에서 이명박 후보가 승리했지만 이명박 정부는 출범 직후부터 정치적 곤경에 처했다. 미국산 소고기의 수입 재개를 결정한 한미자유무역협정에 반대하는 대규모 촛불시위가 전개되었던 것이다. 그런데 촛불시위의 확산과정을 보면, 미국과의 통상협정 그 자체는 오히려 문제가 아니었다. 공격 대상은 이명박 정부였다. 이런 측면에서 '광우병 소동'은 괴담에 기초한 대선 불복의 초기단계라는 성격을 띠는 것이었다. 「내전의 진화과정으로서 '대선 불복 20년동란'」에서 설명한 것처럼, 이런 '소동'(commotion)은 내전의 준비단계로 이해될 수 있다.

같은 시기에 집권 여당에서도 균열이 발생했다. 2008년 총선에서 공천을 둘러싸고 친이와 친박의 갈등이 폭발했다. 그 결과 공천을 받지 못한 사람들이 탈당하여 친박무소속연대나 친박연대 등의 기치를 내걸고 무소속으로 출마하는 파행이 발생했다. 한나라당에 남은 박근혜는 당의 공식 후보를 제치고 친박계 후보를 지원하기도 했다(심지연, 2017). 그런데 이 같은 공천파동에도 불구하고 한나라당은 총선에서 승리하여 국회 과반수를 훨씬 넘는 거대 여당이 되었다. 또 국회의원에 당선된 친박 정치인의 일괄 복당을 허용하면서 180석 내외의 의석을 확보했다(심지연, 2017).

그러나 안정 의석이 국회의 안정 운영까지 담보하는 것은 아니었다. 야당이 다양한 방식으로 비토 권력을 행사하면서 국회는 대치와 갈등을 반복했다. 특히 2009년에 노무현 대통령이 자살하자 대치가 더욱 심화되었다. 민주통합당은 임시국회를 놓고 '노무현 전 대통령 서거에 대한 정권의 사과와 책임자 처벌'을 주장했다(서희경, 2023). 노무현의 자살은 한때 '폐족'이 거론되던 친노가 재결집하고 검찰에 대한 적대감을 표출하는 계기가 되었다.

나아가 광우병 소동을 거치면서 결집했던 시민단체들이 반정부 활동을 지속했다. 특히 이명박 대통령의 핵심 공약이었던 4대강사업은 환경단체를 비롯한 시민단체의 집중적 공격을 받았다. 서울시장 보궐선거가 있었던 2011년에는 시민단체가 직접적으로 선거에 개입하는 범야권연대가 새로운 현상으로 출현했고, 참여연대 출신의 박원순이 야권단일후보로 서울시장에 당선되었다. 이후 시민·사회단체는 범야권연대의 토대가 되었다.[39]

범야권연대의 흐름과 대조적으로 한나라당은 내적 균열을 극복하지 못했다. 2010년에 들어서도 이명박 정부가 제시한 세종시 수정안에 박근혜가 반대하면서 친이와 친박의 갈등은 지속되었다(심지연, 2017). 동시에 몇 차례 보궐선거와 지방자치단체선거를 거치면서 이른바 '선거의 여왕'으로 불렸던 박근혜의 영향력이 커졌다. 2011년 서울시장 보궐선거에서 패배한 이후 한나라당은 박근혜 비대위체제를 출범시켰다. 2012년 총선을 앞두고 한나라당은 당명을 새누리당

---

39) 2012년 총선에서 야권연대는 2011년에 결성된 '희망 2013, 승리 2012 원탁회의'의 막후 조율에 근거했다. 원탁회의는 백낙청·함세웅(가톨릭)·김상근(개신교) 등 재야 원로가 중심이 된 단체였다. 여기에 참여했던 문재인과 이해찬은 혁신과통합을 만들어 민주통합당 창당에 주도적 역할을 했다(심지연, 2017).

으로 변경하고 박근혜를 중심으로 당 쇄신작업에 나서는 한편 과거 친박연대인 미래희망연대와의 합당을 마무리했다(심지연, 2017). 새누리당이 '박근혜당'으로의 전환을 가속화한 결과 박근혜는 무난하게 대통령 후보로 지명될 수 있었다.

2012년 8월과 9월에 새누리당과 민주통합당이 박근혜와 문재인을 각각 대선 후보로 선출한 데 이어 무소속의 안철수가 출마를 선언함으로써 대선은 3파전으로 출발했다. 그후 문재인과 안철수 사이에서 범야권 단일화가 추진되어 최종적으로 2파전으로 좁혀졌다. 그러나 문재인과 안철수의 단일화 협상이 난항을 겪으면서 야권은 통합의 효과를 얻지 못한 반면 새누리당은 보수대통합이라는 목표에 성공했다. 우선 새누리당은 충청권을 지지기반으로 하는 선진당과의 합당에 성공했다. 게다가 김대중 정부에서 비서실장을 지낸 한광옥에 이어 전직 민주당 의원 20명이 박근혜 지지를 선언하며 새누리당에 입당했다. 또 새천년민주당 대표를 지낸 한화갑도 투표 직전에 박근혜 지지를 선언했다(심지연, 2017). 그 결과 12월에 실시된 대선에서 박근혜 후보는 1987년 대통령 직선제 개헌 이후 최초로 과반 득표에 성공하면서 대통령에 선출되었다.

그러나 이명박 정부와 마찬가지로 박근혜 정부도 안정적 통치연합을 형성하지는 못했다. 오히려 박근혜 정부 초기부터 새누리당 내부에서는 친박과 비박의 분열과 경쟁이 심화되었다. 이런 갈등은 2013년 재·보선에서 당선된 김무성의 당대표 선출에서 전형적으로 드러났다. 이후 새누리당의 친박계와 비박계는 사사건건 대립과 갈등을 반복했다(심지연 2017).

새누리당 내에서는 2014년 지방선거 예비경선에서 비박계가 우세를 보이고 국회의장 경선과 원내대표 경선에서도 비박계가 승리를 거두었다. 그로 인한 긴장은 2015년 국회법 개정안 통과를 계기로 내분으로 폭발했다. 박근혜 대통령은 국회법 개정안에 대해 거부권을 행사했고, 그 후 새누리당 의원총회는 유승민의 원내대표직 사퇴권고를 결의했다. 당내 분열상은 2016년 총선을 앞두고 극에 달했는데, 청와대의 의중을 반영하는 하향식 공천을 주장한 친박계와 청와대의 개입을 배제하는 상향식 공천을 주장한 비박계가 정면으로 충돌했던 것이다. 그 결과 김무성 당대표가 공천장 날인을 거부하면서 지방으로 피신하는 공천파동이 일어나기도 했다(심지연, 2017).

한편 대선에 패배한 민주통합당은 2013년 전당대회를 개최하여 당명을 민주당으로 변경했다. 김한길이 당대표로 선출되었고 7명의 최고위원에 신경민·조경태 등 4명이 선출되었는데, 이는 친노 주류 세력에 대한 반발이었다. 그러나 전당대회 이후 정치활동을 재개하며 5년 후 정권교체를 이루겠다고 다짐한 문재인과 그를 중심으로 한 친노세력의 존재는 결코 무시할 수 없었다(심지연, 2017).

그리고 마침내 2014년 4월에 세월호침몰사건이 발생했다. 박근혜 정부는 사건 대응에 무능한 모습을 보였고, 대통령 개인에 대한 괴담이 확산되었다. 이른바 '세월호 7시간'이라는 프레임은 이후 박근혜 탄핵의 전초전적 성격을 띠는 것이었다. 또 세월호침몰사건을 계기로 새로운 통합정당인 새정치민주연합 내에서 친노의 영향력이 커졌다. 기존 지도부는 세월호특별법 합의과정에서 당 일부와 시민 단체로부터 여당에게 지나치게 많이 양보했다는 공격을 받고 사퇴해야 했다(심지연, 2017).

2015년 전당대회를 앞두고 새정치민주연합 내에서 친노와 비노의 당권 경쟁이 본격화되는데, 결국 전당대회에서 모바일투표 덕택으로 문재인이 박지원을 누르고 당대표로 선출되었다. 재·보선 패배로 친노와 비노의 갈등이 심화되자 친노 세력은 또다시 시민·사회단체에서 수혈을 단행하여 김상곤을 위원장으로 하는 혁신위를 출범시켰다. 혁신위가 친문 전위부대처럼 활동하자 결국 연말에 안철수와 비노 호남의원들이 탈당을 선언했다. 그 후 친노·친문세력은 당명을 더불어민주당으로 변경했다(심지연, 2017).

2016년 4월 총선에서 새누리당은 대통령의 과도한 공천 개입에 따른 내분이 극에 달하며 패배를 맞이했다. 국민에게 '배신의 정치'를 심판해달라고 호소했던 박근혜 대통령은 총선 패배 이후 정치적으로 고립되었다. 사실상 정국을 이끌 지도력이 고갈된 정부·여당은 여소야대 상태를 타개할 최소한의 동력도 발휘할 수 없을 정도로 무기력해졌다(서희경, 2023).

게다가 10월에 이른바 비선실세의 국정농단사건이 터지면서 대통령 퇴진을 요구하는 촛불집회가 수차례 개최되었다. 친문당으로 변형된 더불어민주당은 촛불집회에 참여하면서 거국내각이나 개헌연계퇴진 등과 같은 정치적·제도적 문제해결이 아니라 가두의 정치를 활용하는 정권퇴진운동을 선택했다(심지연, 2017). 야당의 탄핵요구에 일부 새누리당 의원이 호응하면서 결국 국회에서 대통령에 대한 탄핵소추안이 가결되었다.

탄핵심판에 착수한 헌법재판소는 2017년 3월 대통령 파면이라는 헌정 사상 초유의 결정을 내렸다. 대통령의 위법행위가 국민의 신임을 배반한 행위로 헌법수호의 관점에서 용서할 수 없다는 것이 파면의 이유였다. 이 같은 탄핵결정은 새누리당을 비롯한 대다수 정치세력에 의해 수용되었지만, 동시에 '정치의 사법화'를 한층 더 심화시켰다. 국민에 의해 선출된 국가원수이자 정부수반의 퇴진을 의회가 아니라 헌법재판소라는 특별법원이 결정했던 것이다. 이는 문민화 이후 정치과정으로서 헌정이 자리 잡지 못했고 오히려 내전적 정치와 대선 불복이 일상화되었다는 사실의 강력한 증거였다.

에필로그

박근혜 대통령의 탄핵 이후 실시된 대통령 선거에서 민주당 문재인 후보는 과반수를 얻지 못했지만 대통령에 당선되었다. 역시 「내전의 진화과정으로서 '대선 불복 20년동란'」에서 설명한 것처럼, 문재인 정부에서는 적폐청산이라는 형태의 '내란/반란선동'(sedition)으로 내전의 준비가 한 단계 더 심화되었다. 그러나 문재인 대통령이 조국 일가의 부정·비리를 비호하며 검찰의 독립성을 침해하고 윤석열 검찰총장을 핍박한 것이 정권교체의 발단이 되었다. 윤석열 검찰총장은 국민의힘 후보로 대선에 출마하여 사법리스크에 시달리던 민주당 이재명 후보를 근소한 표차(0.7% 포인트)로 누르고 대통령에 당선되었다.

윤석열 정부 출범 이후 이재명은 편법적 방식을 총동원하여 재판을 지연시키는 동시에 '개딸'의 광신적 지지로 당권을 장악했다. '이재명의 민주당'에서 대선 불복은 한층 심화되어 드디어 '내란/반란'(insurrection/rebellion)으로 발전했다. 2020년 총선에 이어 2024년 총선에서도 민주당이 압승한 '선거쿠데타'(electoral coup)와 이를 배경으로 윤석열 정부에 대한 탄핵을 남발함으로써 헌정을 위기에 빠트리는 '의회쿠데타'(parliamentary coup)에 대항해서 윤석열 대통령은 대항쿠데타 격인 12·3계엄이라는 '친위쿠데타'(self-coup)를 감행했다. 그러나 '모방쿠데타'(mock coup)에 불과했던 계엄은 소극으로 끝났고 대통령은 국회에 의해 탄핵되었다. '정치의 사법화'를 주도했던 헌법재판소는 이번에도 윤석열 대통령에 대한 탄핵을 인용하고 그를 파면하는 '법원쿠데타'(judicial coup)를 수행했다.

윤석열 대통령의 파면으로 인한 조기대선에서 국민의힘은 '계엄의 강'을 건너지 못한 채 침몰하고 말았다. 이재명 후보는 어떤 정치적·정책적 전망도 없이 '내란 종식'을 내세워 대통령에 당선되었다. 이재명 후보가 연루되었던 5개의 재판은 모두 정지되었다. '냉전적 형태의 내전'에서 승리를 거둔 민주당은 오히려 국민의힘을 '내란/반란정당'으로 규정하면서 '승자의 정의/심판'(victor's justice)을 실행하는 중이다.

참고문헌

강원택 (2025), 『한국정치론』, 박영사.
김명구 (2011), 『해위 윤보선: 생애와 사상』, 고려대학교출판부.

김영명 (2013), 『대한민국정치사: 민주주의의 도입, 좌절, 부활』, 일조각.

김진표 (2024), 『대한민국은 무엇을 축적해왔는가: 이 나라의 열 정권을 돌아보며』, 사이드웨이.

모종린·와인개스트 (2015), 『한국발전론』, 서울셀렉션.

민주화운동기념사업회 (2008), 『한국민주화운동사 1』, 돌베개.

_____ (2009), 『한국민주화운동사 2』, 돌베개.

_____ (2010), 『한국민주화운동사 3』, 돌베개.

서희경 (2020), 『한국헌정사 1948-1987』, 포럼.

_____ (2023), 『87년체제의 한국헌정사 1987-2017』, 포럼.

신명순 (2012), 「선거와 선거정치」, 민준기 외, 『한국의 정치』, 나남.

심지연 (2017), 『한국정당정치사』, 백산서당.

아이켄그린 외 (2017), 『한국경제: 기적의 과거에서 지속가능한 미래로』, 서울셀렉션.

안병영·이갑윤 (1999), 「한국의 정치과정」, 김운태 외, 『한국정치론』, 박영사.

애쓰모글루·로빈슨 (2020), 『좁은 회랑』, 시공사.

윤근식·김운태 (1999), 「한국현대정치의 발전과정」, 김운태 외, 『한국정치론』, 박영사.

윤성이 (2012), 「선거와 인터넷」, 민준기 외, 『한국의 정치』, 나남.

이영훈 (2009), 『한국정치, 바람만이 아는 대답: 야당당수 10인의 삶과 정치』, 나남.

이정복 (2012), 「미군정과 제1공화국의 정치제도」; 「제2공화국의 정치제도」; 「제3공화국의 정치제도」; 「제4공화국의 정치제도」; 「제5공화국의 정치제도」; 「제6공화국의 정치제도」, 민준기 외, 『한국의 정치』, 나남.

최호동 (2022), 「제6공화국 헌법개정과 헌정사 자료」, 헌정사연구회, 『한국헌정사 연구의 최근 동향』, 민속원.

한승조 (1999), 「한국정치의 권력엘리트」, 김운태 외, 『한국정치론』, 박영사.

한국사회주의운동사

유주형 · 김태훈

프롤로그

이 글은 주로 민주화운동기념사업회에서 출간한 일련의 논저를 사료로 삼아 1970년대 이후 한국사회주의운동사를 개관한다. 그동안 과천연구실은 주요한 정세적 계기마다 한국사회주의운동을 둘러싼 쟁점을 해명했는데, 이 글은 특별히 한국헌정사와의 관계 속에서 한국사회주의운동사를 재인식하는 데 초점을 맞춘다.[1]

---

[1] 한국경제와 한국정치가 회복력을 상실하고 침몰하기 시작한 계기로서 김대중-노무현 정부의 인민주의에 대항해 사회운동적 마르크스주의의 부활을 주창한 작업으로는 『역사적 마르크스주의: 이념과 운동』(공감, 2004)과 『일반화된 마르크스주의 개론』(공감, 2006; 개정판: 2008)을, 2007-09년 세계금융위기와 동시에 세계노동자운동의 위기라는 역설적 정세에 당면하여 대안좌파의 부활을 주창한 작업으로는 『금융위기와 사회운동노조』(공감, 2008)를, 이른바 '촛불혁명'과 프로토파시즘으로서 인민주의를 표방하는 '문재명 정부'의 출현에 대응하여 한국사회성격 논쟁을 재론한 작업으로는 『한국사회성격 논쟁 세미나 (I)-(IV)』(공감, 2020-24)를 참고할 수 있다. 이 중에서 『세미나 (I)』은 『한국자본주의의 역사: 한국사회성격 논쟁 30주년』(공감, 2015), 『'한국의 불행': 한국현대지식인의 역사』(공감, 2016), 『위기와 비판』(공감, 2017), 『재론 위기와 비판』(공감, 2018)의 개정판을 수록한 것이다.

한국사회주의운동사의 재인식은 '지식인의 반역'(秀才造反)이었던 운동권의 투쟁이 '불량배의 동란'(强盜結義)으로 타락하게 된 까닭을 밝히려는 시도이다. 1970년대 군부독재에 의한 헌정유린으로서 10월유신에 대항하다가 1980년 광주항쟁을 계기로 사회주의로 성장·전화한 운동권의 이념이 1989-91년 현실사회주의 붕괴 이후 인민주의로 변질되면서 오히려 헌정을 회복하려던 문민화를 좌절시키고 급기야 '문재명 정부'에 부화뇌동하여 법치마저 파괴하기에 이른 역설을 해명하려는 것이다.

이런 문제설정은 '내전적 정치관'을 특징으로 하는 마르크스주의에 내전의 종결/화해로서 '헌정적 정치관'이 부재하다는 이론적 반성을 반영한 것이다.2) 스미스의 수제자 격인 듀걸드 스튜어트가 말한 것처럼, '한 나라를 최저의 야만상태에서 최고의 풍요상태로 이끄는 필요조건(requisite)'으로서 '평화', 즉 내전의 부재로서 헌정과 '적당한 사법'(tolerable administration of justice), 즉 법치(rule of law)에 대한 몰인식이 마르크스주의 일반의 결함이라는 것이다.

또 이런 문제설정은 광주항쟁을 마르크스주의 부활의 계기로 평가한 기존의 입장이 광주항쟁의 또 다른 측면을 간과했다는 자기비판을 반영한 것이다. 나아가 현실사회주의의 붕괴 이후 민주당이 광주항쟁을 '분노와 복수'의 '원한의 정치'로 왜곡·변질시켜 자신의 집권전략으로 활용하는 데 직간접적으로 협력한 민족해방파와 민중민주파의 '연대책임'(joint responsibility)이라는 문제를 제기하는 것이기도 하다.

이 글에서 사회주의의 개념은 마르크스·엥겔스가 『공산주의자 선언』에서 정의한 그것과 동일하다. 현대적 정치이념으로서 자유주의에 단순히 반대하거나 미달하는 것이 아니라 그것을 비판하고 지양하는 '프롤레타리아적 사회주의'로서 공산주의인 것이다. 이런 사회주의의 이론적 근거는 물론 마르크스 필생의 업적인 경제학 비판이

---

2) '문재명 정부' 이후 헌정 부재와 법치 파괴에 직면하여 영국을 표준으로 하는 자유주의적 정치이념·제도·행위자에 주목한 작업으로는 『자유주의의 역사: 인민주의 비판을 위하여』(공감, 2024)와 그 후속작인 『영국헌정사: 인민주의 비판을 위하여 (II)』(공감, 2025)를 참고할 수 있다.

다. 이때 비판은 '곤란이나 공백 같은 결함을 해결한다'는 의미에서 '지양'(止揚, Aufhebung/sublation)을 의미한다. 한 마디로 사회주의를 '자유주의로부터의 전진'(forward from liberalism)으로 정의하자는 것이다.

『한국의 불행』에서 설명했듯이, 19세기 서세동점의 격변기에 한중일 3국 중에서 자유주의적 헌정질서로서 입헌군주정의 수립과 자본주의적 발전으로서 산업혁명에 성공한 부르주아 혁명의 표준적 사례는 일본의 메이지유신이었다. 중국의 양무운동을 모방하던 메이지유신이 희대의 경세가 이토 히로부미 덕분에 변법운동과 신해혁명의 과제를 단번에 완수할 수 있었고, 그 결과 일본에서는 5·4운동이 존재하지 않았던 것이다.

반면 자유주의로부터의 전진으로서 사회주의 혁명의 표준적 사례는 중국사회주의운동이었다. 아편전쟁 이후 증국번과 이홍장이 중체서용(中體西用) 내지 동도서기(東道西器)의 정신에 입각한 양무운동을 전개했지만, 그러나 청일전쟁의 패배로 실패했다. 그 다음 강유위와 양계초가 서체서용 내지 서도서기에 입각한 변법운동을 통해 입헌군주정을 추진했지만, 그러나 자희태후(서태후)와 원세개의 쿠데타로 실패했다. 또 그 다음 손문이 황흥·장병린과 함께 신해혁명을 통해 공화정을 추진했지만, 그러나 이마저 실패하고 말았다.

부르주아 혁명으로서 신해혁명이 무위로 돌아가자 손문은 '아는 것이 어렵고 하는 것은 쉽다'(知難行易)고 개탄했다. 진독수가 이에 호응하여 신문화운동을 제창하고 이대교가 이를 발전시켜 마침내 5·4운동에서 마르크스주의 역사과학을 수입하기에 이르렀다. 중국현대 지식인이 개항이라는 객관적 외압에 대한 주체적 대응에서 양무운동 → 변법운동 → 신해혁명 → 5·4운동의 순서로 한 단계씩 급진화된 것이다. 달리 말해서 부르주아 혁명의 실패가 마르크스주의의 토착화로 반전하는 계기가 된 것이다.

1919년 5·4운동부터 1949년 중화인민공화국 건국까지 신민주주의 혁명기는 국학대사(國學大師) 장병린이 말한 '지식인의 반역'의 시대였다. 5·4운동부터 장개석의 남경국민정부가 수립된 1928년까지 '학생층의 변혁주체로서 형성'에 주목하는 백영서(1997)를 참고하여 비교의 표준, 즉 '기준'(yardstick/criterion)이자 '모범'(example/model)으로서 중국사회주의운동의 전개과정을 정리하면 다음과 같다.

1911년 부르주아 혁명으로서 신해혁명과 북경대 설립
1915년 진독수의 신문화운동 제창과 『청년』 창간
1916년 북경대 교장 채원배가 학술연구중심으로 대학을 개혁
1918년 북경대에서 이념조직으로서 소규모 학회(社團)의 출현
1919년 북경대생 중심 5·4운동과 이대교의 마르크스주의 역사과학 수입
1920년대 학생층이 변혁주체와 직업혁명가로 변모
1921년 중국공산당 창당
1930년대 중국사회성격 논쟁과 진백달에 의한 '마르크스주의의 중국화'
1949년 중국혁명

현대의 '수재'(秀才, 향시준비생)로서 북경대생의 지식인운동에서 출발한 중국사회주의운동이 모택동의 '수재'(秀才, 이론비서)이자 장병린의 손(孫)제자인 진백달의 매판적·봉건적 국가독점자본주의론, 즉 관료자본주의론으로 이론적 결실을 맺었다는 사실에 주목할 수 있다.3) 이런 '마르크스주의의 중국화'의 실천적 귀결은 '노동자운동과 마르크스주의의 융합'(알튀세르)으로서 중국혁명이었다.

그러나 중국사회주의운동은 반(反)이론주의로 점철된 문화혁명 '10년동란'의 광기 속에서 결국 '불량배의 동란'으로 타락했다. 그 상징적 계기는 모택동이 진백달을 숙청한 것으로, 명청교체기 농민군

---

3) 명·청의 과거제도에서 오늘의 대학입시에 해당하는 원시(院試)의 합격생이 생원(生員)이고 그 중 국자감의 학생이 감생(監生)으로, 생원과 감생을 통칭하여 수재(秀才) 또는 선비(士, scholar)라고 불렀다. 현대중국의 '국자감'(國子監, 나라의 아들을 가르치는 학교)이 북경대로, 1886년에 설립된 도쿄제국대학을 모델로 삼아 1898년 변법운동의 일환으로 국자감을 개혁한 경사대학당(京師大學堂, 서울대학교)이 1911년 신해혁명에 즈음하여 북경대로 개칭된 것이다. 참고로, 생원은 향시를 거쳐 거인(擧人, recommended scholar)이 되고, 거인은 회시를 거쳐 진사(進士, advanced scholar)가 되며, 진사는 전시를 거쳐 한림(翰林, academician)이 되었다. 이처럼 과거에 합격한 등급인 수재/선비·거인·진사·한림이 서양의 학계에서 학사·석사·박사·학술원회원으로 번역되었다. 『세미나 (I)』 참조.

의 수령 이자성이 수재 이암을 숙청한 것에 비유될 수 있었다.4) 모택동은 '우리는 결코 이자성처럼 되면 안 된다'(我們決不當李自成)는 중국혁명 전야의 다짐을 스스로 저버림으로써 그를 이자성에 비유한 장개석의 비판을 사후적으로 정당화하고 말았다.

1970년대 이후 한국사회주의운동사도 중국사회주의운동사에 유비해서 '지식인의 반역'과 '불량배의 동란'으로 시대구분할 수 있다. 1989-91년 현실사회주의의 붕괴를 기점으로 이전과 이후를 각각 '지식인의 시대'와 '불량배의 시대'로 정의할 수 있기 때문이다. '이념의 인간'으로서 지식인의 시대에는 '문투'(文鬪), 즉 이론투쟁을 본질로 하는 반유신·반독재투쟁이 사회주의운동으로 성장·전화할 수 있었다. 그 결과 지식인운동과 노동자운동이 융합하고 한국전쟁 이후 복류(伏流)하던 마르크스주의가 용출(湧出)하여 극적으로 부활할 수 있었던 것이다.

그러나 현실사회주의 붕괴 이후 '출세와 투기'만이 목적인 '욕망의 인간'이나 '분노와 복수'만이 목적인 '정념의 인간'으로서 불량배의 시대가 도래했다. 불량배로 타락한 운동권의 '무투'(武鬪), 즉 폭력투쟁을 본질로 하는 반자유주의·반보수주의투쟁은 인민주의적 '내전'으로 변질되고 말았다. '마르크스주의의 위기'(알튀세르)에 대한 몰인식과 더불어 헌정회복 과정으로서 문민화의 의의에 대한 몰이해가 핵심적 원인이었다. 그 결과 지식인운동과 노동자운동이 분리되면서 마르크스주의가 인민주의와 혼동되는 지경에까지 이르게 된 것이다.

---

4) 이자성이 북경에 입성할 수 있었던 것은 이암이 제창한 '토지를 균분하고 조세를 면제하자'는 구호와 함께 '현명한 선비를 존중하고 예우하며'(尊禮賢士) '폭군을 배제하고 백성을 구휼하자'(除暴恤民)는 구호를 채택한 덕분이었다. 이처럼 이자성의 농민군은 중국농민전쟁사에서 최초로 토지제도와 동시에 조세제도를 비판한 특출한 사례로 평가될 수 있었다. 하지만 이암의 숙청과 함께 '재물과 여자를 탐하지 않는다'(不愛財, 不姦淫)는 군율을 위반함으로써 이자성의 난은 기존의 농민전쟁으로 퇴행하고 말았다. 이자성의 난과 모택동의 '문화혁명 10년동란'의 역사적 유비에 대해서는 『세미나 (II) (III)』 참조.

1970년대 반유신투쟁

유신 이전의 재야운동과 학생운동

중국사회주의운동사를 표준 삼아 한국사회주의운동사를 분석하려면, 우선 '나라의 아들'(國子) 내지 '민족의 양심'(the conscience of the nation)을 육성하기 위한 최고 학부(學府)로서 북경대에 대응하는 서울대의 역사에 주목해야 한다. 그러나 『세미나 (I) (II)』에서 설명했듯이, 도쿄제국대학처럼 문리대·법대·의대뿐만 아니라 현대적 대학교육의 핵심으로서 상대·공대도 설치한 북경대와 달리 서울대의 전신인 경성제국대학에서는 경제학이 법학부의 하위 전공이었다. 그나마 중일전쟁을 계기로 도입된 공학부와 달리 경제학부는 끝까지 독립하지 못했는데, 경성제대가 진정한 의미의 제국대학이 아니라 '지방국립대학'이었다는 증거였다.

해방 이후에도 최고 학부로서 서울대의 위상 정립은 쉽지 않았다. 해방정국에서 강행된 국립서울대학교설립안(국대안)의 핵심으로서 경성고등상업학교(고상)의 후신인 상과대학의 통합이 순탄치 않았기 때문이다. 당시 좌익의 거점이었던 상과대학과 사범대학(경성사범학교의 후신)에서 국대안에 대한 반대가 가장 치열했던 데다가 고상으로 집결했던 전석담 같은 신진기예의 마르크스주의 경제학자들이 1946년 7월 국대안의 강행과 10월 김일성종합대학의 창설 와중에 모두 월북했던 것이다. 최고 학부를 둘러싼 서울대와 김일성대간 경쟁의 핵심에 상과대학이 있었다는 것이다.

한국전쟁 이후 현대화 과정에서도 서울대의 발전은 난망했는데, 군사정부답게 문과를 억압하고 이과를 육성하려는 박정희 정부의 정책 때문이었다. 3선개헌 전후로는 '육법회'(陸法會), 즉 육군사관학교 출신의 장교와 서울법대 출신의 검사가 지배엘리트로 부상했다. 그러나 경찰사법에서 검찰사법으로 이행한 것은 아니었는데, 비밀경찰인 중앙정보부의 통제 때문이었다. 10월유신 이후에는 중화학공업화에 반대한 경제학계가 홀대받았는데, 관악캠퍼스로 이전·통합되는 과정에서 서울상대가 해체되고 경제학과가 위축된 것도 필연적이었다.5)

박정희 정부는 3선개헌과 10월유신 직후에 각각 중·고등학교 입시와 일류 중·고등학교를 폐지하여 중등교육을 하향평준화했다. 이어서 서울대의 전과목 출제로 상징되는 본고사제도를 완화하여 고등교육마저 하향평준화했다. 1981년에는 급기야 본고사가 폐지되고 졸업정원제가 실시되면서 서울대는 엘리트교육을 포기한 채 고려대와 연세대 수준의 대중대학으로 하향평준화되었다.

이런 맥락에서, 정원 폭증 덕에 합격해서 무리를 지어 다닌다는 의미에서 '똥파리'로 불리던 82학번 중 김민석 총리나 조국 대표 같은 '출세주의자'(careerist) 내지 '투기꾼'(adventurer)이 1985년 이후 학생운동의 지도부를 자임하다가 훗날 대거 전향함에 따라 '82들의 혁명놀음'(우태영, 2005)이라는 보수주의자의 비난을 자초한 것도 우연만은 아닐 것이다. 하물며 학력인플레이션과 학력거품화를 경험한 X세대나 Y세대에서 마르크스주의 지식인이 재생산되는 것은 훨씬 더 어려운 일이었을 것이다.

이처럼 서울대의 발전이 기형화·불구화된 상태에서 '학생층의 변혁주체로의 형성' 역시 기형적·불구적으로 전개될 수밖에 없었다. 앞서 언급했듯이, 해방정국에서 좌익의 거점은 상대와 사대였던 반면 우익의 거점은 경성제대의 후신인 법대와 문리대였다. 흥사단 출신인 오천석 문교부장관이 구상한 국대안을 실행하는 데 앞장선 것

---

5) 여기서 서울상대라고 한 것은 관악산으로 캠퍼스가 종합화되기까지는 연립대학적 성격이 견지되어 현재 같은 종합대학으로서 서울대 개념이 없었다는 사실을 상기하는 것이다. 고려대나 연세대와 달리 서울대에서는 단과대학을 가리켜 서울상대니 서울법대니 서울문리대니 하고 서울대 상대니 서울대 법대니 서울대 문리대니 하지는 않았다. 국대안에 대한 비판적 관점이 여전히 재생산되어왔기 때문이다. 『세미나 (II)』 참조.

이 바로 흥사단의 후배격인 서북청년회로, 서청은 법대·문리대뿐만 아니라 상대·사대에도 배치되어 좌익 척결에 앞장섰다.

해방정국과 한국전쟁이라는 공개적인 계급투쟁이 분단의 고착화로 귀결되었기 때문에 1950년대에는 마르크스주의가 생존할 수 있는 조건이 소멸했다. 1960년 4·19로 상황이 얼마간 변화했지만 1년 만인 1961년에 5·16이 발생했다. 이 사이에 '혁신계'와 함께 민주민족청년동맹(민민청)·통일민주청년동맹(통민청) 등 청년운동, 민족통일학생연맹(민통학련) 등 학생운동, 민족자주통일중앙협의회(민자통) 등 통일전선체운동이 명멸했다(전명혁, 2011: 289-90).6)

그런 와중인 1964년에 혁신계와 그 존재 목적 및 위상을 달리 설정하여 자생적인 비합법 전위조직을 지향한 인민혁명당(인혁당) 사건이 발생했다(전명혁, 2011: 317). 한국전쟁 이후 기호지방과 영남지방에 생존한 소수의 마르크스주의자가 협력하여 당 건설을 도모했던 것인데, 기호파를 대표한 것이 박현채였고 영남파를 대표한 것이 도예종이었다. 비록 인혁당은 당조직 건설 단계에서 탄압받았지만, 한국전쟁 이후 최초로 토착 마르크스주의가 부활한 계기로 평가할 수 있다.

『일반화된 마르크스주의 개론』에서 설명했듯이 인혁당 이후 당조직 사건들은 인혁당과 성격을 달리했다. 1968년 베트콩 테트(설날) 대공세 직후의 통일혁명당(통혁당) 등은 대체로 북한의 지도 아래 당조직 건설을 시도했기 때문이다. 그런 경향은 1972년 7·4 남북공동성명을 계기로 더욱 강화되었는데, 북한이 1960년대까지의 남한 혁명론을 폐기하고 대신 남·북한 평화공존론을 채택하면서 남한의

---

6) '혁신계' 내지 '혁신세력'과 이들이 구성한 정당으로서 '혁신정당'은 어떤 단일한 이념적 동일성을 긍정적으로 지칭하는 것이 아니라 '보수세력'에서 배제된 다양한 이념적 집단을 부정적으로 통칭하는 용어였다. 4·19 직후 혁신계는 사회대중당·혁신동지총연맹 등 혁신정당을 결성하고 7·29총선에 참가했지만 참패했다. 그 후 혁신정당은 이합집산을 거듭하다가 1960-61년에 통일사회당·사회대중당·혁신당·사회당 등 4개의 혁신정당으로 재편되었다(홍석률, 2008: 297-301).

혁명세력은 '사회주의 조국'으로서 북한을 보위하는 역할로 그 지위가 변화했다는 사실에 주목할 수 있을 것이다.7)

『한국의 불행』에서 설명했듯이, 박정희 정부에서는 친미반공주의가 분화되면서 재야(dissident)라는 비주류가 출현했다. 해방 이후 친미반공주의는 보수주의적 반공주의와 자유주의적 내지 진보주의적 반공주의로 분리·정립되었다. 전자를 대표한 것이 평안도에서 탈북한 장로교도가 중심이 된 흥사단·서청이었다면, 후자를 대표한 것은 미국 중앙정보국(CIA)의 전신인 전략정보국(OSS)에 배속된 광복군 출신 장준하와 그가 창간한 『사상계』였다. 그런데 박정희 정부 이후 장준하가 박 대통령과의 경쟁에 몰두하다가 인민주의자로 변신하면서 재야운동권이 출현했던 것이다.

재야운동이 최초로 결집하게 된 계기는 한일국교정상화반대투쟁으로, 그 근거는 친미반공주의였다. 한일국교정상화반대투쟁에는 일본 정부의 남북한 등거리외교에 대한 의심이 작용했는데, 반일보다는 오히려 반공이 핵심이었던 것이다. 또 미국이 한국에 대한 책임을 일본에게 전가할 것이라는 염려도 작용했는데, 역시 반일보다는 친미가 핵심이었던 셈이다. 이런 논리는 5·16 직후 한신대 학장직에서 사퇴한 뒤 장준하와 함께 재야운동에 투신한 김재준 목사가 제시한 것으로, 이후 한신대는 인민주의적 재야의 중심으로 부상하게 되었다.

1960년대 학생운동이 분출한 계기도 4·19와 한일국교정상화반대투쟁이었다. 그러나 4·19세대와 그 후배 격인 6·3세대는 반정부에서 친정부로 대거 전향했다. 후술할 주체적 한계 외에도, 3선개헌 이전의 박정희 정부는 군부독재라고만 치부하기에는 쟁점이 많았기 때문이다. 그 대표적 사례는 경제정책으로, 수출지향공업화의 정책수단으로서 정책금융의 도입이나 한일국교정상화와 베트남참전을 통

7) 7·4 남북공동성명 이후 통혁당과 유사한 시도가 몇 차례 더 계속되었는데, 후술할 1974년의 인혁당재건위 사건과 1979년 10·26 직전에 발생한 남조선민족해방전선(남민전) 사건이 그것이다. 북한은 통혁당 사건이 발생한 이듬해인 1969년에 평양에서 통혁당이 창건되었다고 주장한 데 이어 1985년에 통혁당을 개편한 한국민족민주전선(한민전)이 출범했다고 주장했다.

한 외자 도입과 외화 획득 등 1960년대 박정희 정부의 정책에는 큰 결함이 없었다고 할 수 있다.

매서추세츠공과대학(MIT) 경제학 교수 로스토우(Walt Rostow)가 '반공주의자 선언'이라고 자칭한 현대화론도 무시할 수 없었다. 1950년대 말 이후 일종의 '신탁통치'이자 미국 정부가 지원하는 임시정부로서 '유일한 합리적·비당파적 세력'인 군부의 독재가 이승만 정부의 대안으로 제시되었던 것이다. 현대화론에서 주장하는 이른바 '선의의 독재자'(benevolent dictator)로서 군부가 주도하는 외자의존형 수출지향공업화가 불가피했다는 것이다.

물론 3선개헌 이후 박정희 대통령은 선의의 독재자라고 할 수 없었다. 조카사위인 김종필 총리를 후계자로 인정하지 않았던 데다가 10월유신을 통해 영구집권을 획책했기 때문이다. 선의의 독재자를 대표하는 사례는 대만의 장개석 총통으로, 아들 장경국(장징궈) 총통을 통해 군정(軍政)이 훈정(訓政, 신탁통치/후견통치)을 거쳐 헌정(憲政)으로 이행하는 문민화를 준비했기 때문이다.

4·19세대와 6·3세대의 전향 이후 학생운동권에서 세대교체가 이루어졌다. 1960년대의 학생운동을 선도했던 것은 서울문리대, 그리고 서울법대였는데, 한일국교정상화반대투쟁 및 3선개헌반대투쟁의 실패 이후 운동권 재편을 선도한 것도 문리대였다. 1950년대 이래 신진회-민통련-민비연-후문연-농문회로 이어지는 문리대 학생운동의 맥을 잇는 통합 이념서클 문우회(문리대학우회)가 결성되는 한편 후사연(후진국사회연구회)이라는 새로운 이념서클이 등장하여 활동폭을 확대했던 것이다. 후사연 회장 심재권이 소속된 단과대학인 서울상대는 후사연과 김근태·김대환의 이론경제학회 등의 활동 덕분에 1970년대에 들어와 서울대 학생운동에서 문리대·법대와 어깨를 나란히 할 수 있게 되었다(오제연, 2013: 88-92).

이 대목에서 1960년대까지 서울대 운동권의 기형성·불구성이 문리대생·법대생의 과잉과 상대생의 과소에 기인한 것이라는 관점을 제시할 수 있다. 도쿄대 학생운동의 원조인 신인회의 중심이 26학번을 전후로 '다이쇼 데모크라시'의 3대 사상가 중 한 명인 요시노 사쿠조를 필두로 하여 법학부에서 경제학부로 이동한 사실과 비교해 보자는 것이다. 경제학에 기초하지 않고서는 자유주의자는 물론이고 마르크스주의자도 재생산될 수 없기 때문이다. 신인회에 대해서는 『세미나 (IV)』에 실린 「'대선 불복 2년동란'」을 참고할 수 있다.

1960년대 후반부터 고조된 이념서클간 협력의 기운은 마침내 1971년 단일한 연합조직 결성으로 이어졌다. 1971년 4월에 민주수호전국청년학생연맹(민주수호전학련)에 이어 6월에 그것이 확대·재편된 전국학생총연맹(전학련)이 결성된 것이다. 그러나 전학련은 박정희 정부의 위수령 선포로 강제 해산되었고, 서울대의 문우회와 후사연을 비롯해 각 대학의 운동을 지도한 전국 70여 개의 이념서클도 전격 해체되었다(신동호, 2013: 101-03, 113-16).

반유신 학생운동과 재야운동

1972년 박정희 대통령은 10월유신을 통해 헌정질서를 유린하고 독재정치를 강행했다. 10월유신은 자유주의적 메이지유신을 대체한 군국주의적 쇼와유신의 모방이었다. 10월유신을 지지한 지배엘리트로서 육법회는 물론이고 수출지향공업화를 대체한 군수공업화로서 중화학공업화도 박정희 대통령 자신의 만주국 경험으로 소급했던 것이다. 반유신투쟁은 박 대통령의 헌정유린에 대항하여 사회운동과의 결합을 모색하면서 헌정회복을 추구했다.

반유신투쟁의 선봉은 학생운동이었고, 그 상징은 1974년 민청학련(전국민주청년학생총연맹) 사건이었다. 10월유신 아래에서는 야당이나 재야가 반정부운동을 전개할 수 있는 정치적·이념적 공간이 대단히 협소했고, 결국 상대적으로 정치적·이념적 순수성을 인정받을 수 있는 학생운동이 반유신투쟁의 주력으로 선두에 서게 되었다. 반면 문화·예술계와 종교계를 중심으로 한 재야운동은 부차적이었는데, 특히 종교계는 발생기의 민중운동을 지원하는 일종의 소도(蘇

塗) 기능을 수행했을 따름이다(조희연, 2009: 29-30).

최초의 공개적·대중적인 반유신투쟁은 1973년 10월 서울문리대에서 촉발되었다. 이 시위는 서울법대와 서울상대로 이어졌고, 11월부터는 경북대를 비롯한 전국으로 확산되었다. 학생들의 요구는 정보정치 배격과 김대중납치사건 진상규명, 학원·언론의 자유를 포함한 기본권 보장과 자유민주주의 실현, 경제적 종속의 극복과 민족자립경제의 실현 등이었다. 이런 주장은 이듬해 민청학련의 '민족·민주·민중선언'으로 집약될 것이었다(이기훈, 2009: 103-05, 108, 118).

전국적 지도부가 없는 상태에서도 두 달 이상 지속된 반유신투쟁의 기운은 통일된 연대조직의 필요성을 낳았고, 민청학련 결성의 계기가 되었다. 전국적 조직을 구성하는 방식은 이른바 '3-3-3원칙'이었다. 반유신투쟁의 핵심에 서울대를 두되 문리대-법대-상대의 세 단과대를 주축으로 하고, 서울에서는 서울대-고려대-연세대의 세 대학을 주축으로 하며, 전국적으로는 서울대-전남대-경북대의 세 대학을 주축으로 한다는 것이었다.8) 반유신투쟁의 조직화에는 기존의 이념서클이 중요한 역할을 했다(이기훈, 2009: 119, 125-27).

1974년 4월 3일 서울대·고려대·연세대·성균관대·이화여대 등에서 일제히 시위가 전개되면서 민청학련 명의의 '민족·민주·민중선언'이 배포되었다. 그러나 대부분의 시위는 성공하지 못하고 곧 해산되었다. 그리고 이날 유신정권은 긴급조치4호를 발령했다(이기훈, 2009: 129-31). 긴급조치4호는 민청학련이라는 한 단체에 대해 대통령이 비상대권을 발동한 것이었다. 대통령이 민청학련을 '인민혁명을 기도하는 불순세력'으로 규정한 상황에서 중앙정보부 수사의 초점은 관계자들이 '공산주의 사상을 가지고 폭력혁명을 수행하려는 자'임을 입증하는 데 맞춰질 수밖에 없었다(이기훈, 2009: 133-34).

---

8) 실제로 3-3-3원칙은 계획과 약간 다르게 진행되었다. 서울대에서는 3개 단과대에 공대·농대·의대를 포함한 6개 단과대가, 서울에서는 3개 대학에 성균관대·이화여대를 포함한 5개 대학이 주축이 되었다. 전국적으로는 호남권의 전북대와 영남권의 부산대가 전남대와 경북대가 아니라 서울문리대와 직접 관계를 맺었다. 민청학련계승사업회(2018: 249-50) 참조.

중앙정보부는 '민청학련이 공산계 불법단체인 인민혁명당 조직과 재일 조총련의 조종을 받는 일본공산당원 및 국내 좌파혁신계 등이 복합적으로 작용하여 만든 조직이고, 민청학련을 조직하여 국가변란을 획책한 학생들은 그들의 사상과 배후관계로 보아 공산주의자임이 분명하다'고 발표했다. 나아가 '그들이 민청학련을 조직하고, 대규모 시위를 통해 군중을 폭도화하여 주요 공공건물을 점거·방화함으로써 정부의 기능을 마비시켜 정부를 전복하고, 임시과도정부를 설립하여 궁극적으로 공산주의 정권을 세우려 한다'고 강조했다(이기훈, 2009: 134). 바로 인혁당재건위 사건이었다.

1975년 4월 9일 대법원에서 사형을 선고받은 도예종 등 인혁당재건위 관계자 7명 전원과 민청학련 관련자 중 인혁당과 연결된 여정남은 다음 날 새벽 사형이 집행되었다(이기훈, 2009: 137-38). 이는 법치의 외양만 갖춘 '사법살인'(judicial murder)으로서, 군부독재의 무단통치에 의한 헌정 부재와 법치 붕괴의 대표적 사례였다. 사법살인에 항거하는 뜻에서 서울농대의 이념서클 소속 김상진이 자결했고, 다시 긴급조치9호가 발동되었다(이기훈, 2009: 174-75).[9]

노무현 정부에서 국가인권위와 국가정보원은 민청학련 관계자들이 인혁당의 지원을 받았다는 것은 고문에 의해 날조된 수사 결과이며, 민청학련을 배후 조종한 단체로 지목된 소위 인혁당재건위의 존재는 더욱 근거 없는 것이라고 발표했다. 간단히 말해서 사회변혁을 지향하는 사회주의운동이 아니라 군부독재에 반대하는 민주화운동이었을 따름이라는 것이다(이기훈, 2009: 134-36).

---

9) 1974년 민청학련 사건으로 학생운동은 큰 타격을 입었다. 특히 인혁당재건위 사건 관계자들이 다수 포함된 대구·경북지역의 운동 역량은 크게 훼손되었다. 인혁당재건위 사건에 직간접적으로 연루된 26명 중 대경지역 인사는 거주지 기준으로 15명이었고 출신지 기준으로는 훨씬 많았다. 사형선고를 받은 8명 중에는 5명이 대경지역을 기반으로 활동한 인사들이었다. 이들이 처형되거나 1980년대까지 구속되면서 대경지역 사회운동의 인적 기반 및 재생산 메커니즘은 사실상 궤멸했다. 대경지역 사회운동에서 1970년대와 1980년대의 결정적 단절의 계기가 인혁당재건위 사건이라는 것은 정설이 되었다(임채도, 2013: 306).

그러나 『일반화된 마르크스주의 개론』에서 이미 지적했듯이, 인혁당재건위 사건으로 희생된 인사들이 과연 그런 판정에 고마워할지는 의문이다. 물론 인혁당재건위는 인혁당·통혁당·남민전과 달리 당건설을 구상하는 단계에서 탄압받았기 때문에 실체가 별로 없었다고 할 수도 있겠지만 말이다. 하지만 인혁당조차 조작되었다고 주장할 수는 없는데, 그 주동자 중 한 명이 바로 박현채였기 때문이다. 재차 강조하지만, 인혁당이 조작이었다는 주장은 어불성설인데, 그것을 받아들인다면 결국 통혁당이 정통이라는 북한과 민족해방파의 주장을 추종하는 셈이기 때문이다.

『세미나 (II)』에서 설명했듯이 인혁당은 한국전쟁 이후 기호지방과 영남지방의 마르크스주의자가 협력하여 조직했던 것인 반면 인혁당재건위는 기호파의 반대에도 불구하고 영남파의 독단으로 초래된 것이었다. 박현채를 비롯한 기호파 인혁당 관계자는 인혁당재건위에 전혀 참여하지 않았는데, 그런 상황에서 이수병을 비롯한 영남 출신 활동가가 영남파 인혁당 관계자인 도예종을 지도자로 옹립했던 것이다. 사회주의운동사의 관점에서 인혁당재건위 사건을 반성한다면, 해방정국의 4·3 제주사건이나 10·19 여순사건처럼 전체 변혁역량에 끼친 손실에 대해 자기비판하는 것이 우선일 것이다.

긴급조치9호에 따라 일체의 학생운동 조직이 해산되었다. 그런데 이런 국면을 예의 주시하던 일부 이념서클은 학생운동의 방식과 구조를 근본적으로 바꿔야 한다는 인식하에 장기적 구상을 수립했다. 대표적인 이념서클이 바로 정운영이 주도하여 1967년에 범서울상대 이념서클로 발족한 한국사회연구회(한사)로, 민청학련 사건 이후 학생운동의 구심으로 부상하게 되었다. 한사는 구성원 개개인이 독자적 분파를 만들 수 있을 만큼 이론적·실천적 역량이 탁월한 조직으로 인정받았다(신동호, 2013: 117-18).

한사는 긴급조치9호 국면에서 섣부른 투쟁보다는 활동가 양성 구조의 안정화와 체계화를 최우선 방침으로 설정했다. 이런 방식은 얼마간 시차를 두고 학생운동 전체로 파급되었고, 실제로 긴급조치9호

시기의 주요 이념서클은 조직사건에 깊이 연루되지 않았다. 당시 이념서클에 확산된 흐름은 투쟁론을 대체한 준비론으로, 당면한 학내시위 등 정치투쟁을 유보하는 대신 노동자·농민·도시빈민 등 민중운동에 관여함으로써 장래의 근본적 변혁을 도모한다는 발상이었다. 1976년 하반기부터 서울대의 각 이념서클에서 파견된 대표들로 구성된 '서클연합회'가 학생운동을 계획하고 집행하는 기능을 수행했다.10) 이 모임은 1980년 12월에 드러난 이른바 '무림사건' 때 수사의 집중 표적이 되었다(신동호, 2013: 119-21, 137-39).

강력한 민중지향성과 과학적 실천성을 띤 '긴조9호세대'라는 학생운동 세대가 형성되었다(허은, 2009: 203-06). 긴급조치9호는 전통적 학생운동이 원천적으로 작동할 수 없게 강제함으로써 오히려 연속적이고 지속가능한 형태로 학생운동을 새롭게 구조화하는 결과를 낳았다. 학생운동이 이념서클 중심으로 집중되고 지하화하면서 조직화·체계화되었던 것이다. 학생운동이 1980년대 이후에도 계승·발전될 수 있었던 것도 이 시기에 이론적·실천적 기초가 확보되었기 때문이라고 할 수 있다(신동호, 2013: 154).

『세미나 (II)』에서 설명한 것처럼, 1967년 대선에서 박정희 후보와의 재대결에서도 패배한 윤보선 후보는 3선개헌과 10월유신을 계기로 재야운동의 원로로 변모했다. 윤보선이 재야운동에 투신함에 따라 민주당 구파는 경남 출신인 김영삼이 대표하게 되었고 신파는 호남 출신인 김대중이 대표하게 되었다. 박정희가 김영삼의 대안으로 김대중을 지원했다는 설도 있는데, 역시 구파보다는 신파가 상대하기 용이했기 때문일 것이다. 이 과정에서 전통적으로 윤보선을 지지했던 기호 세력을 약화하려는 중앙정보부의 개입도 무시할 수는 없

---

10) 서울대 이념서클 중에서 1970년대 말까지 재생산 구조를 유지한 서클은 13개 정도였다. 한사·농촌법학회(농법회)·흥사단아카데미(아카) 등 3대 서클이 가장 강력했고, 사회철학회(사철)·대학문화연구회(대문)·현대사회연구회(현사) 등 신생 내지 후발 운동권 서클은 아직 중심적 역할을 하지 못하는 상황이었다. 이 3대 서클을 포함한 10여 개의 서클이 긴급조치9호 시기 학생운동의 향방을 주도했다(신동호, 2013: 137).

었을 것이다.

야당의 분화에 조응하여 재야운동에서도 분열이 발생하면서 김영
삼을 중심으로 자유주의적 반공주의자가 결집하고 김대중을 중심으
로 인민주의적 반공주의자가 결집했다는 사실에 주목할 수 있다. 김
영삼이 의회주의(parliamentarism)를 신봉했던 반면 김대중은 의회
외부의 재야운동권과 연대함으로써 정당정치를 약화시켰다는 사실
에도 주목할 수 있다.

김영삼과 김대중을 지지하던 반공주의적 재야운동권과 독립적으
로 사회주의를 지향한 재야운동권도 일부 존재했는데, 박현채가 대
표적이었다. 그의 『민족경제론』(1978)은 일본 마르크스주의 경제발
전론의 양대 학설인 신식민지론과 국가자본주의론 중 후자를 응용
한 것으로, 민족경제론은 1980년대에 들어와서 반체제운동론으로서
신식민지국가독점자본주의론으로 한 단계 전진할 것이었다.11)

양김의 대권 경쟁에서 김대중을 지지한 재야운동권의 핵심은 『창
작과비평』과 한신대였다. 『문학과지성』과 달리 『창작과비평』이 단
순한 문예지를 넘어 『사상계』를 계승한 정론지가 될 수 있었던 것은
강만길로 대표되는 한국사학계와 이영희로 대표되는 사회과학계의
필진을 확보할 수 있었기 때문이다. 나아가 유신시대에 백낙청이 해
직되면서 개신교계 해직교수를 중심으로 한 재야인사와의 교류가
심화되기도 했는데, 민중사회학자 한완상과 민중신학자 안병무가 대
표적이었다.

『창비』와 한신대의 인민주의를 대표한 것은 강만길의 분단사관과
안병무의 민중신학이었다. 전자는 장준하의 분단체제론을 역사이론

---

11) 『민족경제론』에 수록된 논문 중에서 국가자본주의론에 입각한 분석으로
는 「자본주의세계의 구조적 변화와 전망」(1976)과 「세계경제불황의 구조와
현대자본주의」(1977)를 참고할 수 있다. 특히 후자는 당시 세계경제위기의
성격을 국가자본주의의 순환적 위기가 아니라 구조적 위기로 파악했다(박
현채, 1978: 288). 실제로 박현채는 1980년대 한국사회성격 논쟁 당시 1970
년대의 민족경제론을 국가독점자본주의론의 전사(前史)로 위치지었는데,
민중민주파는 '민족경제론과 국독자론의 결합'에 의한 민족경제론의 비판적
계승에 주목한 바 있다(윤소영, 1988a: 164-69).

으로 발전시킨 것으로, 그 핵심은 해방부터 통일국가까지 분단시대를 통일운동이 주도한다는 것이었다. 후자는 한완상의 민중사회학에서 비롯된 민중 개념을 민중신학으로 발전시킨 것으로, 그 핵심은 하층민으로서 오클로스(ochlos) 개념, 즉 '가난하고 억눌리고 병들고 절망한 갈릴래아의 백성'(『마르코 복음』)에 있었다.

이들의 인민주의는 이미 당대에 박현채에 의해 논파된 바 있다. 안병무의 민중신학과 연관된 한완상의 사회학적 인민 내지 민중 개념은 박현채(1978)의 민족경제론과 연관되는 마르크스주의적 민중 개념, 즉 '직접적 생산자로서 생산의 결과에서 소외된 계급·계층이자 민족민주운동의 주체'로서 민중 개념에 의해 비판되었다(박현채, 1988: 56-57). 그 후 안병무는 해방신학처럼 민중신학에서도 공산주의적 경향이 강화되자 해방신학과 달리 민중신학의 핵심은 민중이 아니라 신학이라고 주장하면서 민중신학의 반공주의적 본질을 천명하기도 했다.

비주사 민족해방파와 친화성을 가진 강만길의 인민주의적 분단사관 역시 박현채(1985)가 제기한 한국사회성격 논쟁을 통해 그 한계가 드러났다. 강만길의 분단사관은 장준하의 분단체제론을 역사이론으로 발전시킨 것으로, 개항 내지 해방부터 통일국가까지 하나의 분단시대이고, 또 분단시대의 변혁과제는 통일운동이라는 것을 골자로 했다. 그러나 박현채의 관점에서 볼 때 이런 사관은 불합리한 것이었는데, 해방 이후 한국사회의 성격은 신식민지성 내지 종속성과 독점성으로 성장·전화했고 따라서 변혁의 전망도 반(反)제와 반(反)독점으로 성장·전화했기 때문이다.

『창비』나 한신대와 모두 거리를 두고 재야에서 문예운동을 주도한 것은 고은과 『실천문학』이었다.12) 그는 3선개헌 반대투쟁을 계기로 재야운동에 참여하여 자유실천문인협의회와 민족문학작가회의를 주도한 데 이어, 1980년대에는 비주사 민족해방파의 입장에서 항

---

12) 고은의 대표작으로 손꼽히는 역사시 『백두산』(1987-94)과 민중시 『만인보』(1987-2010)가 창작과비평사에서 출간된 것은 1980년대 후반부터였다.

일무장투쟁사를 문학적으로 형상화했다. 또 1989-91년에는 남북작가회의를 추진했고, 이후에는 광주항쟁을 문학적으로 형상화하는 데기여하기도 했다. 야당과 재야운동에 관한 자세한 설명은 『세미나(I) (II)』를 참고할 수 있다.

1970년대에는 전태일 열사의 분신 이후 민주노조운동을 비롯해서농민·도시빈민 등 기층 민중운동이 반유신투쟁의 일부로 성장하기도 했다. 특기할 점은 민중운동의 발생 및 형성에 끼친 기독교계 재야운동의 영향력이었다. 학생운동에서도 3선개헌 반대투쟁이 좌절되면서 종래의 반정부투쟁이 지닌 정치투쟁 편향성의 한계를 절감하고 김문수처럼 개인적 결단으로 현장에 투신하거나 장기적으로 노동자운동과의 융합을 강조하는 '현장론'이 대두하기는 했다(김원·이호룡·조배원, 2009: 601-02). 그러나 1970년대의 민중운동에 직접적영향을 끼친 것은 아무래도 기독교 재야운동이었다. 달리 말해서 민중운동과 마르크스주의 지식인운동이 융합하지 못했던 것이다.

1970년대의 민주노조운동은 대부분 개신교 '산업선교' 운동과 가톨릭노동청년회 운동으로부터 동력을 제공받았으며, 도시빈민운동의 형성·발전에서도 개신교와 가톨릭의 역할이 결정적이었다.13) 또가톨릭의 농민운동은 당시에 '국내 유일의 농민운동조직'으로서 농민운동 전체의 발전을 선도했다(강인철, 2009: 411-12). 따라서 당대민중운동의 조직활동을 상징한 것은 가톨릭노동청년회·가톨릭농민회·기독노동자회 등과 이들을 지원한 영등포산업선교회·한국크리스챤아카데미·기독교교회협의회(NCC)인권위원회·수도권도시선교협의회 등이었다(조희연, 2009: 35).

이 중에서 한국크리스챤아카데미의 지도자는 김재준의 수제자로서 경동교회를 지식인과 대학생을 대상으로 한 특수교회로 발전시

---

13) 개신교의 '산업선교'(industrial mission)는 1950년대 말부터 미국 선교사들의 주도로 시작된 '산업전도'(industrial evangelism) 활동이 1968년경부터 전환된 것으로, 저항적인 '노동자 인권운동'의 성격이 강했다. 산업선교를 주도한 도시산업선교회는 유신시대에 한국노총과의 단절을 함의하는 민주노조운동의 산파 역할을 담당하기도 했다(강인철, 2009: 372-74).

킨 강원룡 목사였다. 그는 한국사회의 양극화, 즉 빈자와 부자, 통치자와 피치자, 도시와 농촌, 노동자와 자본가 사이의 단절을 극복하기 위해 '중간집단'의 육성이 필요하다는 인식하에 '산업사회 중간집단 교육'을 추진했다. 중간집단이란 '자율적이고 민주적인 바탕 위에 형성되어 힘없는 민중 속에 뿌리를 박는 집단'이었고, 중간집단 교육이란 노동자 개인의 성장보다는 노동자운동을 활성화시킨다는 집단적인 목적을 지니고 있었다(김원·이호룡·조배원, 2009: 603-05). 크리스챤아카데미는 독일 복음교회와 세계교회협의회(WCC)의 재정적 후원에 의존했던 만큼, 개신교 재야운동의 국제네트워크 형성에도 기여했다(강인철, 2009: 364).

관련하여 기독교 재야운동이 유신시대에 국가에 대한 상대적 자율성을 누릴 수 있었던 것은 친미반공주의 덕분이었다는 사실도 강조될 필요가 있다. 개신교든 가톨릭이든 한국의 지배엘리트가 종속된 미국의 교회에 대한 '종교적 종속성이 국내적으로는 정치적 자율성의 원천이 되는', 일종의 '종속성의 역설'이 작동했기 때문에 기독교계가 재야운동을 이끌어갈 수 있었다는 것이다(강인철, 2009: 415-16).

이 대목에서 한국 재야운동의 기형성·불구성은 자유주의자나 마르크스주의자의 과소와 문학·예술가, 심지어 기독교 목회자·신학자의 과잉에서 기인했다는 관점을 제시할 수 있다. 이 같은 사실은 소련의 반체제운동과 비교할 때 더욱 분명한데, 사하로프나 메드베제프 형제 같이 학문적 권위까지 갖춘 자유주의자나 마르크스주의자가 없었던 대신 솔제니친 같은 문학·예술가가 많았던 데다가 특이하게도 기독교 목회자·신학자도 많았던 것이다. 이것이 재야운동이 인민주의의 온상이 되었던 하나의 원인이기도 한데, 물론 김대중 대통령 같은 정치적 야심가가 재야운동에 투신한 문학·예술가나 목회자·신학자를 지배한 것이 더 중요한 원인이라고 해야 할 것이다.

소련 반체제운동과 한국 재야운동은 유사점도 많은데, 양자 모두 인권과 법치를 요구한 민주화운동(democratic movement)이었다는 점이 대표적이다. 한국에서 민주화, 즉 인권과 법치를 상징한 것은 민청련(민주화운동청년연합, 1983)을 창립한 김근태의 동기 동창생 조영래가 민변(민주사회를위한변호사모임, 1988)을 조직한 것이었다. 훗날 노무현 대통령이라는 또 다른 정치적 야심가가 민변을 정치화하면서 민주화, 즉 헌정회복으로서 문민화를 부정하게 되었지만 말이다. 그 밖의 유사점으로 사미즈다트(samizdat, 자가출판)라 불리던 '지하'(검열받지 않은) 출판과 마그니티즈다트(magnitizdat, 녹음출판)라고 불리던 '지하' 음반의 사례를 들 수도 있다. 소련 반체제운동에 대한 설명은 『세미나 (III)』을 참고하기 바란다.

한편, 민주노조운동의 맹아적 형태 중 하나로 비제도적 교육기관을 통해 노동자교육을 시도한 노동야학운동의 사례들도 존재했다. 1970년대에 노동야학은 주로 도시빈민 거주지역과 노동현장 주변지역에 형성되었는데, 그 상징적 사례는 청계피복노동조합의 노동교실이었다. 수도권 이외의 대표적 사례는 광주의 들불야학으로, 1978년 당시 전남대 학생운동에 헌신하던 박기순 열사가 주도한 것이었다. 들불야학의 강점은 공장노동자를 대상으로 한 활동 이상으로 지역주민운동과의 결합을 추진한 데 있었다. 활동 과정에서 윤상원·박관현 등 많은 강학(講學)이 새롭게 합류하면서 광주공단 일대의 실태조사보고서를 발표하기도 했고, 이 조사를 계기로 해서 현장 투신의 계기가 마련되기도 했다(김원·이호룡·조배원, 2009: 607-14; 이기훈, 2013: 406, 409).

부마항쟁부터 광주항쟁까지

통상적으로 부마항쟁은 1970년대 반유신투쟁의 종착점으로 간주되는 반면 광주항쟁은 1980년대 반5공투쟁의 시발점으로 간주된다. 그러나 여기서는 1979년 10·16 부마항쟁이 10·26과 12·12를 거쳐 이듬해 5·18 광주항쟁으로 이어지는 격동의 수개월을 하나의 정세로 인식한다. 1980년대 사회주의운동은 광주항쟁이라는 비극으로 귀결된 1970년대 인민주의적 재야·학생운동에 대한 통렬한 반성과 단절에서 시작되었으므로 이런 정세인식이 오히려 타당할 것이다.

1979-80년의 상황은 보통 정치정세의 측면에서 주목되어 왔는데, 그러나 경제정세의 측면에 주목할 필요가 있다. 『세미나 (II)』에서 설명한 것처럼 박정희 정부가 10월유신과 함께 추진한 중화학공업화와 수출지향공업화의 모순으로 인해 한국경제가 붕괴하던 상황이었기 때문이다. 군수산업화로서 중화학공업화가 야기한 문제를 치유하기 위한 1979년 4월의 경제안정화종합시책이 한국 최초의 신자유주의적 정책개혁이었다.

경제위기로 인한 고통이 가중되던 와중에 야당과 재야에 대한 탄압도 가중되었다. 그러던 중 1979년 8월 YH사건으로 정국이 급변하기 시작했다. 경찰이 YH 여성노동자와 신민당을 폭력적으로 침탈했고, 그 다음달에는 법원이 김영삼의 신민당 총재직을 박탈했다. 또 10월에는 유정회와 공화당이 지배하던 국회가 김영삼을 의원직에서 제명했다(유영국, 2009: 307; 허은, 2009: 260-64). 일련의 사건은 박정희 대통령의 무단통치 아래 '정의를 팔아먹는' 법비(法匪, 불량배 법조인)와 식물국회·기생정당의 적나라한 사례였다.

대중의 지지를 받는 야당 지도자를 제명한 것은 민심 이반을 심화하는 결과를 낳았다. 1979년 10월 16일 부산대 학생들의 시위로 시작된 부마항쟁은 10·26과 12·12, 1980년 5월 18일 광주항쟁까지 이어지는 거대한 정치적 소용돌이의 출발점이었다(허은, 2009: 283-84). 10월 16-17일에 부산에서 '유신철폐', '독재타도', '언론자유', '김영삼 총재 제명철회' 등을 외친 수만 군중의 시위는 '민중봉기'의 양상을 띠었다. 결국 부산의 시위는 18일에 7년 만의 비상계엄령과 함께 투입된 공수부대에 의해 진압되었다(유영국, 2009: 325-31, 335-36).

부산의 시위는 10월 18-19일에 김영삼의 또 다른 정치적 고향인 경남 마산으로 파급되었다. 시위 군중은 파출소 등의 공공건물을 공격하여 파괴·방화하였고, 이런 폭동을 선두에서 이끈 사람들은 불량배라고 불리던 룸펜프롤레타리아 청년들이었다. 마산의 시위는 19일에 공수부대가 급파된 데 이어 20일에 위수령이 발동됨으로써 마무리되었다(유영국, 2009: 342-46, 349).

부마항쟁에 대응하는 과정에서 박정희의 군부독재가 막을 내렸다. 강경파인 차지철 경호실장과 온건파인 김재규 중앙정보부장의 갈등이 급기야 김 부장이 박 대통령을 암살한 10·26으로 비화한 것이다. 나아가 김 부장과 그에 대한 처리를 둘러싸고 입장이 애매했던 정승화 육군참모총장을 전두환 보안사령관이 처단한 12·12가 발생했다. 『영국헌정사』에 실린 「내전의 진화과정으로서 '대선 불복 20년동란'」에서 규정했듯이, 12·12 쿠데타는 박 대통령을 암살한 김 부장의 10·26 쿠데타를 진압한 전 사령관의 대항쿠데타(counter-coup, 역쿠데타)였던 것이다.

『세미나 (II)』에서 지적했듯이, 전두환의 집권이라는 결과만 놓고서 1979년의 12·12를 '신군부의 야욕'으로 해석하는 것은 몰역사적 태도일 것이다. 만일 그렇다면 중앙정보부장에 의한 대통령의 암살이라는 미증유의 사건이 정당화될 텐데, 장준하의 동지였던 김재규를 여전히 민주열사로 추앙하는 장준하 측근의 독단을 추인하는 셈이다. 12·12 이후의 사태가 5·18로 발전한 데에는 '서울의 봄'에 김대중과 그를 지지한 한신대 중심의 재야운동권에 의해 촉발된 3김의 대권경쟁도 결정적 요인이었다고 할 수 있다.

실제로 12·12 이후 3김의 사태 인식은 낙관적이었고, 정치권은 개헌 및 정권교체를 위한 정치일정에 집중했다. 특히 김영삼과 김대중은 겉으로는 '민주주의를 위해 단결할 것'이라고 밝히면서도 대권야욕을 포기할 의사는 전혀 없었다. 김영삼계('당권파')와 김대중계('비당권파')의 갈등은 크고 작은 폭력사태로 비화하기도 했다. 결국 김대중은 김영삼 총재가 지배하는 신민당의 입당을 포기했고, 재야운동권의 연대체인 민주통일국민연합(민주주의와민족통일을위한국민연합, 공동의장: 윤보선·함석헌·김대중)은 이를 지지한다는 입장을 표명했다(허은, 2010: 47-48, 60).

서울의 봄에 민주통일국민연합은 개헌 및 선거를 통한 정부 구성을 주장하는 점진주의자와 적극적인 민주화 투쟁을 전개해야 한다는 행동주의자로 의견이 분화되어 있었다. 학생운동도 '단계적 투쟁론'과 '전면적 투쟁론'으로 입장이 분화되었는데, 민주통일국민연합의 행동주의자에 동조한 후자의 세력이 5월의 가두시위를 적극 추진했다. 5월 초부터 전국 각지에서 동시다발적으로 시위가 전개되었고, 14-15일에는 대대적인 연합 가두시위가 격렬히 전개되었다(허은, 2010: 51, 67-72).

5월 15일 서울역에는 15만 명의 학생·시민이 운집했다. 그러나 서울의 봄에 '국민투표를 통한 선거', 즉 '김대중을 위한 대통령 선거'에 대비해서 조직을 확대하던 민주통일국민연합은 막상 시위 당일이 되자 '소요 사태로 계엄 당국이 개입할 빌미를 줘서는 안 된다'는 방침을 결정했다. 그리고 서울대 복학생협의회장 이해찬 등을 서울역으로 급파해 서울대 총학생회장 심재철과 서울대 총학생회 대의원회 의장 유시민에게 이른바 '서울역 회군'을 종용했다(김상집, 2021: 192, 200). 친김대중 성향의 재야운동이 학생운동을 동원했지만, 사태가 걷잡을 수 없이 확대되자 책임을 회피했던 것이다.

5·17은 서울의 봄을 기화로 해서 대권야욕을 노골화하던 3김의 '반체제쿠데타'(dissident coup)를 진압한 전두환 보안사령관의 2차 대항쿠데타였다. 『세미나 (I)』에서 설명한 것처럼, 서울의 봄 당시 3김의 대권야욕을 반체제쿠데타로 인식한 것은 신군부만은 아니었다. 국내에서는 재야원로인 '윤천지강'(윤보선·천관우·지학순·강원룡)이 있었고, 일본에서는 조총련 이단파인 김달수 작가, 강재언 교수, 윤학준 선생 등 『삼천리』 동인(일부)도 있었던 것이다.

이들로서는 재야운동이 용공화되었다고 판단했거나 양김이 아니라 전두환이 한국경제의 붕괴를 저지할 수 있을 것으로 판단했을 것이다. 아닌 게 아니라 김대중은 물론이고 김영삼조차 경제안정화종합시책으로 시작된 신자유주의적 정책개혁을 실행할 능력은 없었다. 그래서 신자유주의적 정책개혁을 위해 전두환이 선택되었던 셈인데,

마치 현대화를 위해 장면 총리나 윤보선 대통령이 아니라 박정희 장군이 선택되었던 것에 유비할 수 있을 것이다.

윤보선은 서울의 봄에 강원룡 목사와 함께 김영삼과 김대중의 후보단일화를 추진하면서 실질적으로는 김영삼을 지지했다. 김대중 본인이나 그를 지지한 호남인으로서는 이 단일화 제안을 결코 받아들일 수 없었을 것이다. 그러나 지역감정에 의존한 김대중의 대권 도전으로 문민화의 전망이 한층 암울해진 것이 객관적 사실이었다. 결국 서울의 봄은 5·18 광주항쟁의 비극으로 반전되었다.

「내전의 진화과정으로서 '대선 불복 20년동란'」에서 설명한 것처럼, 1979년 10·4 김영삼국회의원제명과 10·16 부마항쟁으로 촉발된 10·26 박정희 대통령 암살과 1980년 서울의 봄을 기화로 대권 도전에 나선 김대중의 야심이 좌절되면서 촉발된 것이 5·18 광주항쟁이었다. 즉, 재야쿠데타로서 서울의 봄에 대응한 신군부의 대항쿠데타로서 5·17로 인해 김대중이 구속·수감되자 이에 항거한 광주·전남 재야운동권과 전남대 학생운동권의 시위로 시작된 것이 5·18 광주항쟁이었던 것이다.

광주항쟁은 이틀째인 19일에 '학생시위에서 민중봉기로' 양상이 전환되었다. 시위에 대학생 대신 중고등학생이 대거 참여했고 그 주도권도 운동권에서 일반시민으로 이동했던 것이다. 사흘째인 20일에는 '금남로 전투'와 운전기사들의 궐기로 상징되는 '전면적 민중항쟁'의 양상으로 발전했다. 급기야 나흘째인 21일부터는 계엄군의 발포에 대응하여 하층민과 중고등학생이 주축을 이룬 '시민군'의 무장투쟁이 전개되었다(황석영, 1985: 55-132; 김영택, 2010: 96-117; 김상집, 2021: 222-55).

「내전의 진화과정으로서 '대선 불복 20년동란'」에서 지적했듯이, 무장투쟁이 시작된 것은 자연발생적 현상이었다. 하지만 학생운동권과 재야운동권이 시위의 지도를 포기하면서 사태가 급진전되었다는 사실도 무시할 수는 없다. 5월 18일 아침에 이미 전남대 총학생회장 박관현 열사를 비롯한 학생운동권 지도부는 윤상원 열사를 비롯한 선배그룹의 권유로 산개하기로 결정했던 데다가 선배그룹 역시 무장투쟁이 개시되기 직전에 산개를 결정했던 것이다.

그러나 무장투쟁의 개시를 목격한 윤상원 열사 등 선배그룹은 잔류하기로 결단했다. 그리고 무장해제와 도청사수를 둘러싸고 윤 열사 등 '항쟁파'와 친김대중 성향 재야운동권 등 '투항파' 사이에 갈등이 전개되었다. 해석하건대, 윤 열사를 비롯한 항쟁파는 자연발생적 무장투쟁을 지도하는 동시에 무장투쟁 참여자를 보호하는 역할을 자임했던 것이다.

김상집 열사가 증언한 것처럼, 윤상원 열사를 비롯한 항쟁파 덕분에 무장투쟁을 불사한 광주항쟁의 희생자가 '폭도'라는 누명을 쓰지 않고 '역사의 죄인'으로 치부되지 않을 수 있었다. 물론 윤 열사 등에게도 과오가 있었는데, 미국이 문민화를 지지하고 계엄군을 통제할 것으로 오판한 것이 대표적 사례였다. '며칠만 더 광주를 사수하면 미국이 전두환을 지지하지는 않을 것'이라고 말했던 것이다(김상집, 2021: 227-29, 297, 312).

광주항쟁은 5월 27일 새벽 계엄군의 상무충정작전으로 진압되면서 열흘 만에 마무리되었다. 광주항쟁에서 계엄군이 행사한 폭력은 부마항쟁의 그것보다 훨씬 극단적이었다. 광주에서는 공수부대가 폭력을 통해 시위를 '억지하는'(deter, 겁을 주어 못하게 하는) '전시적 폭력'(demonstrative violence)을 행사했기 때문이다. 이런 차이는 광주항쟁의 형태가 무장투쟁, 즉 대항폭력(counter-violence)이었다는 사실에서 기인했다. 또 두 항쟁이 전개된 정치정세의 차이에서도 기인하는데, 부마항쟁부터 광주항쟁까지 국가비상사태가 계속 심화되었다는 사실을 간과할 수는 없을 것이다.

광주항쟁을 반성하기 위해서는 1989년 6·4 천안문항쟁과 비교하는 것이 유용하다. 이 책에 실린 「이재명 정부 최초의 6개월」에서 설명하듯이, 광주항쟁과 천안문항쟁의 결정적 차이는 권력 장악을 위한 반체제쿠데타 여부, 나아가 무장투쟁 여부에 있었다. 세계적으로 천안문항쟁을 상징한 사건은 '탱크맨'의 평화시위였다.

두 항쟁은 이념적 지향에서도 차이가 있었다. 천안문항쟁이 자유민주주의의 관점에서 경제개혁과 정치개혁의 결합이라는 전국민적 의제를 대변한 반면 광주항쟁은 김대중의 집권 외에 헌정회복으로서 문민화 같은 자유민주주의적 지향이 모호했다. 그 방증은 광주항쟁이 진압된 이후에는 항쟁이 서울이나 부산·마산으로 확산되지 못했던 반면 천안문항쟁이 진압된 이후에는 항쟁이 북경 이외의 다른 도시로 확산되었다는 사실이었다.

1980년대 사회주의운동

마르크스주의의 부활과 CNP 논쟁

5월 18일부터 27일까지 열흘 동안 지속된 광주항쟁의 역사적 의미를 둘러싸고 학생운동권에서 논쟁이 전개되면서 1970년대 운동을 결산·지양하려는 1980년대 사회주의운동이 출현했다. 사회주의운동은 친김대중 재야·학생운동이 대표한 인민주의와 단절하는 동시에 미국이나 윤보선이 상징한 자유주의를 지양하고자 했다. 나아가 사회주의운동 내부에서 광주항쟁의 해석을 둘러싸고 민족해방(NL)파와 민중민주(PD)파가 분화했다. 전자는 주체사상을 수용한 반미·친북사회주의의 관점에서, 후자는 레닌주의를 수용한 반자유주의·친소사회주의의 관점에서 광주항쟁의 교훈을 도출했다.

광주항쟁 이후 논쟁의 출발점은 서울대 학생운동권 내부의 이른바 '무림-학림 논쟁'이었다. 이 논쟁은 윤상원 열사의 동지인 전민노련(전국민주노동자연맹)의 이태복과 전민학련(전국민주학생연맹)의 이선근에 의해 촉발된 것으로, '서울역 회군'에 대한 평가와 함께 학생운동의 진로를 둘러싸고 쟁점이 형성되었다(이기훈, 2010: 188-89).14) 논쟁의 구도는 학생운동 역량의 보존 및 민중운동으로의 조직적 수렴을 주장하는 무림 진영과 학생운동의 선도적 투쟁을 강조하는 학림 진영으로 분화되었다.

당시 학생운동의 주축은 여전히 이념서클이었다. 서울대의 경우 1970년대 후반 이후 한국사회연구회(한사)나 흥사단아카데미(아카) 등 주도적인 이념서클의 대표자들이 모여 비밀조직, 즉 '언더'를 구성하여 학생운동 전체의 방향을 논의하고 결정했다. 광주항쟁 직후 서울대 언더 지도부는 학생운동의 기본적 임무는 민중운동을 조직화하기 위해 현장으로 침투할 준비를 하는 것이므로 조직을 위태롭게 할 수도 있는 '불필요한 시위'를 자제한다는 입장을 견지하고 있었다(이기훈, 2010: 190).

그러나 이후 '학림'으로 불리게 될 그룹은 이런 역량보존론에 반대하면서 학생운동이 선도적 정치투쟁을 전개해야 한다고 주장했다. 광주에서 신군부의 만행에 분노하던 학생들 역시 지도부에 즉각적인 투쟁을 요구하기 시작했다. 언더 지도부는 이런 요구를 수용하고 1980년 12월에 '전두환 타도' 시위를 전개했다. 공안당국은 운동권을 발본색원하고자 했고, 결국 서울대의 언더 조직 지도부와 하부체계가 모조리 드러났다. 공안당국은 이 언더 조직이 마치 안개처럼 모호하게 연결되어 있다는 의미에서 '무림'(霧林)이라고 불렀다(이기훈, 2010: 190).

학생운동의 선도성을 강조하면서 즉각적인 정치투쟁을 전개할 것을 주장한 대표적 인물은 이선근이었다. 이선근은 1980년 5월 이후 흥사단아카데미의 선배였던 이태복과 정세인식을 공유하면서 학생운동조직을 구성하고 있었다. 이태복은 이미 광주항쟁 직전에 광주의 윤상원 열사 등과 함께 전민노련을 결성한 상태였다. 1981년 2월에 결성된 전민학련은 1학기에 학생 시위를 주도했지만, 그러나 6월

---

14) 이태복에 따르면 전민노련이라는 호칭은 검찰의 공소장에서 사용된 관제 약칭일 뿐이고 조직 성원들은 공식적으로 '전노련'이라는 약칭을 썼다. 전민학련이라는 호칭도 마찬가지로, 조직 성원들은 '민학련'이라고 자칭했다(이태복, 2003: 151). 이 글에서는 이런 사실에 주목하면서도 이미 용례로 굳어진 전민노련·전민학련이라는 호칭을 유지한다.

에 이태복과 이선근 모두 공안당국에 체포되어 중형을 선고받았다. 공안당국은 전민학련을 학생들의 조직이라는 의미에서 '학림'(學林)이라고 불렀다(이기훈, 2010: 192-93).

학림은 장차 한국사회성격 논쟁을 경과하면서 민중민주파로 계승될 것이었다. 이태복은 1980년대 사회운동의 핵심 과제로서 '노학연대 전술'을 제기했는데, 과학적 운동 이념의 전파와 각급 조직의 건설, 대중투쟁의 활성화, 노동자역량의 양성 및 강화, 진보적 학생운동 활동가의 노동자운동 활동가로의 전화 등의 과제를 포함한 것이었다(이태복, 2003: 140).

학림의 문제의식은 광주항쟁과 긴밀히 연관된 것이기도 했다. 윤상원 열사는 전민노련의 광주지역 중앙위원으로서, 역량보존에 초점을 맞춘 현장 중심론에 경도되지 않고 정치투쟁과 결합된 노학연대를 적극 주장했으며 서울의 봄을 승리로 이끌어야 한다는 강한 신념을 가지고 있었다(김상집, 2021: 371-72). 윤 열사의 후배인 전남대 총학생회장 박관현 열사도 광주항쟁 직전에 전민학련의 광주지역 책임자로 거론되던 상황이었다(이태복, 2003: 142).

무림사건과 학림사건은 광주항쟁 이후 침묵을 강요받던 학생운동이 반독재투쟁을 개시하고 있음을 보여주는 계기가 되었다. 학생들은 서울의 봄과 광주항쟁의 교훈에 대해 논쟁하면서 이전보다 훨씬 이념지향적인 성격을 띠기 시작했다. 국내외 객관적 정세와 주체적 조건을 진단하는 한편 급진적이고 전면적인 변혁과제를 모색하기 시작했던 것이다(이기훈, 2010: 193-95).

무림-학림 논쟁은 1982년경 『야학 비판』과 『학생운동의 전망』이라는 문건을 통해 체계화되었다. 이른바 '야비-전망 논쟁'은 학생운동과 노동자운동 내지 변혁운동의 관계를 쟁점으로 삼았다. 『야비』는 학생운동과 노동자운동이 각자의 존재에 기반한 운동으로서 경제투쟁에서 정치투쟁으로 성장하기 위한 역량 강화에 집중해야 한다고 주장했다. 반면 『전망』은 야비의 경제투쟁에서 정치투쟁으로의 발전이라는 단계론적 사고와 변혁운동에서 학생운동의 위상을 주도적 집단으로 설정하는 것을 비판했다. 그러나 이 논쟁은 학생운동의 위상에 치중한 나머지 변혁운동의 전망에 입각해서 전개되지 못했다는 한계가 있었다(전효관, 1990: 207-08).

따라서 이전 시기 변혁운동의 '원시성'을 극복하기 위한 전반적인 문제의식이 요구되었고, 이러한 요구는 이른바 'MT-MC 논쟁' 내지 '『깃발』-반『깃발』 논쟁'으로 구체화되었다. MT(민주화투쟁위원회, '민투')는 『깃발』이라는 소책자를 발간하던 민주화추진위원회(민추위)의 문제의식을 수용한 학생운동 활동가들로, 『깃발』 그룹이라고도 지칭되었다. 학림 그룹의 문제의식을 계승·발전시킨 민추위의 노선은 이후 삼민투(민족통일민주쟁취민중해방투쟁위원회)와 제헌의회(CA)로 계승되었다. 반면 서울대를 비롯한 학생운동권의 주류 그룹은 MC(Main Current)라고 지칭되었는데, 1983년 말 이후 이른바 학원자율화 조치 등 유화 국면이 장기화될 것으로 파악하고 학생회 건설과 대중적 기반 확대에 주력했다(이기훈, 2010: 225-27).

MT-MC 논쟁이 제기된 1984년 중반 이후 1970년대에 형성된 이념서클 사이에서 본격적인 노선투쟁이 전개되었다. 대학문화연구회(대문/게이트)와 사회과학회(사과/애플)가 학림을 계승하는 MT의 중심을 형성했고, 경제법학회(경법)와 농촌법학회(농법)가 무림을 계승하는 MC의 중심을 형성했다. 그 중간 지대에는 흥사단아카데미(아카), 후진국경제연구회(후경) 등이 위치했다. 1984-85년의 MT-MC 논쟁 과정에서 중간그룹들이 MT의 노선을 지지하면서 MT가 주도권을 쥐게 되었다(고원, 2013: 271-72). MT와 MC 논쟁은 조만간 CA와 NL의 논쟁으로 이행할 것이었다.

한편, 『전망』에서 제시된 학생운동의 선도적 정치투쟁은 사회운동으로도 확산되어야 했다. 공개적 정치투쟁단체 건설 논의는 이범영·박우섭 등 1970년대 초중반 학번의 후배그룹(YB)과 조성우·최민화 등 1960년대 후반 학번의 선배그룹(OB)에서 동시에 전개되었다. 전자는 광주항쟁 이후 수배·감시를 피해 도주·은신하다가 인천 도시산업선교회에서 활동하던 김근태와 조우하고 『전망』의 작성에도 관여했던 이른바 '구월동의 도망자들'이었다. 후자는 민청학련 관계자들이 중심이 되어 1978년에 출범한 뒤 민주통일국민연합에 참여하고 동일방직사건·YH사건 등 노동자운동에도 관여했던 민청협(민주청년협의회)이었다(권형택, 2019a: 44-58).

사회에서 이런 공개적 정치투쟁을 담당할 세력은 역시 학생운동으로 단련된 청년일 수밖에 없었다. 5·17 이후 다시 제적되어 사회에 나온 운동권 청년이 수백 명에 달했기 때문에 인적 자원은 충분했다. 문제는 유신시대에 버금가는 전두환의 군부독재 아래에서 '과연 공개 정치투쟁단체가 생존가능할 것인가, 가능하다 해도 누가 그 일을 맡을 것인가'였다. '1960-70년대 학생운동 출신 청년들을 두루 아우를 수 있을 뿐만 아니라 현장지향성이 강한 1970년대 중후반 후배 세대에게도 어필할 수 있는' 김근태가 적임자로 추대되었다(권형택, 2019a: 52-53, 66).

김근태가 의장직을 수락하면서 준비모임이 구성되었고, 학교별·학번별 모임으로 기반 조직이 구성되었다(권형택, 2019a: 74-75). 이범영을 필두로 서울대 학생운동권에서 각 학번을 대표한 활동가와 다른 대학에서 학생운동을 주도한 활동가가 집결했다. 1983년 민청련의 창립은 학생이 아니라 이미 사회에 진출한 청년을 조직화함으로써 반독재투쟁을 확대했다는 점에서 획기적인 사건이었다(이기훈, 2010: 212-13). 1970년대의 학생운동으로서 민청학련이 1980년대의 청년운동으로서 민청련으로 성장한 셈이었다.

사회주의운동의 관점에서 볼 때 민청련의 가장 큰 의의는 1984년경 이른바 'CNP 논쟁'을 제기한 데 있었다. 그 계기는 민청련이 민통련(민주통일민중운동연합)으로 확대·개편되는 과정에서 의장 김근태가 정책실장 이을호와 함께 당대의 운동단체 및 운동세력의 성향과 노선을 분석하면서 변혁과제를 '시민민주주의'(CD), '민족민주주의'(ND), '민중민주주의'(PD)라는 3대 노선으로 정리한 것이었다(김성환, 2019a: 179-80). CNP 논쟁은 민청련이 민족민주혁명론을 채택하면서 그 좌우 편향을 각각 민중민주혁명론과 시민민주혁명론으로 도식화한 것에 가까웠지만, 1985년 이후 한국사회성격 논쟁을 촉발하는 계기가 되었다(이기훈, 2010: 231).[15]

1985년에는 민청련의 확대판으로서 민통련이 출범하여 문익환 목사를 의장으로 추대했다. 민통련은 민청련 등 11개 단체를 새롭게 포괄하면서 '해방 후 가장 폭넓은 계층·부문·지역 간의 운동틀'을 구성하게 되었다. 민청련과 민통련은 1985년 2·12총선 직후 야당에서 제기한 개헌론을 추수했다. 8월에 민청련이 '민주제 개헌운동'을 제기한 데 이어 11월에는 민통련이 민주헌법쟁취위원회를 구성했던 것이다(이기훈, 2010: 244-45, 248-49).[16]

민주화운동 안에서 개헌을 둘러싼 견해 차이는 컸다. 민청련·민통련이 직선제 개헌을 중시했던 반면 1985년 구로동맹파업 이후 정치적 영향력이 확대일로에 있던 서울노동운동연합(서노련) 등은 '민중·민주·민족통일의 삼민헌법쟁취투쟁론'을 제기했던 것이다. 서노련 등 노동자운동은 야당과의 차이를 분명히 해야 한다는 취지에서 1985년 10월에 전국노동자민중·민주·민족통일헌법쟁취위원회의 결성을 주도하기도 했다(이기훈, 2010: 250; 임경석, 2019a: 261).

1986년 3월에 개최된 민청련 총회에서는 창립 이래 조직 위상을 유지하여 반외세·반독재 정치투쟁을 선도적으로 수행하자는 견해와 조직의 기반을 노동자·농민운동으로 이전하자는 견해가 대립했다. 격론 끝에 전자가 근소한 차이로 가결되었지만, 후폭풍은 거셌다.

---

15) 1980년대 후반의 NL-PD 논쟁 과정에서 민족민주주의(ND)는 레닌의 민주주의혁명론을 스탈린주의적으로 해석한 사노맹(남한사회주의노동자동맹)의 고유명사로 변화했다. 반면 트로츠키주의적 경향에서 맹아를 보이던 민중민주주의(PD)는 사노맹 같은 스탈린주의적 레닌 이해를 비판한 학계의 논의에 힘입어 본연의 의미를 회복할 수 있었다(윤소영, 1994: 284-85).

16) 민청련의 개헌안은 전두환 정부의 퇴진을 전제로 군부독재의 퇴진 → 민주적 과도정부 수립 → 대통령 직선제를 중심으로 하는 민주제 헌법 확정 → 국민의 직접선거를 통한 대통령 선출과 민주적 민간정부 수립이라는 일정으로 제시되었다(이기훈, 2010: 248-49). 그런데 민청련 내부에서 개헌 문제를 둘러싼 견해가 완전히 통일된 것은 아니었다. '직선제 개헌론'부터 '제헌의회 소집론'까지 민주화운동 내부의 견해 대립이 민청련 내부에도 반영되었는데, 끝내 이견을 좁히지 못했던 것이다(임경석, 2019a: 260-61).

후자를 지지했던 회원의 상당수가 결정에 불복·탈회함에 따라 회원 숫자가 반감했던 것이다. 그 배경에는 학출활동가에 대한 서노련의 영향력이 확대되었다는 사실이 있었다(임경석, 2019b: 266-71).

개헌론을 둘러싼 민통련과 서노련의 견해 대립은 1986년 5·3 인천항쟁에서 극적으로 표출되었다. 신민당과의 연대를 포기하지 않은 민통련은 '민주헌법 쟁취'를 주장한 반면 서노련 등 노동자운동과 그에 동조한 학생운동은 신민당의 '기회주의적 속성'을 폭로하는 데 초점을 맞췄다(이기훈, 2010: 250-51, 263-64). 후자의 개헌론은 자유주의적 헌정과 법치의 건설을 주장한 것이 아니라 노동자·민중의 독자적 정치세력화라는 변혁지향성을 내포한 것이었다. 5·3 인천항쟁은 민주화운동 안에서 노동자운동을 핵심으로 한 좌파가 야당친화적 재야운동과 분리·정립하는 계기가 되었다.

1987년 대선은 민청련의 진로에서 분수령이 되었다. 민청련 내부에서는 '비판적 지지', '후보 단일화', '독자 후보' 3파의 논전이 치열하게 전개됐다. 결국 합의에 이르지 못하고 표결에 부쳐진 결과, 3파의 비율이 대략 5 : 4 : 1 정도로 확인되었다. 결국 민청련의 대선 방침은 근소한 차이로 김대중 후보에 대한 비판적 지지 입장으로 결정되었다. 민청련의 비판적 지지 결정은 조직 내부의 민주적 토론 절차를 밟아 내린 결정이었음에도 불구하고 후유증이 적지 않았다(권형택, 2019b: 388). 나아가 민통련도 비판적 지지 방침을 관철시킴으로써 대선의 패배를 넘어 재야운동의 분열을 초래했다는 비판에 처하게 되었다.

구로동맹파업과 NL-CA 논쟁

1985년 구로동파와 서노련 결성은 지식인운동과 노동자운동의 융합이라는 의의가 있었다. 실천적 차원에서 구로동파와 서노련의 경험은 이론적 차원에서 한국전쟁 이후 장기간 복류하던 마르크스주의가 한국사회성격 논쟁과 더불어 용출하는 계기가 되었다. 곧이어

1986-87년에는 이른바 'NL-CA 논쟁'의 형태로 이론투쟁이 본격화되었는데, 조만간 'NL-PD 논쟁'으로 이행할 것이었다.

광주항쟁 이후 학생운동권과 학생운동 출신 지식인 사이에서 한국사회의 근본적인 민주화는 노동자운동을 중심으로 한 변혁운동에서 찾아야 한다는 주장이 확산되었다. 그 결과 1970년대의 지식인이 개인적 결단에 따라 노동현장에 투신한 것과 달리 1980년대 초에는 사회변혁을 목적으로 한 의식적인 조직 활동의 하나로 노동현장 투신이 행해지기 시작했다(노광표, 2010b: 716-17).

노동자운동과 학생운동의 연계, 즉 노학연대는 이미 전민노련·전민학련 시절부터 강력하게 제기되었다. 전민노련의 조직이 붕괴된 이후 전국적인 조직이 아니라 개별적인 소그룹을 통해 노동현장의 역량을 강화하려는 시도가 주류를 이루었다. 학생운동가들의 노동현장 투신은 추세적으로 증가했다. 이런 활동이 축적된 결과로 나타난 투쟁이 1985년 6월의 구로동파로, 노동조합이 단위사업장의 영역을 떠나 다른 노동조합과 연대하여 조직적으로 투쟁하고 학생운동 등 다른 민주화운동과 연대투쟁을 벌이기 시작했다는 점에서 대단히 중요한 의미가 있었다(이기훈, 2010: 228-30).

구로동파는 위기에 직면하여 우발적으로 발생한 사건이 아니라, 각 노조의 충실한 일상활동과 지속적인 연대활동의 결과물이었다. 구로동파는 정치적 요구를 제기하고 국가권력에 대항했다는 점에서 '정치투쟁'의 성격을 띠었으며, 노동자운동과 기타 민중운동의 연대 가능성을 시사했다. 또 노동자운동을 경제적 이익 중심의 단순한 부문운동으로만 파악하는 시각을 탈피하는 계기를 제공했으며, 기업별 노조의 틀에 함몰되지 않고 연대투쟁과 정치투쟁을 전개할 수 있는 노동조합운동의 발전 전망을 제시했다. 1980년대 전반기 노동자운동의 결실이자 향후 노동자운동의 질적 전환을 위한 하나의 분기점이었던 것이다(노광표, 2010b: 726).

구로동파와 함께 '소그룹운동론'을 비판하는 '지역노동운동론'이 대두하기도 했다. 노동자대중의 분노와 투쟁의지가 팽배했음에도 대다수 활동가가 고립·분산된 채 수공업적 활동에 그쳐 대중의 투쟁역량을 올바르게 지도·지원하지 못하고 있다고 지적하면서, 지역별·산업별 운동지도부를 건설할 것을 주장했던 것이다. 이런 문제의식에서 청계피복노조·노동운동탄압저지투쟁위원회·구로지역노조민주화추진위원회·서울노동자연대투쟁연합 등의 단체들이 1985년 8월에 서노련을 결성했다(노광표, 2010b: 727).

서노련은 새로운 형태의 대중정치조직(MPO)을 표방하면서 변혁지향적인 노동자운동의 출발을 알렸다. 또 김문수·심상정 등이 중심이 되어 기관지『서노련신문』을 발간하면서 노동자들에게 정치의식을 심어주는 데 주력했는데, 그 정세분석과 운동노선은 학생운동에도 큰 영향을 미쳤다(이기훈, 2010: 230). 1986년 2월에는 인노련(인천지역노동자연맹)이 결성되어 서노련과 결합했는데, 양자는 '서인노'로 통칭되었다(노광표, 2010b: 727).

서인노는 민주화운동이 급속하게 성장하고 노동자운동이 크게 확대되는 추세에서 구로동파라는 경험과 성과를 토대로 결성되었기 때문에 노동자운동을 주도하는 위치에 서서 다수의 활동가를 결집할 수 있었다. 서인노는 정치적 폭로와 선전·선동을 전투적으로 감행하고, 노동자운동의 전국적 통일을 의욕적으로 추진했다. 그러나 노동자운동 내부에서 노선 논쟁이 제기되는 한편 5·3 인천항쟁을 계기로 정부의 탄압이 가중되면서 서인노는 소멸하기에 이르렀다(노광표, 2010b: 727-28).

1986-87년에는 노동자운동과 학생운동을 포괄하는 변혁과제가 쟁점으로 부상한 가운데 NL-CA 논쟁이 전개되었다. 민족해방파(NL)가 태동하게 된 결정적 계기는 광주항쟁이었다. 광주항쟁은 학생운동권에서 '민주주의와 인권을 수호하는 미국'이라는 이미지를 불식시키는 전환점이 되었다(강진웅, 2016: 126). 5·17을 묵인한 미국에 대한 '응징'으로서 삼민투의 1985년 서울미문화원점거농성사건 이후 '제국주의 미국'이라는 관념이 대중적으로 확산되었다. 1985년 하반기부터 이른바 반제직접투쟁론이 제기되면서 반미투쟁이 본격

화되었다(이창언, 2013: 213-14).

운동권에서 반미 이념을 대중적으로 확산하는 데 결정적으로 기여한 것은 서울대 단재사상연구회 소속 김영환이었다. 그가 주도적으로 작성한 「반제민중민주화운동의 횃불을 들고 민족해방투쟁의 기수로 부활하자」(1985)라는 문건은 반미자주화투쟁을 최상위에 두고 반파쇼민주화투쟁과 조국통일촉진투쟁을 하위과제로 삼았다. 한국사회의 변혁과제로서 자주·민주·통일 중 자주를 핵심에 위치시킨 것이었다(이기훈, 2010: 254-55; 김영환, 2015: 119-20).

반미의 이면은 친북이었다. 1986년에 김영환은 훗날 『강철서신』으로 일컬어진 일련의 문건을 발표했는데, '학생운동권에 주체사상을 대중적으로 유포한 최초의 문건'이었다. 반제직투론과 주체사상을 수용한 일군의 경향은 민족해방파로 불리게 되었고, 이들은 1986년 상반기에 서울대 구국학생연맹(구학련), 고려대 애국학생회(애학회), 연세대 구국학생동맹(구학동) 등 '혁명적 대중조직'(혁대조)을 결성했다(김영환, 2015: 90-92; 강진웅, 2016: 127). 구학련 등의 등장은 한국전쟁 이후 가장 공공연하고 대중적으로 친북노선이 부활한 사례였다(이창언, 2013: 215).

비합법조직인 혁대조와 별개의 공개적 투쟁기구인 '반미자주화반파쇼민주화투쟁위원회'(자민투)가 대학별로 조직되었다(이기훈, 2010: 256). 주사 민족해방파는 '반종파투쟁'과 운동가의 도덕성을 강조하는 '품성론'을 제기하기도 했다. 구학련에는 종래의 MC 경향 활동가들이 많이 참여한 것으로 알려졌지만, 그러나 민족해방파는 패밀리를 해체한 데서 드러나듯이 의식적으로 MC의 전통과 단절하려고 시도했고, 다만 대중적 활동을 강조하던 MC의 경향만 이어갔다(유용태·정승교·최갑수, 2020a: 240).

1986년 하반기에는 학생운동권에서 민족해방파의 우위가 완연해졌다. 각 대학 민족해방파의 대표들은 전국적 차원에서 학생운동을 이끌어갈 지도조직을 구성했다. 그 일환으로 10월에 건국대에서 개최된 것이 전국반외세반독재애국학생투쟁연합(애학투련) 결성식이었다. 이날의 투쟁은 단일사건으로 세계 최다의 구속이라는 기록을 세웠고, 민족해방파 학생운동은 극심한 타격을 입었다(이기훈, 2010: 267-69). 애학투련 건대항쟁의 후유증 속에서 민족해방파 내에서는 무모한 모험주의를 비판하는 '혁명적 군중노선' 내지 '대중노선'이 대두했다. 민족해방파가 제기한 학생회 강화 및 대학간 연대 노선은 1987년 6월항쟁을 계기로 전대협(전국대학생대표자협의회) 결성으로 이어졌다(이창언, 2013: 214-18).

1987년 전대협의 결성은 학생운동이 대중화하는 동시에 폭력투쟁화하는 전환점이었다.17) 민족해방파의 시각에서 볼 때 전대협의 의의는 학생운동에서 이른바 '메이저 캠퍼스'와 '마이너 캠퍼스'의 위계를 타파한 것이었다. 예전에 마이너로 분류되던 대학이 오히려 폭력 행사라는 측면에서 전대협을 주도하게 되었던 것이다(전대협동우회, 1994: 74). 게다가 전대협이 결성되면서 경향 각지의 모든 대학이 평등하게 1교1표를 행사하다 보니 학생운동에서 서울대 등 메이저 대학의 헤게모니가 상실되는 것은 당연했다.

메이저 대학과 마이너 대학의 역전 현상은 주체사상이 대두할 때부터 어느 정도 예고된 것이었다. 1980년대 전반까지 학생운동권의 이념·노선의 생산·보급은 서울대 운동권에 절대적으로 의존했지만, 『강철서신』 이후 북한의 '구국의 소리' 방송을 청취하는 팀이 전국 대다수 대학에 생겨나면서 굳이 서울대에 의존할 필요성이 사라졌던 것이다(박찬수, 2017: 120-21). 주체사상의 보급과 전대협의 결성을 계기로 학생운동의 성격은 이론투쟁 중심의 지식인운동에서 탈피해 폭력투쟁 중심의 '대중적' 학생운동으로 변모했다.

---

17) 학생운동의 폭력투쟁화를 상징하는 사건 중 하나는 1988년에 전남대의 오월대와 조선대의 녹두대가 공개 전투조직으로 상설화된 것이었다. 남대협(전남지역대학생대표자협의회) 산하에 1980년 광주항쟁 당시 시민군을 모방한 학생군 성격의 상설 전투조직 연합체가 구성된 것이다. 전대협 출신 운동권의 회고에 따르면 '정복[경찰] 잡는 귀신' 오월대와 '사복[경찰] 잡는 귀신' 녹두대는 광주의 예비 학생군으로서 면모를 경쟁적으로 과시했다고 한다. 항간에는 녹두대가 광주시내 조폭과 무력 대결을 펼친 '일본도(니뽄도) 사건'도 발생했다고 전해진다(전대협동우회, 1994: 85-87).

한편, MT를 중심으로 반파쇼투쟁을 강조하던 일군의 경향은 1986년 3월에 서울대를 시작으로 고려대·연세대·성균관대 등에서 반제반파쇼민족민주투쟁위원회(민민투)를 결성했다. 민민투는 신식국독자론을 근거로 자민투의 반제직투론을 비판했다. 또 4월에는 30개 대학 민민투의 연합으로서 전국반제반파쇼민족민주학생연맹(민민학련)을 결성하는 한편 야당과 독립적인 투쟁조직으로서 헌법제정민중회의(CPC)의 구성을 추진했다. 그러나 5-6월경에 민민투의 전술과 조직에서 전환이 이루어지고 헌법제정민중회의 구성론이 아니라 제헌의회 소집론이 주류가 되었다. 그 결과 민민투의 주도권은 후자를 주장한 제헌의회파가 장악했다(이기훈, 2010: 258-60).[18]

1986-87년의 논쟁에서 민족해방파가 반제투쟁과 민주헌법쟁취투쟁(직선제개헌투쟁)을 강조한 반면 제헌의회파는 민중지원투쟁(노학연대투쟁)과 민중헌법쟁취를 강조했다. 또 1987년 대선에서 주사민족해방파가 비판적 지지론을 채택한 반면 제헌의회파는 노동자·민중의 독자적 정치세력화를 추진했다. 그런데 대선 이후 제헌의회파가 다수파와 소수파로 분열하고, 그 중 다수파가 민족해방파의 노선에 호응하면서 NL-CA 구도는 해체되었다(고원, 2013: 274-78).

최민 등 제헌의회 소수파는 CNP 논쟁 당시 트로츠키주의적 민중민주에서 레닌주의적 민중민주로의 이행을 매개했다. 앞서 언급했듯이, 제헌의회론에서 민중민주론으로의 이행에 이견을 제기하고 민족민주론을 참칭하던 스탈린주의자가 백태웅·은수미·조국 등의 사노맹이었다. 사노맹은 1989년 민중민주파와의 논쟁에서 '무봉'(무장봉기)의 사례로 광주항쟁을 상찬하면서 서울사회과학연구소(서사연)

---

18) 최민 등 전민학련·민추위·서노련에 관계했던 활동가들은 당면 정세에 적합한 슬로건을 '민중대표가 참여하는 제헌의회 소집을 통한 민중민주헌법 제정'으로 제시했다. 이들은 1986년 5-6월에 「혁명운동의 기수를 제헌의회 소집으로」와 「무엇이 프롤레타리아의 혁명적 진군을 막고 있는가」라는 두 편의 문건을 발표하여 이전의 헌법제정민중회의와 달리 제헌의회가 '임시 혁명정부'와 함께 실현되어야 한다고 주장했다. 따라서 그 슬로건도 '파쇼하의 개헌 반대, 혁명으로 제헌의회'로 제시되었다(이기훈, 2010: 269-70).

를 '강단PD'라고 폄훼하기도 했다(이정로[백태웅], 1989a; 1989b). 그런 사노맹 출신의 전향자들이 '문재명 정부'의 핵심 인사가 된 것은 결코 용납할 수 없는 일이다.

한국사회성격 논쟁과 NL-PD 구도의 형성

1985년 한국사회성격 논쟁의 재개는 구로동맹파업과 더불어 마르크스주의의 부활을 상징하는 일대 사건이었다. 박현채(1985)가 『창작과비평』 복간호(무크 1호)에서 신식민지국가독점자본주의론을 제창하면서 해방 이후 40년 만에 한국사회성격 논쟁이 재개될 수 있었다. 그리고 윤소영이 1986년의 워킹페이퍼(윤소영, 1986)와 『창비 1987』(무크 2호)의 좌담(윤소영, 1987b)에서 신식국독자론을 체계화함으로써 민중민주파가 형성될 수 있었다.

우선 사회구성체 논쟁이 아니라 사회성격 논쟁이라는 명칭에 주목해야 한다.[19] 자본주의의 표준(standard)과 변이(variation)의 관계를 고려할 때 그런 명칭이 타당하기 때문이다. 자본주의의 표준으로서 영국·미국은 보편성을 갖는 반면 그 변이로서 러시아·중국·일본·한국의 자본주의는 다양한 특수성을 갖는데, 이것을 사회성격이라고 부르는 것이다. 나아가 레닌은 자본주의의 특수성과 관련된 변혁과제의 특수성을 '민주변혁'이라고 불렀는데, 물론 부르주아 혁명이 아니라 사회주의 혁명의 특수한 형태 내지 공산주의적 이행이라는 역사적 과정의 한 단계를 의미했다.

1987-88년 이후 한국사회성격 논쟁은 주로 주체사상 민족해방파와 민중민주파 사이에서 전개되었다. 민족해방파는 사회성격을 식민지반(半)봉건사회로 인식하면서, 이로부터 반제반(反)봉건 민주주의 혁명이라는 변혁 전망을 도출했다. 반면 민중민주파는 해방 이후 사

---

19) 참고로, 1988-90년에 『노동[자]계급』을 이론적으로 대표한 박태호(이진경)도 1986년까지 사회성격 논쟁을 사회구성체 논쟁으로 오해하여 한국은 반봉건사회가 아니라 자본주의라고 주장했을 따름이다.

회성격이 신식민지성과 독점성으로 성장·전화했고, 따라서 변혁의 전망도 반제와 반독점으로 성장·전화했다고 주장했다.

이처럼 주로 민족해방파와의 논쟁 과정에서 변혁론의 명칭으로 정착된 민중민주론은 사회성격으로서 신식국독자론을 전제한 것이었다. 국제운동사의 맥락에서 신식국독자론–민중민주론은 레닌의 군사적·봉건적 제국주의론–인민민주주의론과 모택동·진백달의 매판적·봉건적 국가독점자본주의론(관료자본주의론)–신민주주의론을 비판적으로 계승한 것이었다. 국내운동사의 맥락에서 신식국독자론은 일제강점기에 백남운이 제시한 이식자본주의론을 계승·발전시킨 것이었다. 일제가 이식한 자본주의의 특수성으로서 식민지적 종속성과 반봉건성이 해방 이후 신식민지적 종속성과 독점성으로 성장·전화했다고 주장한 것이다.

민중민주론은 당시의 상황에서 몇 가지 '정세적 진리효과'를 담보했다.[20] 우선, 한국에서 자본주의적 발전의 특수성으로서 '국가독점자본주의의 종속적 재생산과정' 내지 '독점강화–종속심화의 역사적 경향'을 강조하는 효과가 있었다. 이것은 제국주의 시대의 자본주의는 (국가)독점자본주의일 수밖에 없다는 발리바르의 테제를 발전시킨 것으로 흔히 '독강–종심 테제'로 지칭되었다.[21]

---

20) 과천연구실 출범에 즈음하여 제시된 민중민주론의 '정세적 진리효과'와 그에 대한 회고 및 자기비판으로는 윤소영(1994) 참조.

21) 독강–종심 테제 최초의 정식화는 윤소영(1987a)에서 제시되었다. 이에 따르면 '독점자본주의의 종속적 재생산과정'의 핵심은 자본수입을 통한 독점의 형성이었다. 화폐자본의 수입으로서 금융종속과 생산자본의 수입으로서 기술종속이 독점을 가능케 했다는 것이다. 그 이론적 근거는 레닌이 『제국주의』에서 제시한 '표지분해론'으로, 표지의 전반부인 독점과 후반부인 자본수출을 분해함으로써 자본수입을 통해 독점이 발전한다는 명제를 논증할 수 있었다. 이후 '3저호황'의 상황에서 독점강화가 종속심화로 귀결된다는 것을 기술종속의 심화라는 관점에서 실증한 것은 정일용의 박사논문(1989)이었고, 또 표지분해론이 라틴아메리카의 사회성격 논쟁에서도 존재했다는 사실을 소개한 것은 이성형의 박사논문(1990)이었다. 나아가 1997–98년 경제위기를 통해 독점의 강화가 금융종속의 완화로 귀결된 것도 아니라는 사실 역시 입증되었다.

독강-종심 테제는 신식국독자론이 제기된 직후 1986-88년의 이른바 '3저호황'이라는 경제정세와 밀접한 관련이 있었다. 3저호황을 기화로 인민노련(인천지역민주노동자연맹)에서 자립화-개량화라는 중진자본주의론적 전망이 제기되자, 민중민주파는 이를 '독점이 강화되면 종속이 완화된다'는 명제로 개념화하고 그 비판으로서 '독점이 강화되면 종속이 심화된다'는 명제과 대비하면서 신식국독자론을 발전시켰다. 이런 신식국독자론에 동의한 연구자가 결집하여 1990년에 서사연이 출범했고, 그 집단작업으로 한국자본주의의 통사인 『한국에서 자본주의의 발전: 시론적 분석』(서울사회과학연구소, 1991)이 출간되었던 것이다.

달리 말해서 민중민주파는 당시 운동권 일각의 근거 없는 낙관주의를 비판하면서 구조적 위기의 관점에서 한국자본주의의 역사를 인식하기 위해 독강-종심 테제에 주목했던 것이다. 당시에는 물론이고 1990년대의 경제정세와 관련해서도 독강-종심 테제에는 정세적 진리효과가 존재했다. '3저호황'은 1979-80년 '3고불황'의 반전이었을 따름이었고, 나아가 1991-92년의 '총체적 난국'을 거쳐 1997-98년의 구조적 위기로 귀결되었기 때문이다.

그러나 당시의 논쟁은 전두환 정부의 신자유주의적 정책개혁에 대한 몰이해라는 중대한 결함을 안고 있었다. 정책개혁의 핵심은 거시경제적 측면에서의 안정화와 미시경제적 측면에서의 구조조정에 있었다. 전두환 정부는 이를 통해 박정희 정부의 수출지향공업화와 중화학공업화의 모순을 해결하고 1979-80년의 경제위기를 극복할 수 있었다. 이처럼 박정희 정부의 관료자본주의가 육성한 재벌을 개혁하려던 전두환 정부의 경제개혁을 민중민주파가 '신식민지국가독점자본주의의 반동적 재편', 즉 '1970년대 말 1980년대 초의 축적위기에 대한 자본가적 해결의 과정'(서울사회과학연구소, 1991: 240-41)으로 규정한 것은 이론적 오류였다.

다음으로, 민중민주파의 연방제통일론은 스탈린주의와 북한사회주의에 대한 일정한 비판의 관점을 내재한 가운데 남한 변혁의 상대적 자립성을 강조하는 효과가 있었다. 이것은 7·4 남북공동성명 이후 김일성 주석이 제안한 연방제통일론을 내재적으로 비판하면서 특히 1988년 서울올림픽 공동개최론을 계기로 부상한 민족해방파의 '선통일후변혁론'에 대응하기 위한 것이었다.[22]

그래서 민중민주파의 연방제통일론은 통상 '선변혁후통일론'으로 지칭되었다. 민족자주정부(민자정)를 수립한 다음에 북한으로의 흡수통일을 통해 사회주의 변혁을 수행하는 것이 아니라 남한에서 먼저 사회주의 변혁을 수행한 다음에 북한과 연방제통일을 추진해야 한다고 주장했던 것이다. 선변혁후통일론은 민중민주파 전체를 결속하는 핵심 명제가 되기도 했다. 이병천과 주대환·황광우·노회찬이 지도하던 인민노련도 독강–종심 테제는 거부한 반면 통일론은 수용했던 것이다.

민중민주파의 통일론은 북한에 의한 흡수통일을 반대하는 데서 한 걸음 더 나아가 북한사회주의의 개혁이 필요하다는 함의도 지녔다. 이 점에서 선변혁후통일론은 당시는 물론이고 김정일 위원장 시대까지는 타당하다고 볼 수 있다. 그러나 3대세습을 통해 핵무장한 김정은 위원장 시대에는 타당하지 않은데, 남한에서 더 이상 변혁의 전망이 없기 때문이다. 설사 남한의 변혁이 가능하더라도 북한과의 통일은 어불성설인데, 남한의 사회주의와 북한의 '절대군주정'이 양립할 리 없기 때문이다.[23]

마지막으로, 공산주의적 내지 사회주의적 민주정으로서 민중민주

---

22) 민중민주파 연방제통일론의 최초의 정식화로는 윤소영(1988b) 참조.

23) 문재인 정부의 연방제통일론과 달리 독일식 흡수통일론을 지향한 박근혜 정부의 '통일대박론'도 대안이 될 수는 없다. 란코프 교수가 지적했듯이, 과거 동서독에 비해 남북한의 소득격차가 너무 커서 막대한 통일비용을 감내할 수 없을 것이기 때문이다. 게다가 독일경제는 유럽연합(EU)을 통해 남유럽을 후배지(hinterland)로 통합하면서 통일비용을 상쇄할 수 있었지만, 한국경제에 그런 후배지가 있을 리 만무하기 때문이다. 즉, 인민주의자와 보수주의자의 통일론 모두 아무런 현실적 근거가 없다는 것이다. 현정세에서 유일한 방안이 있다면, 란코프 교수나 갈루치 차관보가 주장했듯이, 푸틴처럼 김정은 위원장이 예컨대 백령도를 침공함으로써 남한을 '홍콩화'하는 길일 것이다.

론은 당시의 정치정세와 긴밀히 관련된 것이었다. 1987-88년에 대통령직선제를 계기로 자립화–개량화론에 입각한 일반민주주의론과 선통일후변혁론에 입각한 민자정론이 급부상하자, 이들과의 '이중전선'에서 사회민주화를 선거정치로 환원하는 것을 비판하고 민중민주주의 내지 인민민주정으로 심화할 것을 주장했던 것이다. 현정세에서도 민중민주론의 진리효과가 존재한다고 할 수 있는데, 김대중–노무현–'문재명' 정부에서 선거정치와 인민주의가 결합함으로써 민주정이 인민정으로 타락한 것에 대한 비판을 선취한 셈이기 때문이다.

민중민주론은 제헌의회론을 지양하는 의의도 있었다. 제헌의회파는 러시아에서 자유민주정을 수립하기 위한 1905년혁명의 구호인 '제헌의회 소집'에 주목했다. 반면 민중민주파는 러시아에서 민중민주주의 내지 인민민주정을 수립하기 위한 1917년혁명의 구호인 '모든 권력을 평의회(소비에트)로'에 주목했다. 나아가 중국의 신민주주의혁명론을 참고하면서 노동자·농민·프티부르주아지와 자유/민족부르주아지의 계급동맹에 주목하기도 했다. 요컨대 민중민주론은 직선제 개헌을 전후로 형성된 일체의 개헌론을 지양하면서 논쟁의 지반을 민주주의혁명론으로 변경시켰던 것이다.

1989년에는 박현채·윤소영의 신식국독자–민중민주론을 수용한 학생운동권을 중심으로 『노동[자]계급』 그룹이 조직되었다. 이로써 1990년을 전후로 윤소영·서관모가 지도한 서사연과 윤영상·박태호가 주축이 된 『노동계급』 그룹 사이에는 일종의 분업관계가 형성되었다. 출판운동으로는 고훈석이 일종의 사미즈다트의 사례로서 새길출판사에서 『현실과학』을 출판했으며, 문예운동으로는 민문연(민중문화운동연합)/노문연(노동자문화예술운동연합)과 그 노래패 새벽의 실천이 있었다.

『노동계급』 그룹 최대의 약점은 386세대 일색이라는 데 있었다. 서사연에는 그나마 70학번대가 있었지만, 그러나 『노동계급』 그룹에는 노동자운동에서 실천적 경험이 풍부한 70학번대가 전혀 없었다. 그래서 후술할 것처럼 윤영상·박태호가 우여곡절 끝에 선배 격인 인민노련과 통합을 시도했던 것이다. 아이러니하게도『노동계급』그룹의 세대적 한계는, 인민노련과의 통합에 반대하며 독자노선을 유지한『노동계급』학생그룹의 후예인 사회진보연대에서도 반복될 것이었다. 이상 한국사회성격 논쟁과 민중민주파에 대한 더 자세한 설명은『세미나 (I) (II)』를 참고할 수 있다.

노동자대투쟁과 재벌노조의 부상

1987년 상반기에는 노동자운동에서도 새로운 양상이 나타나고 있었다. 운동의 불모지였던 중화학공업 재벌기업에서 노동자들의 집단행동이 분출하고 있었던 것이다. 인천지역에서는 6월항쟁의 막바지에 이르러 가두시위 중 창립대회를 치른 인민노련이 노동자운동의 지도를 담당하고 있었다. 6월항쟁은 6·29선언과 함께 사그라들었고, 그 대신 노동자운동이 폭발했던 것이다(노광표, 2010a: 351-53).

대통령직선제 개헌에 찬성한 재야운동과 달리 좌파운동은 대통령직선제를 수용한 노태우 후보의 6·29선언을 '속이구' 선언으로 간주하면서 6월항쟁과 7-9월 노동자대투쟁의 결합을 시도했다. 그러나 대통령직선제투쟁과 노동자대투쟁의 단절을 막기에는 역부족이었는데, '그때부터 우리의 실패가 시작되었다'(황석영 작가)고 할 수 있다. 게다가 1970년대 민주노조운동과 여러 측면에서 대비되는 노동자대투쟁은 의의와 동시에 한계를 내포하고 있었다. 지식인운동의 역부족이라는 문제와 더불어 재벌노조 중심의 운동이었다는 점에서 장래 민주노총이 보일 난맥상의 징후가 감지되었던 것이다.

7-9월 노동자대투쟁은 세 시기로 구분할 수 있다. 6월 말 7월 초에서 8월 초까지 이어진 제1기에 노동자대투쟁은 세 갈래로 전개되었다. 첫째는 울산 현대엔진노동조합 결성을 시작으로 부산·마산 등지로 번져나간 제조업 노동자들의 투쟁이었고, 둘째는 각 지역 택시노동자들의 연대파업·시위이었으며, 셋째는 강원도 지역을 중심으로 한 광산노동자들의 투쟁이었다(노광표, 2010b: 731-32).

일련의 투쟁 중 전국적인 투쟁의 도화선이 된 결정적 사건은 7월 5일 울산에서 나타난 현대엔진노조(위원장 권용목)의 결성이었다. 현대엔진노조는 13일에 노조설립신고증을 받아냄으로써 국내 굴지의 재벌인 현대그룹에서 최초로 노조의 깃발을 올리게 되었다. 곧이어 현대그룹 계열사에서 일제히 노조가 조직되었다(노광표, 2010b: 733-34).

8월 초에서 말까지 이어진 제2기는 현대그룹노동조합협의회(의장 권용목)의 결성 및 거제 대우조선 파업 등을 계기로 투쟁이 전국적으로 확산된 시기였다. 노동자들의 투쟁은 동·남해안 공단지역에서 전지역·전산업으로 확대되었다.24) 노동자들의 투쟁이 확산됨에 따라 조직과 투쟁방식에도 새로운 변화가 나타났다. 그 대표적인 예가 8일 현대그룹노동조합협의회의 결성에 후속한 17-18일 현대그룹 노동자 6만 명의 연합가두시위였다(노광표, 2010b: 735-37).

8월 말에서 9월 초까지 이어진 제3기는 전두환 정부가 공권력을 동원하여 노동쟁의에 본격적으로 개입함으로써 노동자투쟁이 급속히 위축된 시기였다. 노동자운동에 대한 물리적 탄압과 이데올로기적 공세가 강화되자 9월 이후 노동자대투쟁은 전국에서 급속도로 위축되었고, 9월 말에는 소강상태에 빠지게 되었다(노광표, 2010b: 740-41).

7-9월 노동자대투쟁의 특징은 크게 두 가지로 요약될 수 있다. 하나는 지역·산업·사업체규모에 관계없이 전지역·전산업·전규모에서 전개되었다는 점이다. 다른 하나는 그런 가운데서도 경남지역·제조업·재벌기업 노동자들이 투쟁 및 조직을 주도했다는 점이다. 이에 따라 노동자운동은 기존의 '섬유봉제·전기전자 등 경공업 여성노동자'에서 '자동차·조선·기계금속 등 중공업 남성노동자'로 주도세력이 변화하게 되었다(노광표, 2010a: 359-60).

---

24) 6월 말부터 10월 말까지 벌어진 파업 가운데 69%가 이 시기에 발생했다. 이 과정에서 노동조합 결성도 급속하게 증가했다. 그 결과 노조조직률은 1986년의 16.9%에서 1987년 10월의 23.1%로 상승했다.

노동자대투쟁은 장기간 지속된 노동통제제도를 변화시키고 노동 기본권을 억압하던 노동관계법을 무력화했다. 또 임금 및 노동조건 을 사용자 측이 일방적으로 결정하던 관행을 종식하고 노사 당사자 사이의 단체교섭으로 결정하는 노사관계의 새로운 관행을 정착하는 계기가 되었다. 나아가 광범위한 노동자대중을 단련시키고 의식과 조직을 발전시킨 계기가 되기도 했다(노광표, 2010a: 368-69).

노동자대투쟁의 중기적 성과는 1987-90년에 지역별·업종별(비제 조업)·그룹별(대기업) 연대조직의 결성으로 나타났다. 그 중에서도 지역별노동조합협의회(지노협)의 경우 1987년 말 마산·창원지역노 동조합총연합(마창노련)을 시작으로 1989년 말까지 모두 11개가 결 성되어 1990년에 전국노동조합협의회(전노협)의 건설로 수렴되었다. 이 과정에서 민주노조운동에 관여한 각종 조직·단체는 1988년에 노 동조합탄압저지전국노동자공동대책협의회(전국공대협)를 구성한 데 이어 노동법개정전국노조특별위원회와 전국노동운동단체협의회(전 국노운협)를 출범시켰다(노광표, 2010b: 762-63, 765-66).

『일반화된 마르크스주의 개론』에서 설명한 것처럼, 구로동파와 노동자대투쟁을 직접적으로 계승한 전노협은 노조의 연합체인 동시 에 상당 부분 사회운동적인 성격을 갖고 있었다. 그래서 전노협은 1970-80년대 민주노조운동을 계승했다고 평가되었고, 전노협으로 상징되는 1980년대 남한의 노동자운동은 사회운동적 노조주의의 사 례로 국제적인 주목을 받기도 했다.

이상의 중단기적 성과에도 불구하고 노동자대투쟁은 몇 가지 한 계를 드러냈다. 조직과 투쟁에서 자연발생적 경향이 강했고, 지도력 이 취약하여 강고한 투쟁을 벌이고도 그 성과가 광범위한 조직적 역 량의 결집·강화로 이어지지 못했다. 따라서 투쟁의 장기성과 강고성 에 비해 노동자대중의 이념적 고양과 정치적 진출은 충분한 수준에 이르지 못했던 것이다(노광표, 2010a: 370-71).

사회주의운동의 관점에서 노동자대투쟁의 한계는 지식인운동과 노동자운동이 융합하지 못했다는 데 있었다.25) 달리 말해서 노동자운동과 마르크스주의 이념 및 이론이 융합하는 데 실패했던 것이다. 관련하여 민중민주파는 노동자대투쟁 이후 사회운동의 논쟁 구도를 '경제주의'와의 대립 구도로 설정한 바 있다. 1980년대 들어 얼마간 성장한 사회주의운동의 역량이 1987년 이후 급격하게 고조된 자연 발생적 대중운동에 직면하여 한계를 드러낸 상황에서 일체의 변혁 과제를 노동조합운동의 과제로 환원하는 '청산주의적 경향'의 극복 이 주요 과제로 제기되었다고 본 것이다(전효관, 1990: 205, 225-26).

『세미나 (II)』에서 지적했듯이, 부마·광주항쟁 이후 노동자운동에 투신한 학생운동 출신 활동가가 1987년 노동자대투쟁에 고무된 것은 당연한 일이었다. 그러나 노동자대투쟁에서 급부상한 권용목 같은 재벌노조 엘리트노동자의 목표가 학출활동가의 사회주의운동과 양 립가능한 것은 아니었다. 아마도 사회주의에 대한 '레드 콤플렉스'가 작용했기 때문일 텐데, 권용목이 진보사회학자 임영일과 친화적이었 다는 것이 그 방증이었다. 임영일이 소련식 마르크스주의에 대한 대 안으로 제시한 '유로코뮤니즘'은 사실 유럽식 사회민주주의였는데, 그래서 재벌노조 엘리트노동자에게 매력적이었을지도 모른다.

다른 한편으로, 전위를 자임하면서 자신을 대중으로 취급하는 학 출활동가에 대한 불신이 작용했기 때문일 수도 있다. 엘리트노동자 가 학출활동가에게 기대했던 것은 마르크스주의로 단련된 학출활동 가의 이념적·이론적 지도가 아니라 노동법이나 기업경영 관련 전문

---

25) 반대로 '변혁적 노동[자]운동'이 노동자대투쟁을 계기로 노동자운동과 융 합을 강화했다는 주장에 대해서는 유경순(2015) 참조. 그러나 노동자대투쟁 에서 '정치조직'이 아닌 조직원이나 활동가 '개인'의 결합을 강조하는 이런 관점에 따르더라도 울산지역을 '학출활동가와 노동자대투쟁의 융합'의 사례 로 보기는 어려웠다. 반면 울산지역과 여러모로 비견되는 마산·창원지역에 서는 1970년대부터 현장에 투신한 뒤 지역사회운동에 정착한 문성현의 사 례가 존재했다. 울산과 마창의 학출활동가에 대해서는 유경순(2015: 364-70, 374-78) 참조. 노동자대투쟁 이후 마창노련(마산창원지역노조총연합) 창립을 주도한 문성현은 훗날 민주노총 금속연맹위원장을 역임한 뒤에 자 주파의 지원으로 민주노동당 대표를 역임했다. 문재인 정부에서는 노사정 위원장으로 발탁되기도 했는데, 마창노련 시절부터 노무현·문재인 대통령 과 맺어온 지연이 작용한 것으로 보인다.

가의 실무적 지원이었다. 하지만 1970년에 전태일 열사가 원했던 '대학생 친구'가 과연 실무적 전문가였을지 아니면 이념적·이론적 지식을 겸비한 경세가였을지는 십분 재고해야 할 문제일 것이다.

1987년에 현대엔진 초대 노조위원장이었던 권용목이 1995년에 민주노총 초대 사무총장이었다는 사실은 결코 우연이 아니었다. 재론하겠지만, 재벌노조 중심의 민주노총은 사회운동노조로 변화하는 데 실패하고 노스(Douglass North)와 와인개스트(Barry Weingast)가 말한 '폭력과 지대의 교환', 즉 '지대공유제'(rent sharing)의 사례로 전락하고 말았다. 이런 시각에서 노동자대투쟁은 군부와 재벌의 지대공유제가 민주노총과 재벌의 지대공유제로 이행하기 시작한 계기였다. 노스와 와인개스트의 정치경제론(political economy)에 대해서는 『한국자본주의의 역사』를 참고하기 바란다.

1990년대 마르크스주의의 위기와 운동권의 전향

현실사회주의의 붕괴와 문민화에 대한 맹목

『역사적 마르크스주의』와 『일반화된 마르크스주의 개론』에서 설명한 것처럼, 1989–91년에 현실사회주의가 붕괴하면서 한국에서도 마르크스주의의 위기가 도래했다. 1977년에 알튀세르가 마르크스주의의 위기를 선언했던 것과 비교한다면 한국에서 마르크스주의의 위기는 서구와 10여 년의 시차가 있었다. 한국전쟁 이후 마르크스주의가 소멸한 한국에서는 오히려 1980년대 후반 한국사회성격 논쟁을 경과하면서 마르크스주의의 부활이 본격화되었기 때문이다.

일부 마르크스주의 연구자는 서구의 마르크스주의 위기론을 이미 인식하고 있었다. 하지만 당시까지만 하더라도 일반적 반응은 '한국의 상황은 아직 마르크스주의 이전의 위기'이고, 레닌의 문제설정에

다시금 주목해야 한다는 것이었다. 민중민주파만 하더라도 스탈린 주의의 정정이 레닌주의만으로 가능하다고 판단했던 것이다. 그러나 현실사회주의의 붕괴를 경험하면서 '레닌과의 대화'를 통해 문제를 해결하려는 관점이 갖는 한계가 분명히 확인되었다.

1970년대 후반 알튀세르가 제기했던 마르크스주의의 위기의 원인은 스탈린이 아니라 레닌, 궁극적으로는 마르크스까지 소급하는 것이었다. 이것은 레닌주의의 복원을 통해 스탈린주의의 결함을 극복하고자 했던 알튀세르 자신의 시도에 대한 자기비판이기도 했다. 그러나 그는 위기에 대한 과학적 인식과 자기비판은 오히려 마르크스주의를 쇄신하는 기회가 될 수 있다고 주장했다.

알튀세르는 마르크스주의의 위기에 대한 구좌파와 신좌파의 대응방식을 구별했다. 구좌파는 위기를 부정하거나 위기에 대해 침묵했다. 당관료가 마르크스주의의 위기를 부정할 따름이었다면, 기층활동가는 위기를 부정할 도리는 없어도 위기를 이론적으로 인식하지는 못하고 침묵으로 일관할 따름이었다. 반면 신좌파는 마르크스주의의 위기를 인식하고 자기비판을 통해 이론을 쇄신하려고 시도했다. 이런 시도는 마르크스주의를 폐기한 비마르크스주의적 급진주의와 엄연히 구별되는 것이었다.

한국에서 마르크스주의의 위기에 대한 구좌파적 대응은 특수한 양상으로 나타났다. 부정 혹은 침묵이 아니라 자신의 잘못에 대한 고백과 공개적인 전향이라는 태도가 대세를 이룬 것이다. 민중민주파에서 그런 사례를 대표한 것은 1992년에 공개적인 전향식까지 감행한 인민노련이었다. 후술할 것처럼, 인민노련을 위시한 민중민주주의 정파들은 노선 차이에도 불구하고 이른바 '3파통합'을 추진했는데, 이 과정에서 전위정당 노선의 폐기를 주장한 '신노선'과 자신들의 전향을 주장한 '탄원서 사건' 등 온갖 희비극이 발생했다.

고백과 전향은 합법정당 및 합법노조를 통한 제도권으로의 진출, 즉 '주류화'를 의미하는 것이기도 했다. 역시 후술할 것처럼, 운동권이 구로동파와 노동자대투쟁의 성과로 건설된 전노협을 해체하고 재벌기업 노동자 중심의 민주노총을 건설한 것이야말로 마르크스주의의 위기를 상징하는 일대 사건이었다. 마르크스주의를 포기하고 코퍼러티즘 노선에 따라 산별노조를 지향한 민주노총이 이후 만성적 위기에 빠지게 된 것은 당연한 일이었다.

한국에서 마르크스주의의 위기에 대응한 특수한 양상은 고백과 전향 외에 '알리바이'라는 형태로도 나타났다. 구좌파 내에서 인민노련과 민주노총의 주류화에 대한 비판이 트로츠키주의라는 형태로 제기되었던 것이다. 쉽게 말해서 알리바이란 현실사회주의의 붕괴는 스탈린주의의 위기일 따름이지 트로츠키주의의 위기는 아니라는 태도를 의미했다.

그러나 레닌과 부하린의 신경제정책에 대한 반대를 공유했던 스탈린과 트로츠키의 이론적 차이는 크지 않은 것이다. 오히려 볼셰비키주의의 두 변종인 스탈린주의·트로츠키주의는 레닌주의와 엄밀히 구별될 필요가 있었다. 마르크스주의의 위기를 인정할 필요도 없고 마르크스주의자로서 자기비판할 필요도 없다는 이런 아전인수식 태도는 문제의 해결을 더욱 난망하게 만들 따름이었다.26)

사회주의운동에서 마르크스주의의 위기에 대한 몰인식은 헌정회복의 과정으로서 문민화의 의의에 대한 몰이해를 동반했다. 1990년 1월에 3당합당을 통해서 민주자유당이 결성되자 전노협·전대협 등 사회운동을 총망라한 전민련(전국민족민주운동연합)은 즉각 민자당일당독재분쇄와민중기본권쟁취국민연합(국민연합)이라는 투쟁체를 결성했다(조현연, 2010: 463-64).

운동권은 이념과 노선의 차이에도 불구하고 3당합당에 대해서는 견해 차이가 없었다. 3당합당을 '영구집권 음모'로 간주한 전대협은 민자당 창당일에 대대적인 가두시위를 전개했다(전대협동우회, 1994: 237). 민중민주파 학생운동은 3당합당을 '보수대연합에 의한 계급동

---

26) 트로츠키주의적 경향은 민주노총 출범 및 민주노동당 창당 이후 제4인터내셔널과 친화적인 노동자의힘(변혁당)과 국제사회주의경향에 소속된 다함께(노동자연대)로 분립했다.

맹 역전 전략'으로 규정했는데, 대표적으로 민중민주파가 수권한 서울대총학생회는 '반민중적 파쇼야합 분쇄'로 투쟁방향을 설정하고 전면적 투쟁에 돌입했다(유용태·정승교·최갑수, 2020: 279).

1990년 3당합당 반대투쟁의 연장선에서 1991년 상반기에는 6월항쟁 이후 최대의 가두시위가 전개되었다. 4월 말에 명지대생 강경대가 경찰의 시위 진압 중에 사망한 이후 6월 말까지 두 달 넘게 이어진 이른바 '5월투쟁'은 노태우 정부 퇴진투쟁으로 발전했다(전대협동우회, 1994: 258-59). 이 과정에서 학생·빈민·노동자 11명이 분신하고, 한진중공업 노조위원장 박창수의 의문사와 강경진압에 의한 성균관대생 김귀정의 질식사가 발생하는 등 총 13명이 사망했다(정상호, 2010: 433).

5월투쟁의 양상은 6월항쟁에 비해 조직적이고 격렬했지만, 그러나 정원식 총리에 대한 밀가루 투척 사건과 이른바 '유서대필 사건'을 계기로 여론의 지지를 잃고 급속히 냉각되었다(정상호, 2010: 434-36; 유용태·정승교·최갑수, 2020: 280). 결국 6월에 31년 만에 치러진 광역단위 지방자치선거가 민자당의 압승으로 끝나면서 5월투쟁은 마무리되었다(조현연, 2010: 470-73).

민중민주파에 한정하더라도, 1990-91년의 맹목적인 폭력투쟁은 노태우 정부의 성격에 대한 몰이해를 반영한 것이었다. 민중민주파의 경우 노태우 정부의 정치개혁을 '토대' 수준에서 전두환 정부의 신식민지국가독점자본주의의 반동적 재편에 수반되는 '상부구조'의 조응으로서 '신식민지파시즘의 필연화 경향'으로 이해했다(서울사회과학연구소, 1991: 257-58).

그러나 『세미나 (IV)』에서 지적했듯이, 박정희 정부의 관료자본주의를 개혁하려던 전두환 정부의 경제개혁과 박정희-전두환 정부의 군부독재를 개혁하려던 노태우 정부의 정치개혁을 모조리 '보수반동'으로 규정한 것은 오류였다. 단적으로, 운동권은 노태우 정부의 '공안탄압'을 규탄했는데, 그러나 공안당국 내에서 검찰이 이른바 '관계기관대책회의' 등을 통해 비밀경찰인 안기부와 보안사에 대한 '견제와 균형'을 시도했다는 사실에는 미처 주목하지 못했다.

비교정치의 시각에서 3당합당의 성격을 인식하지 못한 것도 당시 운동권 전반의 결함이었다. 운동권은 3당합당과 내각제 추진 공약을 일본 자민당을 모델로 한 '일당독재 음모'라고 규탄했는데, 단순한 오해였다. 『재론 위기와 비판』에서 설명한 것처럼 '55년 체제'로 일 컬어지는 자민당–사회당 양당제, 실질적으로 자민당 일당우위제는 사실 전후 일본에서 자유주의의 부활을 상징하는 계기였다.

자민당은 관료 출신의 자유주의자로 구성된 자유당과 정치인 출신의 보수주의자로 구성된 민주당의 합당을 통해 출범한 '포괄정당' (catch-all party/big tent)이었다. 일본은 군국주의적 군사대국을 자유주의적 경제대국으로 전환한다는 '요시다 독트린'과 그에 후속하는 '55년 체제'의 형성을 통해 전후 자유주의적 경제대국으로 급부상할 수 있었다.

3당합당 역시 민자당 내부에서 자유(보수)주의 분파로서 김영삼의 민주계와 권위보수주의 분파로서 노태우·김종필의 민정계·공화계가 공존하는 포괄정당의 사례로 이해될 수 있었다. 나아가 포괄정당 안에서 자유(보수)주의 분파와 권위보수주의 분파가 상호 조정(coordination)을 통한 합의(consensus)를 추구함으로써 문민화를 추진하는 헌정회복 과정으로 위치지어질 수도 있었다.

그러나 3당합당 이후 김영삼 정부의 문민화는 외우내환으로 실패할 수밖에 없었다. 안으로는 김영삼–민주계의 지역 기반이 기호에서 부산·경남으로 축소된 데다 대구·경북을 지역 기반으로 한 이회창–민정계의 도전이 제기되었다. 밖으로는 '민족해방파의 대부' 김근태를 영입함으로써 기사회생한 김대중과 1993년과 1995년에 출범한 한총련(한국대학총학생회연합)과 민주노총의 도전이 본격화되었다.

김영삼 정부에서 문민화의 실패는 신자유주의적 정책개혁의 실패이기도 했다. 3저호황이 종료되고 이윤율이 1980년 수준까지 하락한 1991–92년의 '총체적 난국'에 집권한 김영삼 정부는 전두환 정부의 신자유주의적 정책개혁을 계승했다. 김영삼 정부가 세계무역기구와 경제협력개발기구에 가입한 것은 재벌체제로 인한 이윤율 하락에 대해 '외압을 통한 개혁'으로 반작용해보려는 시도였다. 그러나 김영삼 정부의 정책개혁은 1993-95년의 엔고와 1차 반도체호황으로 인한 착시와 함께 김대중과 새정치국민회의, 그리고 운동권의 방해로 중도반단되었다. 결국 1996년부터 반도체호황이 퇴조하고 엔저가 출현하면서 한국경제는 1997-98년 경제위기로 급전직하했다.

이런 점에서 3당합당은 전두환 정부에서 중도반단된 신자유주의적 정책개혁의 정당성(legitimacy)을 확보하기 위한 김영삼의 정치적 결단으로 해석될 수 있었다. 실제로, 1991-92년에 발생한 '총체적 난국'을 타개하기 위해 전두환 정부의 신자유주의적 정책개혁의 부활이 경제학계에서 제기되었던 것이다. 하지만 당시 운동권은 정부의 '총체적 난국론'을 단순한 '경제위기 이데올로기'로 치부했을 따름인데, 그 결과는 1997-98년의 경제위기로 인한 파국이었다.

3파통합과 신노선 이후 민중민주파의 형해화

현실사회주의의 붕괴에 당면한 민중민주파는 3파통합으로 위기의 돌파구를 마련하고자 했다. 인민노련, 『노동[자]계급』 그룹, 민족통일민중민주주의노동자동맹(삼민동맹) 등 3개 민중민주정파가 노선적 차이에도 불구하고 전위정당 건설을 위한 조직 통합을 추진했던 것이다. 그러나 3파통합은 마르크스주의의 위기에 대한 과학적 인식과 자기비판을 통해 사회주의운동을 쇄신하려는 흐름이 아니라 오히려 일련의 전향과 청산의 흐름으로 나타났다.

전술했듯이, 인민노련은 1986-88년 3저호황을 기화로 독점강화–종속약화 테제를 채택하면서 신식국독자론에서 중진자본주의론으로 전향했다. 1987년 이래 한국자본주의의 고도성장에 의해 '계급투쟁의 합법적 기회'가 부여되고 '개량의 물[질]적 토대'가 갖춰졌다고 판단했기 때문이다. 따라서 일반민주주의적 전망 속에서 노동법개정투쟁을 비롯한 '파쇼악법개폐투쟁'을 정치투쟁의 핵심적 과제로 배치하고 의회정치에서 '노동자·민중의 정치세력화'를 예비해야 한다고 주장했다(남궁은, 1991: 4-19).

『노동계급』그룹은 서사연의 이론적 논의에 기초해서 신식국독자론의 독점강화—종속심화 테제에 대한 인민노련의 피상적 이해는 '무원칙한 절충주의 혹은 청산주의'의 발로라고 비판했다(남궁은, 1991: 5-6). 또 인민노련이 강조하는 일반민주주의 투쟁은 합법주의를 우위에 놓고 이행강령을 실용주의적 관점에서 기각한 것으로, 1989년 이후 변화한 정세에 따라 기회주의적으로 동요한 결과일 따름이라고 비판했다(남궁은, 1991: 31-32).

그러나 이런 노선적 차이에도 불구하고 3파통합이 '무원칙적'으로 추진되었다. 인민노련은 '노동자계급의 전위정당 출범'을 목표로 전국사업팀을 구성해서 1990년 초에 이미 20여 개 지역조직을 갖춘 '사회주의자 연합'을 구성했다. 그 후 전국적 조직망을 가진 『노동계급』그룹 및 삼민동맹과 조직 통합을 성사시켰다. 그리고 1991년 6월에 한국사회주의노동자당(한사노당)창당준비위원회가 발족되었다(이광호, 2023: 195-200).

1991년 9월경 인민노련 내에서 이른바 '신노선'을 제기하는 문건이 제출되어 조직원 전체가 회람했다. '노동자계급이 중심이 되어 독자적인 합법정당을 건설하고 이러한 합법정당을 통해 의회민주주의의 정치공간을 활용함으로써 민주적 계급투쟁을 적극적으로 전개하겠다'는 내용이었다. 기존 노선이 지하조직운동과 동시에 공공연한 활동을 통해 점차 합법성을 쟁취하는 것이었다면, 신노선은 즉시 합법영역으로 진출하여 창당의 길로 나아가자는 것이었다. 한사노당창당준비위는 사회주의운동의 완전한 새 출발이 필요하다는 문제도 제기했다(조현연, 2010: 480; 이광호, 2023: 195-200).

이 과정에서 한사노당이 해산되고 한국노동당(한노당)창당준비위원회가 발족되었다. 그러나 주대환 위원장 등이 공안당국에 연행되고 '폭력혁명노선 포기, 전위정당노선 폐기, 프롤레타리아독재노선 폐기'를 골자로 한 탄원서를 제출하면서 조직 안팎에서 비판이 쇄도하기도 했다. 신지호처럼 아예 이전의 활동을 청산하고 전향하는 일련의 '고백'이 진행되자 파문이 확산되기도 했다(신지호, 1992: 158-62; 이우재·나준식·노현기, 2005: 128).

그 후 한노당창당준비위는 1992년 총선을 한 달 앞둔 시점에 민중당과 통합했다. 민중당은 1987년 대선 당시 독자후보론을 주장했던 세력 중 일부가 결성한 민중의당의 후신으로, 1988년 총선 실패 이후 재건 과정에서 제도권 야당과 선통합을 주장한 '선통합파'가 탈당하고 잔류한 '선창당파'를 중심으로 재조직된 상태였다. 한노당창당준비위와 민중당이 통합한 통합민중당은 1992년 총선에서 전국에 51명의 후보를 출마시켰지만, 의석 확보에 실패했을 뿐만 아니라 저조한 득표율(1.5%)로 인해 해산당했다(조현연, 2010: 478-81).

『세미나 (I)』에서 설명했듯이, 합법정당 건설의 이면에는 한국자본주의에 대한 모종의 낙관론이 존재했다. 1986-88년의 '3저호황'은 1979-80년의 경제위기를 촉발한 금리·환율·유가의 '3고현상'이 반전된 것으로, 세계경제의 변화에 따른 일시적 현상이었다. 그러나 3저호황을 계기로 기존의 중화학공업투자조정이 중도반단되면서 재벌의 과잉·중복투자라는 폐해가 부활했는데, 결국 1991-92년의 총체적 난국을 거쳐 1997-98년의 경제위기로 귀결되고 말았다.

반면 마르크스주의를 쇄신하려던 시도도 있었다. 서사연은 알튀세르를 따라 1991년부터 마르크스주의의 '전화'(transformation) 내지 '일반화'(generalization)를 본격적으로 시도했다. 그러나 『노동계급』 그룹이 1990년 봄에 조직사건에 연루된 데 이어, 서사연마저 1991년 여름에 공안당국에게 침탈되었다. 일련의 사건의 결과로, 『현실과과학』이 폐간되고 서사연도 1993년에 공식적으로 해산되었다. 서관모의 묵인 아래 박태호가 주도한 새 서사연은 결국 포스트모더니즘으로 전향하여 푸코와 들뢰즈를 전파하는 데 진력했다.

『현실과과학』이 폐간된 뒤 윤소영은 좌파 교수들의 동인지 형식으로 『이론』 창간을 주도했다. 『이론』은 마르크스주의의 위기에 대응하는 동시에 『현실과과학』에 불가피하게 존재하던 마르크스주의의 '곤란이나 공백 같은 결함을 해결한다'는 의의가 있었지만, 동인 내부에서 마르크스주의의 이론적 쇄신 방향을 둘러싸고 적잖은 이견이 제기되었다. 그 결과 윤소영은 1994년에 서사연 경제분과를 중심으로 과천연구실을 출범시키면서 『이론』 동인에서 탈퇴했다.

한편, 1990년대 이후 다수의 민중민주파 학생그룹이 합법정당 및 합법노조를 추진한 선배그룹의 영향으로 공개 학생정치조직(학정조)으로 변모하며 주요 활동역량을 학생회로 이전 배치하기 시작했다. 물론 비합법 정파조직을 공개 학정조로 전환하는 과정에서 논쟁도 전개되었다. 진보학생연합(진학련)이 인민노련의 노선 전환에 동조하면서 공개 학정조를 결성하자 개량주의·청산주의라는 비판이 제기되었던 것인데, 얼마 지나지 않아 다른 정파에서도 유사한 성격의 학정조를 결성하는 흐름이 이어졌다(고원, 2013: 286-91).

공개 학정조로의 전환을 대표한 것은 서울대를 중심으로 활동했던 21세기진보학생연합(21세기)이었다. 21세기는 비주사 민족해방파로서 '관악자주파' 경향의 생활진보대중정치대학생연합(생대련)이 민중민주파 경향의 진보정치대학생연합(진대련) 및 진학련과 통합한 조직이었다(고원, 2013: 285-99). 21세기 출신 90학번대는 민족해방파와 유사한 이른바 '애국적/진보적 사회진출론'을 통해 참여연대나 법조계·정관계로 진출했는데, '문재명 정부'에서 주류화된 386세대의 후배그룹을 자처하는 것 같다.

『노동계급』 그룹의 후배그룹으로서 정종권 등 AMC(반제반독점) 민중민주파는 3파통합을 비판하면서 독자 노선을 고수했다. 『노동계급』 그룹과 단절한 뒤, 노동자운동에서 활동하는 선배그룹과 분리되어 학생운동 자체적으로 존속했던 것이다. AMC는 1993년에 박상현·김종철을 중심으로 공개 학정조인 대장정학생연합을 결성한 뒤에도 한동안 이중구조를 유지했지만, 다른 학정조와 마찬가지로 학생회 중심의 활동에 치중하면서 정파 고유의 과제는 부차화하는 경향이 있었다(고원, 2013: 282-83). 그 후 이현대·임필수·박준도·이상훈 등 AMC 출신 90학번대는 사회진보연대로 활동역량을 이전했다.

'이념의 인간'을 지향했던 민중민주파 운동권에서도 현실사회주의 붕괴와 한국사회성격 논쟁의 중도반단 이후 이념과 이론이 약화하면서 점차 '욕망의 인간'이나 '의도의 인간'이 나타났다고 할 수 있다. 이념의 인간이 마르크스주의의 위기를 인식하고 자기비판을 통해 이론의 쇄신을 모색하는 데 중점을 두었다면, 욕망의 인간은 시류에 편승하여 출세하려는 자나 투기하려는 자들이었다. 의도의 인간은 욕망의 인간에 대항하기보다 오히려 부화뇌동하는 편이었다.

민청련의 노선 전환과 민족해방파의 전향

1985년 8월 서울대 민주화추진위원회사건의 배후로 지목·검거되어 1988년 6월에 석방된 김근태의 운동권 내 위상은 현저히 약화된 상태였다. 1983년에 민청련을 창립하면서 사실상 운동권 전체를 이끄는 '운동권의 대부'로 불렸지만, 1987년 대선에서 자신이 주장했던 김대중 비판적 지지 방침의 실패로 인해 운동권 분열의 책임까지 부담해야 하는 상황이었다. 그의 대안은 이른바 '두 개의 전선론'이었는데, 하나는 노동자·농민·빈민·중소자본가를 토대로 한 민족민주운동전선이었고, 다른 하나는 중소자본가·비독점대기업을 토대로 하고 제도권 야당과 재야 운동권으로 구성되는 국민전선이었다(김성환, 2019b: 447-49).

그러나 김근태의 제안은 민청련 내부에서도 큰 반향을 불러일으키지 못했다. 학출활동가를 주요 구성원으로 하는 청년단체인 민청련으로서는 학생운동의 새로운 흐름에 민감할 수밖에 없었고, 따라서 민청련의 새 집행부는 1987년 이후 주류로 부상한 주사 민족해방파에 동조하는 활동가로 구성되어야 했다.[27] 1988년 9월에 의장으

---

27) 1988년 9월 전까지 민청련을 책임진 김성환 집행부는 민족해방론에 동의하지 않았다. 1988년 총선 이후 여소야대 정국이 조성되고 특히 광주에 기반을 둔 평화민주당(평민당)이 제1야당이 된 정세에서는 통일운동보다 광주항쟁진상규명 투쟁을 중심에 놓아야 한다고 보았던 것이다(김성환, 2019b: 428, 433).

로 선출된 이범영은 73학번 선배였지만, 주도적인 활동가와 회원은 80-83학번의 이른바 '전학련(전국학생총연합)세대'였다. 이후 민청련의 노선은 해소를 결의한 1992년 11월 총회까지 민족해방파가 주류를 이뤘다(김성환, 2019b: 452-55; 임경석, 2019b: 266-72).

민청련의 창립을 주도하기도 했던 이범영은 1988년 이후 민족해방론을 적극적으로 수용했다. 『재론 위기와 비판』에서 논의한 세대론의 관점에서 볼 때, 민족해방론을 수용한 이범영은 1930년대생 마르크스주의자를 계승한 1950년대생이 아닌 386세대에 견인된 1950년대생에 가까웠다고 할 수 있다.[28] 1930년대생처럼 1950년대생도 4·19세대와 386세대 사이의 긴 세대였는데, 1950년대생은 386세대로 견인되거나 아니면 4·19세대를 뛰어넘어 1930년대생으로 견인되었던 것이다.

이범영의 2기 민청련은 '소수 엘리트 중심의 단체에서 다수 청년대중으로 구성된 폭넓은 대중단체로 발전'할 것을 주장했다. 그의 청년운동론에 따르면 대중운동으로서 청년운동은 노동자·농민운동 등 기층 민중운동과 함께 민족민주운동의 주력 부문운동이었다. 그의 시각에서 청년운동의 대중운동화에 부합하는 노선은 민족해방론이었다. '러시아혁명의 경험과 이론의 교조화'에 불과한 민중민주론이 아니라 '우리 민족의 항일운동 경험을 복잡하지 않게 명쾌하게 풀어쓴' 민족해방론이 운동의 대중화에 더 적합하다는 것이었다(이승환, 2024: 105, 131).

실제로 6월항쟁 이후 새롭게 청년운동에 참여한 사람들은 대부분 386세대 학출활동가였다. 특히 전대협 출신 활동가 상당수가 졸업 후 전국 각지의 민청련 조직에 참여하거나 다양한 신생 청년운동 조직을 결성했다.[29] 우후죽순 식으로 등장한 청년단체들은 1989년 1

---

28) 『세미나 (I) (II)』에서 설명했듯이, 한국 현대지식인사에서 1910-20년대생 학병세대와의 길항관계를 통해 1930년대생에서 마르크스주의자 내지 좌파가 출현했는데, 박현채와 김용섭이 대표적 사례였다. 마르크스주의자 내지 좌파로서 1930년대생을 계승한 것이 1950년대생이었고, 그 반대자로서 4·19세대인 1940년대생을 계승한 것이 386세대인 1960년대생이었다.

월 전민련의 결성에 호응해서 전국적 청년운동 조직을 결성하기로 결의했다. 이에 따라 6월항쟁 이전부터 존재했던 민청련·충남민청·전청련 등과 6월항쟁 이후에 새롭게 등장한 단체들을 망라한 20여 개 청년단체들이 1989년 1월에 전청대협(전국청년단체대표자협의회)을 결성했다(이원영, 2024: 81).

민청련 의장 이범영이 전청대협 결성을 주도하고 초대 의장을 겸임하면서 민청련의 활동역량은 자연스레 전청대협으로 이동했다. 이어서 1992년에는 전청대협이 확대·재편된 한국민주청년단체협의회(한청협)가 결성되었고, 이범영은 이번에도 초대 의장으로 취임했다.30) 민청련은 한청협 출범 직전에 이견의 존재에도 불구하고 해소되었다. 이범영이 추진하는 청년대중조직, 즉 '문턱이 없는 대중조직'은 비현실적이라는 것이 해소를 반대하는 사람들의 입장이었는데, 그러나 이범영 의장과 그를 옹립한 386세대 학출활동가들의 입장은 확고했다(권형택, 2024: 54-55).

민족해방파를 중심으로 전청대협과 한청협이 출범하는 과정에서 민중민주파 내지 비(非)민족해방파 경향의 청년운동은 1994년에 진보민중청년연합(진보민청)으로 분리·정립되었다. 민청련 시절부터 안양(안양민주화운동청년연합)과 서울 일부(중서울민주화운동청년연합) 등 몇몇 지역에서 김근태-이범영의 주류 노선에 반대하는 비주류 경향이 존재했는데(김성환 2019b: 415, 462-63), 주류의 전청대협-한청협 결성 흐름과 별도로 비주류 경향과 민중민주파 청년운동 단체가 함께 청년연석회의를 거쳐 진보민청으로 결집했던 것이다.

운동권 내에서 확고한 위상을 가진 김근태와 이범영은 얼마간의

---

29) 서울대 중심의 '서클주의적 폐쇄성'을 벗어던지겠다고 주장한 민청련 2기에도 만족하지 못했던 일각의 386세대 민족해방파 학생운동권은 독자적 단체를 만들기도 했는데 대표적인 사례가 고려대 총학생회장 출신 허인회가 창립한 나라사랑청년회였다.

30) 단체명에서 '전국'이 '한국'으로 변경된 것은 민족해방파의 논리상 '전국'은 통일된 조국에서 사용할 수 있는 단어였기 때문이다. 후술할 것처럼 '전국'대학생대표자협의회에서 '한국'대학총학생회연합으로의 전환도 동일한 논리에 따른 것이었다.

세대적·노선적 차이에도 불구하고 1980~90년대에 386세대 민족해방파 학생운동권의 막강한 배후가 되었다. 이론이 상대적으로 취약해서 서울대에서는 주류를 차지할 수 없었던 민족해방파가 전대협 결성 이후 비서울대 학생운동권을 중심으로 학생운동을 주도하게 된 것도 민청련 의장인 김근태·이범영 같은 서울대 출신 선배의 비호가 있었기 때문이었다.

반면 김근태·이범영이 386세대 민족해방파 학생운동권과 결합하게 된 배경은 1985년 이후 노동자운동과 한국사회성격 논쟁이 활성화되면서 민청련의 위상이 상대적으로 하락했다는 사실로 설명될 수도 있다. 민청련의 노선 전환은 오늘의 '문재명 정부'가 탄생한 역사적 기원을 설명하는 한 요인일 수 있다. 김근태와 이범영이 386세대 민족해방파 학생운동권을 인도하지 않았다면, 1980년대 민족해방파의 전국적 조직화와 1990년대 이후 이들의 대량 전향 및 정계 진출은 불가능했을 것이기 때문이다.

또한 1990년대 김근태 자신의 정계 진출은 1980년대 사회주의운동에 대한 '복수'였다고 할 수도 있다. 1988년 이후 한국사회성격 논쟁은 주로 주체사상 민족해방파와 레닌주의 민중민주파 사이에서 전개되었기 때문에 비주사 민족해방파 내지 재야 인민주의자들은 소외될 수밖에 없었기 때문이다. 이범영의 요절 직후 김근태는 제도권에 진출하여 김대중의 정계 복귀에 기여하는 한편 '젊은 피 수혈론'에 따라 386세대를 정계로 입문시키는 매개자가 되었다.

한총련의 '비전향'과 폭력투쟁의 일반화

1989~91년 현실사회주의의 붕괴 과정에서 마르크스주의의 위기에 대한 자기비판 대신 1991년 5월투쟁으로 상징되는 반보수주의·반자유주의 투쟁으로 일관했던 학생운동권은 김영삼 정부에서도 운동의 위기를 폭력투쟁으로 돌파하려고 했다. 그런 시도는 1992년 범청학련(조국통일범민족청년학생연합)의 결성과 1993년 전대협 해산

및 한총련 출범으로 구체화되었다(신희주, 2021: 170).

한총련 출범 이후 학생운동에서는 전대협 시절까지만 해도 얼마간 남아 있던 이론투쟁의 기풍이 사라지고 폭력투쟁의 문화가 만연하게 되었다. 이제 학생운동의 주요한 활동형태는 이론의 학습과 토론이 아니라 대중동원이 되었고, 그 주요한 조직형태인 학생회는 각종 출세주의자와 투기꾼이 자라날 수 있는 자양분을 제공했다. 이론을 구호로 대체한 가두시위는 과학적 분석이나 객관적 인식을 결여한 무투의 변종일 따름이었다.[31]

한총련은 출범 당시 문민정부의 등장이나 'X세대의 출현' 등 변화된 현실에 발맞춰 '생활·학문·투쟁의 공동체'를 표방하는 등 온건한 노선을 취하기도 했다(이창언, 2013: 223). 초기의 온건 노선은 대통령 당선 직후 김영삼의 높은 지지율로 인해 한총련의 반정부투쟁이 녹록치 않았던 사정을 반영한 것이기도 했다. 그런데 북한사회주의의 위기가 가시화되면서 통일운동진영이 분화하는 한편 한총련 내부에서 김대중의 지역기반인 광주·전남의 남총련이 부상하면서 한총련은 차츰 강경 노선으로 전환하게 되었다.

『세미나 (II) (IV)』에서 설명했듯이, 김영삼 정부 초기에 통일운동 내부의 갈등은 '새통체(새로운 통일운동체) 건설' 대 '범민련(조국통일범민족연합) 사수'의 구도로 나타났다. 문익환 목사가 통일운동에서 북한의 입장을 상대화하면서 범민련 해소를 제안하자 주사 민족해방파가 통일운동에서 북한의 지도력을 관철시키고자 새통체 건설에 반대했던 것이다. 이 과정에서 문 목사가 '안기부(국가안전기획부) 프락치'였다는 설이 범민련에서 제기되기도 했는데, 그가 비주사

---

31) 민경우는 전대협과 한총련의 차이를 주사 민족해방파 정치조직의 역량 변화로 설명하기도 했다. 전대협 시절에는 반미청년회·자민통그룹·새벽그룹 등 전국적 역량을 지닌 주사파 조직들이 학생운동을 지도했던 반면 한총련 시절에는 전국적 조직을 꾸릴 만한 역량이 부족한 '개별적 주사파'나 '신념의 강자'만이 학생운동에 잔존했다는 것이다. 이처럼 개인이나 서클 형태로 산개한 주사파의 조직 구조에서는 정상적인 이론투쟁을 전개할 수 없었고, 주로 문화적·정치적 행사를 통해 신심(信心)을 확인할 따름이었다는 것이다(민경우, 2021: 48-58).

민족해방파이자 김대중의 비판적 지지자가 아니었다는 사정을 반영한 것이었다.

주사 민족해방파의 반발은 북한사회주의의 위기를 배경으로 한 것이었다. 북한은 현실사회주의가 붕괴한 이후 마이너스 경제성장으로 인한 '고난의 행군'을 경험한 끝에 핵무장을 선택함으로써 '불량국가'(rogue state)로 타락하고 말았다. 또 주사 민족해방파는 북한사회주의의 위기의 원인을 제국주의 미국과 김영삼 정부의 탓으로 돌리며 핵무장을 옹호함으로써 자신도 '불량배 운동권'으로 타락하고 말았다.

범민련 사수 입장을 지지한 한총련 주류는 한총련출범식과 범민족대회의 폭력시위를 통해 통일운동 내부의 갈등을 무마하려고 시도했다. 이 과정에서 북한사회주의의 보위라는 목표 아래 반미자주화 전민항쟁 노선이 부상했다. 전민항쟁 노선은 1996-97년의 범민족대회와 한총련출범식에서 극단적 폭력투쟁으로 나타났는데, 주도자는 모두 전남대 총학생회장으로 4-5기 한총련 의장에 선출된 정명기-강위원이었다(민경우, 2021: 34-39).

한총련의 무투는 '반역은 정당하다'(造反有理)라는 구호 아래 '어떤 불량배짓(胡作非爲)이라도 혁명적 행위로 간주'한 문화혁명기 조반파를 연상시키는 것이었다. 동시에 '에키벤(駅弁, 역에서 파는 도시락) 대학'이라는 풍자와 야유의 대상이 되었던 일본 전공투세대의 테러리즘에 유비될 만한 것이었다. 다만, 일본의 학생운동이 '논텔리(비지성)와 단게바(단순폭력)'의 패배를 인정하고 결국 운동을 청산한 반면 한국의 학생운동은 패배를 인정하지 않고 2000년대에 들어와서도 망상(妄想)과 미망(迷妄)을 지속했다는 차이가 있었다.

한총련 주류의 극단적 폭력투쟁에 대해서는 당시 민족해방파 내부에서도 비판이 제기되었다. 일례로 '사람사랑'으로 통칭된 일군의 경향은 한총련이 비현실적·주관적 정세인식에 근거해서 1996-97년을 전민항쟁의 격돌기로 규정한 점, '분노와 복수'만 자극하는 폭력투쟁 일변도의 관성을 고집한 점, 권위주의적이고 비민주적으로 학생회와 한총련을 운영한 점 등을 비판했다(이창언, 2013: 255-62).

　그러나 남총련의 시각에서 사람사랑의 주장은 '가해자 중심주의'
와 다르지 않았다. 전북, 경기남부/동부, 서울(일부)에서 강세를 보
인 사람사랑의 주장은 1992년에 김영환이 결성한 지하조직 민족민
주혁명당(민혁당)의 지도에 따른 것으로, 북한붕괴론에 입각한 개량
주의 노선에 불과했다는 것이다. 그리고 한총련을 '갉아먹던' 사람사
랑의 노선은 1997년 이후 전북총련이 한총련을 탈퇴하고 민혁당에
서 경기남부/동부를 담당하던 이석기가 김영환과 결별함으로써 사
실상 소멸했다는 것이다(신희주, 2021: 290-303).[32)]

　그러나 일본공산당 도쿠다 규이치 서기장의 사례가 시사하듯이,
비전향이 능사는 아니다. 그가 '비전향 18년'을 고수한 결과 일본공
산당은 전후 정세 변화에 적응하는 데 실패하고 쇠망의 길을 걷고
말았기 때문이다. 게다가 일본공산당은 전향과 비전향의 이분법을
고수한 결과 자기비판이라는 부활의 기회를 상실하고 말았다. 이런
점에서 김영환의 전향에 반발하여 비전향을 고수한 이래 통합진보
당 해산을 자초하기까지 이석기의 일련의 행보는 어떤 방식으로도
정당화될 수 없을 것이다. 도쿠다와 이석기의 유비에 대해서는 『세
미나 (III) (IV)』를 참고하기 바란다.

　이석기의 '비전향'에 진정성이 존재했는지도 의문인데, 자신의 가
족을 미국으로 도피시킨 것이 그 방증일 것이다. 반(反)미(일)를 표
방하면서도 미국(및 일본)을 동경했던 것 아닌가 하는 의문이 드는
대목으로, 류사오보가 비판했듯이 '냉소적 애국주의'의 사례로 해석
할 수 있을 것이다. 이런 점에서 그의 '비전향'은 비전향을 구실로
한 또 다른 '출세의 지름길'(終南捷徑)이었을지도 모른다.

　반대로 김영환의 전향은 흔하디흔한 출세주의자 내지 투기꾼의
사례 중 하나로 치부될 수 없다. 오히려 전향을 통해 북한사회주의

---

32) 경기남부/동부와 광주전남의 민족해방파는 1990년대 초반 통일운동 진영
　　의 분화와 1990년대 후반 진보정당 건설을 둘러싸고 대립했지만, 그러나 민
　　주노동당 창당 이후 당내에서 민중민주파와 경쟁하는 과정에서 제휴하여
　　'당권파'를 형성했다(임미리, 2014: 79-82, 96-99).

의 타락에 대항하는 반체제운동으로 변모한 이례적 사례로 평가할 수 있을 것이다. 주사 민족해방파에서 제기한 김영환의 '안기부 프락치' 설도 마타도어일 따름인데, 1997년에 김영환의 주도로 민혁당이 자진 해산할 때까지 안기부는 그 존재를 인지하지도 못했기 때문이다(박찬수, 2017: 223-26).

김영환은 조선노동당 당원의 신분이었음에도 현실사회주의의 붕괴에 당면하여 심각한 사상적 동요를 경험했다고 고백한 바 있다. 그러면서도 1992년에 기존의 지하조직 반제청년동맹(반청)을 민혁당으로 확대 발전시켰는데, 개별적 전향보다는 집단적 전향을 목표로 삼았기 때문이라고 한다. 그래서 1997년에 민혁당을 해산하고 1998년에 공개 전향문을 발표한 다음 북한민주화운동이라는 '새로운 혁명운동'을 시작했다고 한다. '혁명가적 양심'에 비추어 북한 정치범수용소의 잔혹한 실상과 북한 주민의 일상적 인권유린을 도저히 외면할 수 없었다는 것이다(김영환, 2015: 5, 142-47, 156).

김영환의 북한민주화운동은 '인류보편적 가치로서 인권 내지 법치'라는 관점에서 북한민주화 문제에 접근한 선도적 사례로 평가될 수도 있을 것이다. 문재인 정부가 북한의 핵무장을 빌미로 아예 북한 인권이나 북한민주화 문제 자체를 부정했던 사례에 비추어 볼 때 김영환의 전향은 재야운동의 계승을 자처하는 민주당이나 친북 운동권에 비해 상식적이고 양심적이라 해야 할 것이다.

물론 김영환의 반체제운동에 결함이 없다고 할 수는 없을 것이다. 김영환의 북한민주화운동을 천안문항쟁의 주역 류사오보의 「08헌장」과 비교하면, 명확한 자유주의적 정치이념이 존재한다고 말하기는 어렵다. 반독재 민주화로서 북한 주민의 자유와 인권을 옹호하면서도 「08헌장」처럼 자유와 인권을 보장할 수 있는 자유주의적 정치개혁의 핵심으로서 헌정과 법치의 건설을 일관되게 주장하지는 않기 때문이다.

류샤오보가 관여한 중국사회가 프롤레타리아 독재가 타락한 권위독재정인 데 반해, 김영환이 관여한 북한사회는 권위독재정에도 미달하여 반체제운동 자체가 불가능한 '절대군주정'이라는 사정을 고려하지 않을 수 없다. 그러나 여전히 김영환에게 자유주의적 이념 및 제도에 대한 헌신이 불충분하다고 생각할 수도 있는데, 북한민주화운동 과정에서 안병직 등의 뉴라이트와 제휴한 것이 그 방증일 것이다. 북한민주화와 류사오보에 대해서는『세미나 (Ⅲ)』과 이 책에 실린 「이재명 정부 최초의 6개월」을 참고할 수 있다.

2000년대 인민주의의 대두와 운동권의 불량배화

김대중-노무현 정부와 386세대 운동권의 벼락출세

1970-80년대 군부독재에 의해 유린된 헌정을 회복하는 과정으로서 김영삼 정부가 시도한 문민화는 실패하고 말았다. 1997-98년 경제위기를 기화로 출범한 김대중 정부가 노무현 정부를 거치면서 결국 프로토파시즘으로서 인민주의를 표방한 '문재명 정부'로 귀결되었기 때문이다. 김대중은 김영삼의 3당합당을 '정치야합'으로 폄훼하면서 호남인의 지역 동일성을 착취하는 한편 386세대 운동권을 정치권에 진출시켰다. 386세대는 노무현과 그를 계승하는 '문재명 정부'에 이르러 당비(黨匪, 정치불량배)로 타락했다.

6월항쟁 이후 재야운동과 학생운동 출신 전향자들은 수차례에 걸쳐 정치권으로 진출하면서 김대중의 정계 복귀와 대권 도전을 보조했다. 이른바 '젊은 피 수혈'이었다. 첫 번째 계기는 1988년 총선이었다. 양김 분열로 인한 대선 패배 책임론이 팽배하면서 정치적 위기에 빠진 김대중의 평민당은 재야인사 영입을 통해 위기를 모면했다. 1987년 대선에서 운동권의 분열을 불사하고 김대중을 지지하는 데 앞장선 민청련·민통련의 이해찬 등은 그 대가로 국회의원에 당선되었다(김대영, 2007: 200-02).[33]

두 번째 계기는 1995년 지방선거로, '운동권의 대부'에서 '민족해방파의 대부'로 변모한 김근태가 대표적 인물이었다. 김근태와 방용석 등 통일시대민주주의국민회의(국민회의) 주요 간부 20여 명이 민주당에 입당했고, 국민회의는 과거 평민연과 마찬가지로 운동권을 제도권과 연결하는 가교가 되었다. 김근태 등의 입당을 계기로 1992년 대선에서 패배한 당일 새벽에 정계은퇴를 선언했던 김대중의 정계 복귀가 탄력을 받을 수 있었다. 김근태 등은 1996년 총선에서 새정치국민회의 후보로 출마하여 국회의원에 당선되었고, 이들의 수혈로 기사회생한 김대중은 이듬해 치러진 대선에서 마침내 대통령에 당선되었다(김대영, 2007: 203-05).

김대중은 과거 자신이 그토록 비난했던 3당통합처럼 보수세력과의 '야합'을 통해 집권했다는 점에서 김영삼과 차이가 없었다. 더구나 과거 자신의 방해로 좌초했던 김영삼 정부의 신자유주의적 정책개혁을 재개했다는 점에서도 차이가 없었다. 유일한 차이는 정책개혁의 실행가능성(feasibility)을 확보했다는 점인데, 경제위기를 기화로 비상대권을 활용할 수 있었던 데다가 재야운동권과 민주노총을 포섭함으로써 저항을 차단할 수 있었던 것이다.

그러나 김대중 정부의 신자유주의적 정책개혁은 적기의 개혁이 아니라 실기한 개혁이었다는 점에서 '매국'에 유비되는 것이었다. 김대중이 집권한 시점은 이미 1997-98년 위기로 인해 한국경제가 복원력을 잃고 침몰하는 상태였는데, 정책개혁의 결과로 한국경제가 경제주권을 상실하고 '노동자민족'(worker nation, 존 로빈슨)으로 전락하면서 완전히 침몰하게 되었던 것이다.

김대중 정부는 'IMF 조기졸업'을 주장했지만, 한국경제가 장기불황에 진입했다는 것은 얼마 지나지 않아 명약관화해졌다. 따라서 김대중 대통령이 내세울 만한 업적은 2000년 남북정상회담과 노벨평

---

33) 이해찬과 더불어 평민당에 입당한 문동환·박영숙·임채정 등 재야 인사들은 평민당 내에서 평화민주통일연구회(평민연)를 조직했는데, 1988년 총선에 23명이 출마하여 15명이 당선되었다. 그 당시 평민당 국회의원 71명 중 21.1%에 해당하는 수치였다.

화상 수상이었지만, 그의 햇볕정책조차 실은 노태우 정부의 북방정책을 계승한 것이었다. 게다가 방북의 대가였던 5억 달러의 불법대북송금이 노무현 정부에서 단죄되면서 그 의의가 퇴색했다.

김대중의 또 다른 과오는 전대협 출신 386세대를 정계에 입문시킴으로써 이들이 주류화될 토대를 마련해준 것이었다. DJP연합의 파기 이후 2000년 총선에서 과반의석 확보가 어렵다고 판단한 김대중은 새천년민주당이라는 신당을 창당했는데, 단순히 권력기반 강화를 목적으로 대통령에 의해 창당된 여섯 번째 여당이자 김대중이 주도해서 만든 여섯 번째 정당이었다. 김대중은 1988년과 1995년에 이어 세 번째 '젊은 피 수혈론'을 제기했고, 이인영·임종석·우상호·송영길 등 386세대 운동권이 민주당에 대거 입당했다.

김대중 정부에서 미처 정계에 진출하지 못한 어용 지식인들은 386세대 운동권과 함께 정권창출의 양대 축인 참여연대·민변 등의 비정부기구(NGO)로 집결했다. 1990년대 학생운동권도 이른바 '애국적/진보적 사회 진출'을 명분으로 이러한 비정부기구에 속속 합류했다. 노무현 정부가 도입한 로스쿨은 전향한 운동권이 허명을 얻고 망상을 지속하는 유력한 통로가 되었다. 훗날 '문재명 정부'를 추종한 학계·법조계의 불량배 지식인인 학비(學匪)·법비(法匪)가 이런 식으로 대거 양산되었던 것이다.

김근태와 민청련·전대협을 배후로 정계에 진출한 386세대 운동권은 민주당 내에서 김근태계를 형성하면서 기득권의 연고주의를 비판하는 '주류교체론'을 제기했다. 386세대 운동권은 노무현을 '기득권 카르텔'의 지연·학연을 청산할 수 있는 대통령 후보로 간주했다. 그러나 주류교체론은 군부독재의 보수주의를 재야운동의 인민주의로 대체한다는 의미로, 문민화의 실패를 상징하는 것이었다.

2002년 대선에서는 최초로 국민참여경선이 실시되면서 김대중이 지원한 이인제가 아니라 김근태가 지원한 노무현이 여당의 대선 후보로 선출되는 이변이 발생했다. 노무현이 대선에서 승리하는 일련의 과정도 이변의 연속이었는데, 최초의 정치인인터넷팬클럽인 노사모(노무현을사랑하는사람들의모임)가 결성되었고 선거일 직전 여론 조사에 의한 후보단일화가 이뤄지는 등 미증유의 인민주의적 정치 행태가 출현했다. '친일파 척결'과 '과거사 청산'을 정권 재창출의 수단으로 활용하는 '분노와 복수' 내지 '원한의 정치'도 나타났다.

노무현 대통령이 당선 직후 새천년민주당을 탈당하고 열린우리당을 창당한 사건도 인민주의를 상징하는 사건이었다. 2004년에 국회가 노 대통령을 탄핵 소추한 것은 그의 인민주의를 견제하려는 시도였다. 그러나 헌법재판소는 국회의 탄핵을 기각했는데, 행정부를 견제하기 위한 입법부의 결정을 사법부가 번복한 것은 세계헌정사에서 이례적인 사건이었다. 노 대통령 탄핵의 기각은 한국에서 '정치의 사법화'(judicialization of politics)의 기원이 된 사건으로 간주할 수 있다. 이런 폐단을 고려할 때, 미국처럼 하원이 탄핵을 소추하고 상원이 탄핵을 심판하는 것이 합리적일 것이다.

열우당은 탄핵 후폭풍 속에서 치러진 2004년 총선에서 과반 의석을 차지하며 약진했지만, 얼마 지나지 않아 분열했다. 김근태계 386세대 운동권이 열우당의 주요 세력으로 부상하면서 노 대통령과 갈등했던 것이 주요한 원인이었다. 노 대통령에 대한 비판을 주도한 것은 김근태 의원으로, 2004년 보건복지부 장관 시절부터 대통령에게 '계급장 떼고 논쟁해 보자'고 도전했던 그는 정부 후반기 정계 개편 과정에서 대통령과 공개적으로 대립했다. 호남 출신의 정동영·손학규 의원도 동조했는데, 그 배후에는 노무현에게 복수하려는 김대중이 있었을 것이다.

노무현 정부의 몰락 이후 절치부심하며 '대선 불복 20년동란'을 통해 '문재명 정부'를 탄생시킨 386세대는 결국 김근태계와 분리되었다. 2011년에 김근태가 사망하면서 구심점이 사라진 데다가 그 후계자를 자임한 이인영 등 전대협 출신 정치인들의 존재감도 크지 않았기 때문이다. 문재인 정부에서 주류화한 386세대도 이재명 정부에서 차츰 주변화되었는데, 한총련 출신 운동권이 이재명 대통령 아래로 결집하면서 친문 전대협 출신 운동권을 잠식한 것이다.

민주노총의 코퍼러티즘과 지대 추구

1995년에 전노협을 해체하고 민주노총을 건설한 것은 한국에서 마르크스주의의 위기를 상징하는 동시에 노동자운동의 만성적 위기를 예고하는 사건이었다. 『금융위기와 사회운동노조』에서 설명했듯이, 서구 노동자운동의 위기에 대한 대안을 모색하던 마르크스주의자들은 사회운동노조에 주목한 바 있다. 사회운동노조란 노동조합이 산별노조의 코퍼러티즘적 성격을 탈각하고 사회운동적 성격을 복원해야 한다는 주장이었다. 그런데 한국의 노동자운동은 오히려 사회운동노조의 사례로 평가되던 전노협을 해체하고 위기에 빠진 서구 노동자운동의 특징인 산별노조를 모방하고자 했다.

전노협이 민주노총으로 대체되는 일련의 과정은 코퍼러티즘 노선이 관철되는 과정과 다르지 않았다. 1990년 전노협이 결성될 당시 14개 지노협과 2개 업종별노동조합협의회(업종협)가 참여했는데, 나머지 13개 업종협은 참여하지 않았다. 또 울산 등지의 재벌노조와 사무전문직을 포함한 업종회의도 전노협과 통합하지 않았다. 재벌노조가 민주노총 결성에 합류한 것은 ILO기본조약비준및노동법개정을위한전국노동자공동대책위원회(ILO공대위)와 전국노동조합대표자회의(전노대)에 이르러서였다(김준, 2001: 300–04).

1993년에 결성된 전노대는 전노협과 업종회의뿐만 아니라 현대그룹노동조합총연합과 대우그룹노동조합협의회까지 포괄하면서 한국노총과 별개의 제2노총을 건설할 수 있다는 전망을 확인했다. 1994년 전국철도·지하철파업과 1995년 한국통신파업으로 공공부문노동조합대표자회의가 건설되면서 재벌노조에 이어 공공부문노조도 제2노총 건설에 합류했다.

ILO공대위의 확대·강화가 아니라 전노대의 결성으로 민주노총 건설 경로가 설정되는 과정에서 전국노운협을 비롯한 노조 외부의 노동자운동조직이 배제되었다. 전술했듯이 전국노운협은 1988년에 전국공대협을 바탕으로 결성된 노동자운동단체들의 연합체로, 주로 지노협 활동에 결합하면서 노동자운동을 지원하는 활동을 전개했다(김영수 외, 2013: 252-71). 전국노운협 등의 배제는 전노협의 상대화와 함께 지식인운동 내지 변혁운동과 노조운동의 분리를 함의하는 것이었다.

전노협 '청산' 및 민주노총 건설 과정에서 주류를 이룬 코퍼러티즘에 대항한 정파는 김승호가 지도한 전국노운협 다수파였다. 이들은 김영삼 정부의 '개량화 공세'에 조응하는 노동자운동 내부의 사상적 동요와 '전노협 한계론'으로 대표되는 합법주의 내지 개량주의 노선의 발호를 핵심적 문제로 지적했다(김창우, 2007: 24). 그러나 마르크스주의의 위기를 부정하거나 침묵했던 전국노운협 다수파의 노선은 '전투적(변혁적) 노조주의'로서 생디칼리즘일 따름이었다.34)

민주노총의 출범 이후 전국노운협 다수파는 '전투성·연대성·변혁성으로 대표되는 전노협 정신의 계승과 세계적 차원의 반자본주의·반제국주의로의 발전'을 대안으로 제기했다. 그 구체적 방안은 '분파주의적 폐해'를 낳고 있는 정파의 해체와 중소·영세·비정규직·이주노동자의 의식화·조직화 등이었다(김창우, 2007: 257-300). 하지만 민주노총의 결함은 전노협의 전투적 노동자주의를 포기한 것이 아니라 지식인운동 내지 마르크스주의와의 융합을 거부한 데 있었다.

민주노총은 출범할 때부터 위기에 빠졌다고 볼 수 있다. 민주노총으로 이행하는 과정에서 코퍼러티즘 노선에 따라 산별노조 건설론이 제기되었지만, 재벌노조는 여기에도 협조적이지 않았다. 이런 상황을 반영한 단적인 사례가 금속산업에서 '대산별론'과 '소산별론'의 논쟁이었다. 전자가 기업별노조를 해체하고 산별노조를 즉각 건설

---

34) 세계노동자운동의 역사에서 생디칼리즘은 바쿠닌의 아나키즘이 테러리즘으로 자멸한 뒤에 등장한 크로포트킨의 아나코-생디칼리즘을 기원으로 하는 것으로, 주로 프랑스·스페인 등 라틴유럽의 노동자운동에서 발전했다. 생디칼리즘의 특징은 총파업인데, 제2인터내셔널에서 마르크스주의가 정당건설을 기본 과제로 설정하면서 대신 아나코-생디칼리즘이 총파업을 독점했기 때문이다. 자세한 설명은 『역사적 마르크스주의』를 참고할 수 있다.

하자는 입장이었던 반면 후자는 기업별노조를 유지하면서 업종간 동일성을 바탕으로 산별노조를 단계적으로 건설하자는 입장이었다 (조효래, 2001: 540-42).

김영삼 정부는 1995년 민주노총의 결성에 대응하여 '신노사관계 구상'을 제시하고 1996년에 노사관계개혁위원회(노개위)를 설치했다. 민주노총의 요구는 1988년 이후 노동법개정투쟁에서 제기되어 온 요구 사항에 노조의 정치활동 보장을 통한 합법정당 허용을 추가하는 것이었다. 반면 자본가단체의 요구는 1989년 노동법개정투쟁의 성과인 44시간 노동주에 대응하여 정리해고제·파견근로제·변형근로제 등 이른바 '3제'를 도입하는 것이었다.

민주노총은 정리해고제 도입에 반발하며 노사관계개혁위원회(노개위)에 불참했고, 노동법 개정안이 국회에 제출되자 1996년 말부터 1997년 초까지 총파업으로 대응했다. 그러나 1997-98년 경제위기 이후 한국경제가 침몰했고, 이를 기화로 집권한 김대중 대통령은 야당 시절에 자신이 반대했던 노동개혁을 추진했다. 김대중 정부의 노동개혁은 김영삼 정부의 그것과 차이가 없었지만, 민주노총은 일관성을 잃고 총파업이 아닌 노사정협상으로 대응했다.

김대중 정부의 출범과 함께 제1노총으로 부상한 민주노총은 노사정협상이라는 이른바 '제도를 통한 대장정'을 시도했다. 김대중에 대한 비판적 지지의 관점에서 김영삼 정부의 노개위에 반대했던 민주노총 국민파 지도부는 김대중 정부에서 노사정위원회에 참여하여 민주노총·교원노조·공무원노조의 합법화 및 노조의 정치활동 보장과 정리해고제 및 파견근로제를 교환하고 변형근로제는 제한적으로 수용했다.

『금융위기와 사회운동노조』에서 지적한 것처럼, 민주노총이 노사정위에 참여한 것은 1988년 이후에 전개된 노동조합 중심의 '경제적 노동자운동'(아리기)의 관점에서 보면 당연한 일이었다. 당시 경제적 노동자운동의 핵심적 요구가 민주노총의 합법화였기 때문이다. 1998년에는 합법정당 건설을 위한 민주노총의 정치활동 보장이 추가되었을 따름인데, 그 결과 1990년대에 계속해서 역량이 소진된 합법정당 운동이 극적으로 소생하여 2000년에 민주노동당이 건설될 수 있었다. 민주노총이 노사정위에 참여한 것은 단순히 국민파 지도부의 실책이 아니라 합법노조-합법정당을 추구한 코퍼러티즘 노선의 자연스러운 귀결이었던 것이다.

1998년 노사정합의 직후 민주노총 중앙파·현장파는 대의원대회에서 국민파를 불신임하고 지도부를 장악했다.[35] 그러나 중앙파·현장파 지도부 역시 노사정위의 탈퇴와 진입을 반복하다가 2003년 노무현 정부 출범 직후 주5일제에 따른 40시간 노동주와 변형근로제를 교환함으로써 국민파가 시작했던 노사정협상을 완성했다. 국민파·중앙파·현장파가 노사정협상을 둘러싸고 극한적으로 대립하다가 실질적으로는 수렴했던 것이다.

2005년에 국민파 이수호 집행부가 강승규 수석부위원장의 비리혐의로 지탄받던 와중에 치러진 대의원대회에서는 집행부에 반대하는 활동가에 의한 폭력사태가 발생하기도 했다. 결국 이수호 집행부는 비리 사건의 책임을 지고 총사퇴했다. 그렇지만 이러한 일련의 사태는 민주노총의 위기의 원인이 아니라 결과로, 이후에도 비슷한 사건이 반복되면서 민주노총의 만성적 위기가 확인되었다.

문민화 이후에 부상한 재벌노조의 코퍼러티즘은 노동자운동의 위기와 동시에 문민화의 위기를 함의했다. 이러한 위기의 동시적 전개는 앞서 언급한 '폭력과 지대의 교환'으로 설명할 수 있다. 폭력과 지대의 교환이란 폭력의 잠재성을 가진 집단에게 독점적 권리, 즉 신분화된 권리로서 '지대'(rent)를 허용해 폭력을 순치하는 것을 의미한다. 이것은 중진국이 후진국으로 전락하지 않기 위한 필요악이기도 하지만 동시에 중진국이 선진국으로 진입하지 못하는 결정적

---

35) 민주노총에는 크게 세 분파가 존재했다. 국민파는 향후 출범할 민주노동당에서 자주파와 연대했고, 현장파는 민주노동당 외부의 독자적 전위정당을 지향했다. 중앙파는 민주노총에서는 현장파와 연대하면서도 민주노동당에 진입하여 평등파를 구성했다. 국민파를 상징하는 인물은 권영길·이수호였고, 중앙파를 상징하는 인물은 임영일이 지원한 단병호였다.

장애, 즉 '중진국 함정'(middle-income trap)의 원인이 되기도 한다.

　문민화 이후 폭력과 지대의 교환을 상징한 사례는 현대그룹에서 결성된 노동조합이었다. 현대차노조 같은 재벌노조는 총수 일가가 독식하던 독점이윤을 공유하기 위해 노동조합이라는 조직된 힘을 활용했는데, 단지 임금투쟁이 아니라 이른바 '고용세습'을 통해 재벌과 '경제공동체'를 형성했다는 점이 밝혀지면서 큰 물의를 야기하기도 했다. 고용세습 논란은 문재인 정부에서 서울지하철노조를 비롯한 공공노조로도 확산되었다.

　『세미나 (II)』에서 설명했듯이, 고용세습을 위한 민주노총의 투쟁은 코퍼러티즘적인 '상황의 지대'(rent of situation)를 신분의 지대로 전환하려는 시도라는 점에서 한층 퇴행적인 것이었다. 마르크스주의 경제학자 브뤼노프가 말한 상황의 지대는 일반적으로 '비옥도[생산성]에 의해 결정되는 지대'(rent of fertility)와 달리 '위치[시장과의 거리]에 의해 결정되는 지대'라는 점에서 코퍼러티즘적 지대에 특징적인 것이다. 브뤼노프는 그런 위치가 고정불변의 '신분'(position)이 아니라 역전가능한 '상황'(situation)이라고 강조하기도 했다.

　혈통을 통한 고용의 세습이라는 특권을 향유한다는 점에서 그에 가담하는 노동자는 단순히 코퍼러티즘적 지대에 만족하는 '노동귀족'이 아니라 '노동제후'라고 부르는 것이 타당할 것이다. 혈통을 통해 토지와 지위를 세습한 것은 노예제의 제후에 특징적인 현상으로, 봉건제의 귀족조차 군공(軍功)을 통해서만 토지와 지위를 세습할 수 있었기 때문이다.

　그러나 『자유주의의 역사』에 실린 「대선 불복 '20년동란'」에서 지적한 것처럼, 노동제후의 실상은 '노동천민'과 다르지 않았다. 노조로 조직된 노동자가 부르주아화 내지 프티부르주아화된 노동자로서 노동귀족을 선망(envy)하는 것도 아니고 여전히 하층민 기질을 고수했기 때문이다. 노동자가 자유주의와 사회주의가 공유하는 이상으로서 도덕적·지적 향상(betterment/improvement)을 포기하고 물질적 향상에만 몰두한 대가는 속물(philistine)로의 타락이었다.36)

프랑스혁명 이후의 풍속과 세태를 묘사한 리얼리즘 소설가 발자크의 표현을 빌리면, 문민화 과정에서 성장 중인 천민자본가에게 승복하지 않는 천민노동자의 '질투의 권리선언'(déclaration des droits de l'Envie, 『베아트릭스』)이 만연하게 된 셈이었다. 문제는 한국자본주의의 '천민자본가'에 대항하는 '천민노동자'의 반자본주의는 자본주의 내지 자유주의를 지양하는 사회주의가 아니라 자본주의 내지 자유주의에 미달하는 인민주의에 불과하다는 데 있었다. 문민화이후 노조와 재벌이 폭력과 지대를 교환하면서 인민주의와 금권주의(plutocracy)가 공존하게 된 결과는 문민화의 좌절이었다.

민주노동당의 창당과 분열, 그리고 파산

민주노동당은 1990년대 이후 위기에 처한 운동권이 합종연횡한 결과물이었다. 주류화의 함정에 빠져 출범 직후부터 만성적 위기에 처한 민주노총은 주류화를 한층 심화하는 방향으로 대응했고, 그 방안은 민주노동당의 창당에 조직적으로 동참하는 것이었다. 1990년대 합법정당 건설에서 실패하고 형해화된 인민노련 등 민중민주파('평등파')는 민주노동당 창당을 계기로 재결집했다. 북한사회주의의 위기를 배경으로 통일운동의 분열, 한총련의 자멸, 주요 활동가의 전향을 경험하며 산개했던 민족해방파('자주파')는 노선 전환을 통해 뒤늦게 민주노동당에 합류했다.

---

36) 여기서 '천민' 내지 '하층민'의 언급이 출신성분에 주목하는 것은 아니라는 점을 강조해 둔다. 대표적 사례는 한국전쟁 당시 광주지구 유격대의 이태식 대장으로, 머슴 출신의 '구빨치'인 그는 소년돌격중대 문화부중대장이던 박현채를 김일성대학 경제학과로 진학시키려던 전남도당의 계획이 전황의 변화로 무산되자 대신 하산시켜 서울상대 경제학과에 진학시킬 정도로 식견이 있었다. 반대로 소작농과 머슴 등 출신성분에 주목하면서 정치사상·계급교양의 부족을 용인한 것은 김일성의 조선노동당으로, 결국 북한에서 빈농을 토대로 한 일당국가, 즉 '머슴이 주인이 된 나라'를 건설했던 것이다. 이태식 대장과 '머슴이 주인이 된 나라'에 대해서는 『일반화된 마르크스주의 개론』과 『세미나 (II)』를 참고할 수 있다.

'신노선'의 주창과 실패가 상징하듯이, 1990년대에 들어와 정당 중심의 정치적 노동자운동은 이합집산을 거듭하며 형해화되었다. 1992년 총선 패배 이후 통합민중당은 이재오 등 기존 민중당 그룹이 이탈함에 따라 사실상 와해됐고, 잔류한 인민노련·한노당 계열은 이후 진보정당추진위원회(진정추)를 결성했다. '혁명적 사회주의 정당'을 지향하며 '대중적 합법정당' 건설에 반대하던 민중민주파 중에서 민중회의준비위원회(민중회의)와 사노맹의 후신인 사회당추진위원회(사추위)가 1993년에 통합하여 민중정치연합(민정련)을 결성했다. 1995년에는 진정추와 민정련이 통합해서 진보정치연합(진정련)을 결성했다. 하지만 진정련으로 결집한 정당건설 운동은 이미 동력을 상실한 상태였다(정영태, 2011: 64).

그런데 1997년 대선을 앞두고 민주노총이 진보정당 건설에 동참하기로 결정하면서 국면이 전환되었다. 민족해방파 계열의 연대체인 전국연합도 진보정당 건설에 동참하기로 결정했다. 이에 따라 진정련·민주노총·전국연합·정치연대 4단체가 공동으로 1997년 10월에 국민승리21을 출범시켰다.[37] 국민승리21은 민주노총 권영길 위원장을 대선 후보로 선출했다. 대선 평가와 정당건설 전망을 둘러싸고 이견이 발생하여 일부 단체가 이탈했고, 국민승리21에 잔류한 진정련과 민주노총이 주축이 되어 2000년에 민주노동당을 창당했다.

전국연합은 1997년 대선 직전에 조직 내부에서 김대중에 대한 비판적 지지 의견이 강력히 대두하면서 국민승리21에서 이탈했다. 다만 전국연합을 구성하던 일부 지역연합은 잔류를 선택했다. 민주노총 조합원의 영향력이 강한 울산연합과 지방선거 출마 경험을 통해 지역적 기반을 얼마간 구축한 경기동부연합이 국민승리21에 잔류한 데 이어 민주노동당 창당에도 참여했던 것이다.

전국연합이 조직적으로 민주노동당에 합류한 것은 2001년 이후였다. 민족민주전선 일변도의 기존 노선에 합법정당을 추가한 것이었

---

37) 정치연대(노동자민중의정치세력화진전을위한연대(준))는 오세철·김세균 등을 중심으로 1997년 8월에 결성된 좌파의 대선 공동대응기구였다.

다. 이런 노선 전환에는 비판적 지지의 대상이던 김대중이 대통령에 당선되고 2000년 남북정상회담을 통해 6·15 공동선언을 채택하면서 민자정 건설이 정치 일정으로 가시화되었다는 점, 민주노총이 민주노동당 건설에 적극 참여함으로써 정당 존립의 물질적 기반이 마련되었다는 점 등 현실적 판단도 작용했다. 민족해방파가 조직적으로 민주노동당에 합류함에 따라 당원 수가 급증했는데, 2002년 말에는 창당 당시 1만 명의 2배로, 또 2004년 말에는 4배 이상으로 증가했다(정영태, 2011: 61-65).

이렇게 민주노동당은 민주노총이라는 대중적 기반 위에서 정파가 연합한 형태로 재편되었다. 이것이 가능했던 것은 현실사회주의 붕괴 이후 이념과 이론의 쇠퇴가 가속화되면서 현상적인 정파간 갈등에도 불구하고 본질적인 강령과 노선 차이가 크지 않았기 때문이다. 게다가 운동권의 주력인 386세대가 김대중의 '젊은 피 수혈론'에 대거 동참하면서 민주당이나 비정부기구로 이동한 상황에서 민주노동당이 운동권에 잔류한 활동가들의 방벽으로 기대된 측면도 있었다.

민주노동당은 노무현 대통령의 탄핵 사태 와중에 실시된 2004년 총선에서 10석을 차지하면서 한때 선거정치에서 성공한 것처럼 보였다. 권영길과 조승수가 창원과 울산에서 당선된 데다가 총선에 처음 도입된 1인2표 정당명부 비례대표제 덕분에 13.1%의 득표율로 단병호·노회찬·심상정 등 8명이 비례대표로 당선된 것이다(임현진, 2009: 232-43). 총선 승리에 고무된 민주노동당은 2012년 대선에서 집권을 공언하기도 했다. 특히 인민노련 출신의 노회찬은 민주노동당이 '운동권 동창회'에서 벗어날 것을 촉구하면서 노동자운동과의 관계를 청산하고 '국민정당'으로 변신할 것을 강변하기도 했다.

그러나 민주노동당은 정파 연합에 내재한 모순으로 인해 결국 분열했다. 당내 갈등은 창당 직후부터 존재했지만, 대부분 사소한 당규 위반에 머물렀으며 대체로 당규나 정치과정을 통해 무난히 해결되었다. 그런데 총선 이후 갈등이 급증했고, 그 쟁점도 지역당 수준에서 당규 위반보다는 중앙당 수준에서 노선을 둘러싸고 형성되었다. 게다가 이런 정파 갈등이 대부분 중앙위원회나 당대회에서 표결 처리되면서 소수파의 불만이 누적되었다(정영태, 2011: 113).

민주노동당에서 정파 갈등의 심화는 역설적으로 총선에서 거둔 성공 때문이었다. 당내에서 다수파를 점하게 된 민족해방파는 총선 이후 당 지도부를 장악하는 과정에서 이른바 '세팅 선거 논란', '조직적 담합투표에 의한 몰표 논란', '허위사실 유포로 인한 부정선거 논란'을 일으켰다. 당권을 장악한 민족해방파는 2006년 북한 핵실험과 일심회 사건에서 노선 갈등을 증폭시켰고, 2007년 대선에서는 '코리아연방공화국 파문'을 일으키며 당내 공식 의사결정 기구를 무력화했다. 그 결과 2007년 대선에서 민주노동당 권영길의 득표율은 2002년 대선보다도 하락했다(조현연, 2009: 80-86).

2007년 대선 직후부터 2008년 초까지 정파 갈등이 격화되었고, 주로 민족해방파의 친북 노선을 둘러싸고 외부 언론을 통해 논쟁이 전개되었다. 당내 갈등에서 중재가 작동하지 않았고 각 정파의 지도자가 전면에 나서서 대립하는 양상이 빚어졌다. 종북주의와 패권주의가 핵심적 쟁점이 되면서 결국 분당으로 귀결되었다(정영태, 2011: 113). 민주노동당에 합류한 민족해방파가 분란을 초래한 끝에 수적으로 열세인 민중민주파가 결국 탈당하고 말았던 것이다.

민족해방파가 당권을 장악한 민주노동당은 2011년 말에 유시민 등 명망가를 포섭하여 통합진보당으로 재편하는 데 성공했다. 그러나 통진당은 2013년에 이석기 의원의 내란선동사건이 발생한 뒤 2014년 말에 김이수 재판관을 제외한 헌법재판관 전원이 위헌정당으로 판단함으로써 해산되었다. 반면 민중민주파 중심의 탈당파는 인천지역 등 민족해방파 일부 및 국민참여당계 일부와 공동으로 2012년에 정의당을 창당했지만, 집권의 야망을 포기하고 '민주당의 2중대'에 자족하면서 쇠망의 길을 걸었다.[38] 정의당의 '진보주의'는

---

38) 인민노련의 대표였다고 할 수 있는 주대환은 민주노동당에서 탈당한 뒤 정의당의 전신인 진보신당에 합류하지 않고 2008년 총선에 무소속으로 출마했는데, 2012년 총선을 앞두고서는 민주당의 전신인 민주통합당에 입당하기도 했다. 민주노동당 창당 당시에 염두에 둔 영국식 양당제가 아니라

사민주의와 인민주의 사이에서 동요하다가 심상정 대표가 영입한 '마지막 세대'의 출현과 함께 '이데올로기의 소멸'로 귀결되었다.

　민주노동당의 파산과 함께 그 내외에서 사회주의운동을 지향하던 조직들의 위기도 가시화되었다. 『한국자본주의의 역사』에서 지적한 것처럼, 2007-09년 세계금융위기 이후 세계적 차원에서 사회주의운동의 소멸은 2008-09년 이탈리아 공산주의재건당(PRC)의 위기, 2009-12년 프랑스 혁명적공산주의자동맹(LCR)-새로운반자유주의정당(NPA)의 위기, 2008-13년 영국 사회주의노동자당(SWP)의 위기로 표출되었다. 이런 양상은 한국에서도 노동자의힘 그룹의 전위정당 공약(空約)과 분열, 다함께 그룹의 민주노동당-통합진보당 탈당과 분열 등으로 나타났다.

　사회진보연대도 사정은 비슷했다. 1998년 창립 당시 민중민주파와 스탈린주의자·트로츠키주의자가 혼재되어 있던 사회진보연대는 과천연구실과 해후하면서 정당적 마르크스주의를 지향하던 그들과 결별하고 사회운동적 마르크스주의를 지향하게 되었다(임필수, 2008). 그러나 2007-09년 세계금융위기의 와중에 내부에서 사회운동적 마르크스주의에 대한 포스트아나키즘의 도전이 제기되면서 '대중화'를 핑계로 '속류화'를 선택하는 흐름이 대두했던 것이다. 포스트아나키즘의 특징은 인터넷/(소셜)미디어에 기반한 활동가주의(activism)인데, 사회진보연대가 기관지 『사회운동』을 폐간하고 『오늘보다』라는 매체/미디어를 창간한 것이 대표적인 증거였다.[39]

　미국식 양당제가 한국정치에 적합한 모델이라는 것이 그가 민주노동당을 탈당한 이유였다. 「주대환, 민노 탈당하고 무소속 출마」, 『레디앙』, 2008년 3월 26일 참고. 그의 주장처럼 영국에서는 노동당이 보수당·자유당과 3당 구도로 출발해서 자유당을 흡수·통합한 반면 미국에서는 중도파로서 민주당이 좌파로서 사회주의자를 포섭한다는 차이가 있었다. 그러나 그처럼 양자의 차이를 과장할 필요는 없는데, 노동당의 페이비언주의 내지 사회민주주의는 사회주의가 아니라 자유주의의 현대화된 변종이기 때문이다. 노동당의 페이비언주의/사회민주주의는 고전적 자유주의가 현대적 자유주의로 이행하는 과도기적 자유주의의 일종으로, 전후에는 현대적 자유주의인 케인즈주의로 대체되었던 것이다. 영국 노동당과 미국 민주당에 대한 설명은 『세미나 (III)』 참조.

에필로그

과천연구실은 「내전의 진화과정으로서 '대선 불복 20년동란'」에서 2008년 광우병소동부터 2025년 이재명 정부의 등장까지 근 20년의 정세를 '내전의 진화과정'으로 해석했다. 이명박 정부부터 박근혜 정부와 윤석열 정부에 이르기까지 민주당과 운동권의 대선 불복이 반복되면서 결국 문민화가 좌절되고 프로토파시즘으로서 인민주의가 심화된 과정을 내전의 진화과정으로 설명한 것이다.

내전의 제1단계로서 '소동'(commotion)은 이명박 정부에 대항하는 대선 불복으로서 2008년 광우병소동이었다. 2007-09년 세계금융위기가 전개되는 과정에서 발발한 광우병소동은 운동권이 한미자유무역협정이나 금융위기에 대한 마르크스주의적 비판과 대안을 채택하지 않았다는 반증이었다. 대신 운동권은 광우병괴담에 휩쓸려 '미친 소 너나 먹어', '뇌 송송, 구멍 탁'이라는 데마고기(demagogy, 대중선동)에 동참했다. 소셜미디어를 통한 호감('좋아요')과 비호감('싫어요')의 상징 조작과 대중 동원은 '분노와 복수'로 귀결되는 '원한의 정치'가 운동권에서도 일반화되었다는 증거였다.

2009년에는 노무현 대통령이 일가 비리로 검찰 수사를 받던 도중에 자살하면서 '악당인 검찰에게 희생당한 영웅 노무현'이라는 프레

---

39) 최근 사회진보연대 학생그룹인 전국학생행진 출신의 한 연구자가 과천연구실의 한국사회성격 논쟁 재론을 포스트아나키스트적 관점에서 비판했다(배세진, 2025). 『일반화된 마르크스주의 세미나』(공감, 2014) 이후 과천연구실의 작업이 1980년 개인적 비극 이후 알튀세르의 '자기파괴'에 유비될 수 있다는 것인데, 그러나 그 자신이 결론에서 수용한 백승욱의 '논평'이 대체로 타당할 것이다. 다만, 프로토파시즘으로서 인민주의에 대한 몰인식은 차치하더라도, 알튀세르(철학)와 박현채(역사과학으로서 경제학 비판을 구체화한 사회성격 해명)를 결합한 '마르크스주의의 한국화'에서 양자의 역할이, 로크의 말처럼, '막일꾼'(underlabourer)과 '도편수'(master builder)라는 사실을 잊으면 안 될 것이다. 그가 장담하는 '한국적 마르크스주의'란 도편수가 지은 '군자의 집[새로운 나라]'(君子攸芋, 『시경』)이 아닌 막일꾼이 지은 '판잣집[곧 무너질 나라]'(a house of cards)일 것임이 자명하기 때문이다.

임이 출현했다. 개혁에 반대하던 검찰이 노 대통령이 퇴임하자 그의 친형에 이어 부인과 아들·딸 등 일가의 비리에 대한 수사를 강행했고, 결국 노 대통령이 자살이라는 극단적 선택을 할 수밖에 없었다는 식이다. 이런 프레임은 '문재명 정부'에서 검찰사법을 경찰사법으로 퇴행시키면서 법치를 파괴하는 양상으로 귀결될 것이었다.

2007-09년 세계금융위기는 역사과학으로서 경제학 비판을 토대로 하는 마르크스주의가 현실의 검증에 실패하여 오도된 이론으로 전락하거나 검증에 성공하여 유용한 이론으로 변화할 수 있는 마지막 기회였다. 그러나 대안세계화운동 내부에서 대안좌파를 재건하려던 시도가 퇴조하는 동시에 2010년 아랍의봄과 2011년 오큐파이 운동이 상징했던 인민주의가 득세하는 역설적 정세가 전개되었다. 나아가 금융위기는 권위독재정과 국가자본주의가 자유민주정과 민간자본주의의 대안이라는 주장이 발호하는 계기가 되기도 했다.

2012년 대선에서 문재인이 패배한 다음 한국에도 2013-14년 '위고 열풍'과 '피케티 현상'이 출현하며 인민주의의 광풍이 불어닥쳤다. 2014년 세월호침몰사건을 기화로 한 '촛불시위'는 '분노와 복수'로 귀결되는 '원한의 정치'가 분출한 대표적 사례로, 2016-17년에 이른바 '촛불혁명'으로 비화했다. 박근혜 대통령의 탄핵으로 귀결된 촛불혁명은 내전의 제2단계로서 '반란선동'(sedition, 내란선동)에 해당했는데, 그에 동참한 운동권이 문재인 정부와 운명공동체를 이룬 것은 당연한 일이었다.

일련의 사건은 2012-13년을 전후로 급변한 세계정세와 무관하지 않았다. 이 시기를 전후로 중국·러시아·북한 등 권위독재정에서 거의 동시적인 반동(backlash)이 출현했다. 중국몽·강군몽을 표방한 시진핑 주석의 집권, 유라시아주의로 전향한 푸틴 대통령의 2차 집권, 김정은 위원장의 3대 세습과 핵무장이 잇달아 발생했던 것이다. 이로써 러시아와 중국은 세계적 차원에서 '파괴자/교란자'(disrupter)이자 미국의 '전략적 경쟁자'로 변모했고, 북한은 지역적 차원에서 파괴자/교란자로 변모했다. 하지만 운동권은 권위독재정에 대한 마르크스주의적 비판 대신 친북중러·반한미일 노선을 고수하면서 타락을 선택했다.

문재인 정부의 '적폐청산' 과정은 그 자체로 반란선동의 계속이었다. 문재인 정부에서 주류가 된 386세대의 인민주의는 프랑스혁명의 공포정치를 연상시키는 정적 제거에 몰두했다. 적폐청산이라는 '분노와 복수'는 보편적 진리와 아무런 관련이 없는 인민주의적 데마고기일 따름이었다. '다른 수단에 의한 반란선동의 계속'으로서 적폐청산은 물리적으로만 비폭력적이었을 뿐 상징적으로는 무제한의 폭력을 자행하는 것이었다.

'조국 사태'에서 전형적으로 드러났듯이 적폐청산은 문화혁명 당시 주목받았던 노신의 당동벌이(黨同伐異, 옳고 그름을 떠나서 같은 패거리는 돕고 다른 패거리는 친다)를 원칙으로 삼았다. 적폐청산에 동참한 운동권은 '페어플레이는 아직 이르다'면서 '물에 빠진 개를 힘껏 두들겨패자'(痛打落水狗)고 주장했던 노신처럼 피아를 구별하는 데 몰두했다. 피아 구별을 통해서 배제와 절멸을 정당화하는 종교전쟁적 '진영의 논리'는 자코뱅과 그 후예인 히틀러주의와 스탈린주의의 특징이었다.

그러나 문재인 대통령이 조국 일가의 부정·비리를 비호하면서 윤석열 검찰총장을 핍박한 것이 정권교체의 발단이 되었다. 문 대통령의 의중과는 달리 결함투성이 이재명 대표가 대통령 후보가 된 것도 정권교체의 조건이 되었다. 대선 패배에도 불구하고 이 대표가 당권을 장악하는 과정에서 아수라장(修羅道) 내지 아귀다툼(餓鬼道)을 방불케 한 친문 전대협 세대와 친명 한총련 세대의 갈등이 불거졌다.

문재인 대통령의 인민주의가 이재명 대표의 인민주의로 한 단계 타락했듯이, 친문 전대협 출신 운동권의 풍속과 세태도 친명 한총련 출신 운동권에 이르러 한층 악화했다. '이재명의 민주당'에서 주류를 형성한 한총련 세대의 풍속과 세태는 마르크스가 '라보엠'(la bohème, 보헤미안)이라고 부른 '불량배', 아니 레닌이 숙청할 것을 제안한 '출세주의자'와 '투기꾼'의 일반화였다.

이재명의 민주당과 '개딸'은 '제2의 촛불혁명'을 제기하며 결국 내전의 제3단계인 '반란'(insurrection/rebellion, 내란)을 감행했다. 이들의 '대선 불복 3년동란'에서 첫 번째 계기는 2024년 4·10총선에서 나타난 '선거쿠데타'(electoral coup)였다. 스티븐 레비츠키와 대니얼 지블랫이 설명했듯이, 유권자의 선택이 군부쿠데타와 마찬가지로 독재화 내지 권위독재정을 추동할 수도 있다. 게다가 선거쿠데타가 더 위험할 수도 있는데, 유권자의 다수가 쿠데타에 동참하므로 그 진행 과정에 대한 인식이 쉽지 않기 때문이다.

두 번째 계기는 선거쿠데타에 이은 '의회쿠데타'(parliamentary coup)였다. 윤석열 정부에 대해 무수한 탄핵이 남발된 것이 그 증거였다. 문민화 이후 29년 동안 가결된 탄핵소추안은 3건(1년에 0.1건)에 불과했던 반면 윤석열 정부에서는 2년 반 동안 13건(1년에 5건)에 달했던 것이다. 이재명의 민주당은 '체제에 충성하는 야당'(loyal opposition)이 아닌 '반체제야당'(dissident opposition)의 전형적 사례로, 그 행태는 헌정파괴로서 국헌문란과 다르지 않았다.

윤석열 대통령이 이재명의 민주당에 의한 반란을 진압하기 위해 12·3 계엄을 시도함으로써 내전이 본격화되었다. 윤 대통령의 위헌·위법적 계엄은 계엄군과 국정원의 불복종 때문에 '모방쿠데타'(mock coup)라는 희비극으로 끝났는데, 그러나 박정희 대통령의 3선개헌과 유신이라는 '대통령의 쿠데타'(presidential coup) 내지 '친위쿠데타'(self-coup, autocoup)와는 엄밀히 구별되어야 한다. 다만, 윤 대통령의 '무모함과 옹고집'(rashness and waywardness, 셰익스피어)으로 촉발된 12·3계엄은 마치 리어 왕의 비극처럼 아무런 희망도 없는 '전반적 재앙과 파괴'(general woe and gored state, 셰익스피어)를 초래했을 따름이다.

대선 불복 3년동란의 세 번째 계기는 법원쿠데타(judicial coup)로, 이재명의 민주당과 '개딸'이 시작한 선거쿠데타와 의회쿠데타를 계승함으로써 2008년 광우병소동으로 시작된 '20년동란'을 완료했다. 이 과정에서 가장 주목받은 문형배 헌법재판소장 권한대행은 '사법활동가'(judicial activist)의 전형적 사례였다. 문재인 대통령이 임명한 김명수 대법원장 아래에서 '정치의 사법화'보다 심각한 '사법의 정치화'(politicization of the judiciary)가 출현한 데다가 대선 불복 3년동란을 거치며 김 대법원장의 유제인 '법비에 의한 법치의 파괴'가 진행된 결과였다.

민족해방파가 장악한 민주노총은 '제2의 촛불혁명'을 명분으로 이재명의 민주당과 혼연일체가 되어 대선 불복 3년동란에 적극 동참했다. 그리고 '내전'에서 승리한 지금, 자유민주정-민간자본주의를 지향하는 한미일과 권위독재정-국가자본주의를 지향하는 북중러의 '신냉전'(체제경쟁)에서 후자의 우세를 예단하면서 '체제 전환'을 주장하고 있다(김성혁 외, 2024; 민주노총, 2025). 자유민주정-민간자본주의의 대안으로 권위독재정-국가자본주의라는 중국모델을 지향하는 것이다.

그러나 「이재명 정부 최초의 6개월」에서 지적했듯이, 민족해방파나 민주노총이 추종하는 중국모델은 전체주의로 가는 길이라는 뜻에서 지옥으로 가는 '앵초길'(primrose path, 셰익스피어)과 다르지 않다. 중국모델론을 상징하는 중국몽이란 권위독재정 아래 국가자본주의도 선진국이 될 수 있다는 독단적 주장으로, 실제로는 시진핑의 종신집권을 합리화하는 '시진핑몽'일 따름이다. 중국몽과 결합된 강군몽도 중국경제의 '신창타이'(新常態, new normal), 즉 '중진국함정'(middle-income trap)이라는 비관적 전망을 반영한 것으로, 백일몽에 불과할 것이다. '법률은 있으나 법치는 없고, 헌법은 있으나 헌정은 없는'(류샤오보) 중국이 히틀러주의와 스탈린주의에 특징적인 경찰국가라는 점도 전체주의의 위험을 환기한다.

요컨대 '자유주의로부터의 전진'으로서 사회주의와 '자유주의로부터의 후퇴'(backward from liberalism)로서 권위독재정도 구별하지 못한다면 사이비 운동권이라고 불려야 마땅할 것이다. 만에 하나 사이비 운동권의 바람대로 한미일에 대해 북중러가 승리한다면, 문명에 대한 야만의 승리와 다르지 않을 것이다. 대선 불복 3년동란과 관련된 사이비 운동권에 대한 더 자세한 비판은『세미나 (IV)』에 실린「운동권의 '풍속과 세태' 비판」을 참고하기 바란다.

참고문헌

민주화운동기념사업회 출간 문헌

민주화운동기념사업회 한국민주주의연구소 엮음,『한국민주화운동사 1: 제1공화국부터 제3공화국까지』, 돌베개, 2008.

민주화운동기념사업회 한국민주주의연구소 엮음,『한국민주화운동사 2: 유신체제기』, 돌베개, 2009.

민주화운동기념사업회 한국민주주의연구소 엮음,『한국민주화운동사 3: 서울의 봄부터 문민정부 수립까지』, 돌베개, 2010.

민주화운동기념사업회 기획 및 이호룡·정근식 엮음,『학생운동의 시대』, 선인, 2013.

민주화운동기념사업회 편집 및 이승환 외 집필,『이범영 평전』, 백산서당, 2024.

강인철 (2009),「종교계의 민주화운동」,『한국민주화운동사 2』.

고원 (2013),「민중민주(PD)파 학생운동의 집합적 특징과 메커니즘」,『학생운동의 시대』.

권형택 (2024),「사슴의 영혼을 간직한 채 불꽃으로 살다간 사람」,『이범영 평전』.

김영택 (2010),「5·18민중항쟁」,『한국민주화운동사 3』.

김원·이호룡·조배원 (2009),「민중운동」,『한국민주화운동사 2』.

노광표 (2010a),「87 노동자대투쟁」,『한국민주화운동사 3』.

───── (2010b),「노동운동」,『한국민주화운동사 3』.

신동호 (2013),「1970년대 학생운동의 특징과 방식」,『학생운동의 시대』.

오제연 (2013), 「1960년대 대학생 '이념서클'의 조직과 활동」, 『학생 운동의 시대』.

유영국 (2009), 「부마항쟁과 유신체제의 붕괴」, 『한국민주화운동사 2』.

이기훈 (2009), 「유신 전기 반독재민주화투쟁의 전개」, 『한국민주화 운동사 2』.

─── (2010), 「전두환 정권하의 반독재민주화투쟁」, 『한국민주화 운동사 3』.

─── (2013), 「학생운동의 기억과 경험, 그리고 역사」, 『학생운동 의 시대』.

이승환 (2024), 「이범영과 NL(민족해방)운동론」, 『이범영 평전』.

이우재·나준식·노현기 (2005), 『민주화운동 관련 사건·단체사전 편 찬을 위한 기초조사 연구보고서: 인천지역』, 민주화운동기념사업 회.

이원영 (2024), 「민주화운동청년연합, 전국청년단체대표자협의회와 한국민주청년단체협의회」, 『이범영 평전』.

이창언 (2013), 「NL(민족해방) 계열 학생운동의 주류화와 한계」, 『학 생운동의 시대』.

임채도 (2013), 「인민혁명당사건과 경북대학교 학생운동」, 『학생운 동의 시대』.

정상호 (2010), 「3당합당과 공안통치를 통한 보수세력 재편」, 『한국민 주화운동사 3』.

조현연 (2010), 「노태우 정권하의 민주화운동」, 『한국민주화운동사 3』.

조희연 (2009), 「유신체제 하 반독재민주화투쟁의 전개와 그 성격」, 『한국민주화운동사 2』.

허은 (2009), 「긴급조치9호 시기 반독재민주화투쟁」, 『한국민주화운 동사 2』.

─── (2010), 「신군부의 등장과 '서울의 봄'」, 『한국민주화운동사 3』.

홍석률 (2008), 「4월혁명 직후 통일운동과 진보적 사회운동의 전개」, 『한국민주화운동사 1』.

기타 문헌

강진웅 (2016), 「1980년대 학생운동과 한국사회의 반미주의」, 『학생운동, 1980: 10·28 건대항쟁을 중심으로』, 오월의봄.

권형택 (2019a), 「민청련의 탄생」, 권형택·김성환·임경석, 『청년들, 1980년대에 맞서다: 민주화운동의 산증인 민청련 이야기』, 푸른역사.

──── (2019b), 「대통령선거 국면의 민청련」, 같은 책.

김대영 (2007), 「6월항쟁 이후 운동정치의 제도화 과정」, 『기억과 전망』, 제16호.

김상집 (2021), 『윤상원 평전』, 동녘.

김성혁 외 (2024), 『대전환 시대 노동운동 진단』, 전국민주노동조합총연맹부설민주노동연구원.

김성환 (2019a), 「민주화운동의 선봉」, 권형택·김성환·임경석, 앞의 책.

──── (2019b), 「청년 대중운동의 기수」, 권형택·김성환·임경석, 앞의 책.

김영수 외 (2013), 『전노협 1990-1995』, 한내.

김영환 (2015), 『다시 강철로 살아』, 시대정신.

김준 (2001), 「노동운동의 성장과 좌절(1990-95)」, 최영기 외, 『1987년 이후 한국의 노동운동』, 한국노동연구원.

김창우 (2007), 『전노협 청산과 한국노동운동: 전노협은 왜 청산되었는가』, 후마니타스.

남궁은 (1991), 『현단계 변혁운동의 이론적·실천적 쟁점에 대하여』 (미출간 팸플릿).

민경우 (2021), 『86세대 민주주의』, 인문공간.

민주노총 (2025), 『민주노총 30년사: 1995-2025』, 전국민주노동조합총연맹.

민청학련계승사업회 (2018), 『민청학련』, 메디치.

박찬수, 『NL 현대사: 강철서신에서 뉴라이트까지』, 인물과사상사.

박현채 (1978), 『민족경제론』, 한길사.

――― (1985), 「현대한국사회의 성격과 발전단계」, 『창작과비평』.

――― (1988), 『민족경제와 민중운동』, 창작과비평사.

배세진 (2025), 「1990-2000년대 한국 좌파이론 수용의 한 단면: 윤소영과 알튀세르, 그리고 이진경」, 『다시, 좌파를 상상하다』, 한국문학연구학회 2025년 하반기 학술대회자료집.

백영서 (1997), 『중국현대대학문화연구』, 일조각.

서울사회과학연구소 (1991), 『한국에서 자본주의의 발전: 시론적 분석』, 새길.

신지호 (1992), 「당신은 아직도 '혁명'을 꿈꾸는가」, 『월간 길을 찾는 사람들』, 1992년 8월, 사회평론.

신희주 (2021), 『응답하라, 한총련: 다시 쓰는 90년대 학생운동사』, 민플러스.

우태영 (2005), 『82들의 혁명놀음』, 도서출판선.

유경순 (2015), 『1980년대, 변혁의 시간 전환의 기록 1: 학출활동가와 변혁운동』, 봄날의박씨.

유용태·정승교·최갑수 (2020), 『학생들이 만든 한국현대사: 서울대 학생운동 70년: 제1권 (시대사)』, 한울.

윤소영 (1986) 「한국사회성격 해명에 있어서의 올바른 이론적 입장의 확정을 위하여」, 『한신경제과학연구소 경제학토론』.

――― (1987a), 『에티엔 발리바르의 '정치경제(학) 비판': '비판의 비판'을 위하여』, 한울.

――― (1987b), 「좌담: 현단계 한국사회의 성격과 민족운동의 과제」, 『창비 1987』.

――― (1988a), 「식민지반봉건사회론과 신식민지국가독점자본주의론: 국제운동사에서의 논쟁을 중심으로」, 『현실과 과학 2』, 새길.

――― (1988b), 「북한의 '남조선혁명론'과 '조국통일론'에 대하여: 그 비판적 이해를 위한 하나의 시론」, 『'NL'론 비판』, 벼리.

――― (1994), 「'PD의 진실' 또는 어떤 아픈 사랑의 꿈에 대한 해석」, 『이론 9』(『역사적 마르크스주의: 이념과 운동』(공감, 2004)에 재수록).

이광호 (2023), 『노회찬 평전』, 사회평론.

이정로 (1989a), 「광주봉기에 대한 혁명적 시각 전환」, 『노동해방문학』, 제2호.

──── (1989b), 「'노동해방'과 민족민주변혁단계(NDR)」, 『노동해방문학』, 제7호.

이태복 (2003), 『쓰러져도 멈추지 않는다』, 도서출판청년사.

임경석 (2019a), 「민청련 탄압사건」, 권형택·김성환·임경석, 앞의 책.

──── (2019b), 「시련을 이겨내고 6월항쟁으로」, 권형택·김성환·임경석, 앞의 책.

임미리 (2014), 『경기동부』, 이매진.

임필수 (2008), 「1990년대 한국 민중운동과 사회진보연대 출범」, 『사회운동』, 2008년 11-12월.

임현진 (2009), 『한국의 사회운동과 진보정당』, 서울대학교출판문화원.

전대협동우회 (1994), 『불패의 신화: 전대협 이야기 6년사』, 두리.

전명혁 (2011), 「1960년대 '1차 인혁당' 연구」, 『역사비평』, 2011년 여름.

전효관 (1990), 「1980년대 사회운동논쟁의 정리를 위하여」, 『현실과 과학』, 제5호.

정영태 (2011), 『파벌: 민주노동당 정파 갈등의 기원과 종말』, 이매진.

조현연 (2009), 「민주노동당의 분당 과정 연구: 정파·제도·리더십을 중심으로」, 『기억과 전망』, 통권 20호.

조효래 (2001), 「노동환경의 변화와 노동운동의 새로운 모색 (1996-99)」, 최영기 외, 앞의 책.

황석영 (1985), 『죽음을 넘어 시대의 어둠을 넘어』, 풀빛.

부록: 이재명 정부 최초의 6개월

윤 소 영

이재명 정부 최초의 6개월

내우외환에 시달린 '최초의 100일'

이재명 정부는 이른바 '정치적 허니문'(political honeymoon)이라 불리는 최초의 6개월은커녕 신정부의 성패를 테스트하는 벤치마크인 '최초의 100일'(First 100 days, 루즈벨트) 동안 이미 국내외의 우환에 시달렸습니다. 내란특검법 등 '3대 특검법' 공포, '민생회복지원금' 살포, 나토정상회의 불참 등 정부 출범 1개월 동안의 상황은 「내란의 진화과정으로서 '대선 불복 20년동란'」에서 정리한 바 있으므로 생략하겠어요.

'셰셰'와 '생큐'나 전국민에 대한 '당선사례' 등으로 대내외 정치의 난국을 타개할 수 있다고 믿은 이재명 대통령의 구상은 초장부터 차질을 빚었습니다. 제대로 된 정규 교육을 받은 적이 없는 그는 『이솝의 우화』나 홍만종의 『순오지』에 나오는 '박쥐' 같이 고립무원의 신세가 된 셈이에요.

먼저 이재명 정부를 괴롭힌 외환은 한미, 나아가 한미일 관계에서 제기된 곤란이었습니다. 6월 4일 정부 출범 이후 거의 두 달이 지난 7월 31일에 타결된 한미관세협상은 2012년에 발효된 한미자유무역협정의 효과를 소멸시켰는데, 특히 도요타와의 가격경쟁력이 급락한 현대차 등의 타격이 클 것으로 예상되었지요.

게다가 일본과는 달리 핵심정보를 정리한 '보고서'(fact sheet)도 채택되지 않아서 관세협상 타결에 대한 의혹까지 제기되었습니다. 타결(妥結)이란 '일을 끝맺다/마무르다'라는 의미인데, 영국과 유럽의 외교가에는 이런 격언이 있다고 하지요.

모든 것이 합의될 때까지는 아무것도 합의된 것이 아니다.

Nothing is agreed until everything is agreed.

관세협상 타결이란 이재명 정부의 대국민 사기였던 셈이에요.

한미관세협상에서 가장 논란이 된 것은 쌀과 소고기 등 농업을 보호하기 위해 자동차 등 산업을 희생한 것이었습니다. 자동차산업이 대미 수출의 1/3을 차지하는 주력기간산업인 상황에서 농업 보호의 필요성을 설득하는 대신 트랙터를 몰고 실력행사를 한 현대판 '동학농민전쟁'에 정부가 굴복한 셈이거든요.

다만 관세협상으로 인해 자동차산업에서 미국으로의 공장이전이 가속화되리라는 예상이 제기됨에도 불구하고 민노총은 별다른 입장을 표명하지 않았습니다. 농민을 위해 노동자의 이익을 희생하겠다는 것은 물론 아니었는데, 내년 3월부터 시행될 이른바 '노란봉투법'으로 공장이전에 제동을 걸 수 있기 때문이었지요.

자동차와 쌀·소고기, 산업과 농업의 '교환'(trade-off)이라는 이런 협상은 경제학적으로 납득할 수 없는 것이었습니다. 스미스의 관점이든 마르크스의 관점이든 농업이 산업에 기여한다는 것이 경제학적 논리이고, 실제로 프랑스와 달리 영국이 산업혁명에 성공할 수 있었던 것은 그 이전에 농업혁명이 있었기 때문이거든요.

이런 반경제학을 반자본주의로 정당화할 수는 없습니다. 재벌이 지배해온 한국자본주의의 '천민자본가'에 대항하는 '천민노동자'나 '천민농민'의 반자본주의는 자본주의를 극복하는 대신 자본주의에 미달하는 인민주의에 불과하거든요. 그래서 경제학이나 자본주의에 대한 반대와 비판, 달리 말해서 경제학이나 자본주의에 대한 거부와 지양을 준별해야 하는 것이고요.

한두 마디 덧붙이자면, 자본가를 형용하는 '천민'과 노동자와 농민을 형용하는 '천민'에 차이가 있습니다. 전자는 'pariah'를 번역한 것으로 '불량배'라는 뜻에 가깝고 후자는 'mob'(그리스어 'ochlos')을 번역한 것으로 '하층민'이라는 뜻에 가깝지요. 전자의 불합리성은 개탄스럽다(deplorable/condemnable)고 할 수 있고, 후자의 폭력성은 한심스럽다(pathetic/contemptible)고 할 수 있고요.

또 민주주의의 타락한 형태인 'populism'에서 'people'은 하층민 (populace)을 뜻하고, 민주주의의 새로운 형태인 'people's democracy' 에서 'people'은 민중(popular masses, 인민대중), 즉 노동자·농민·프티부르주아지와 자유/민족부르주아지의 계급동맹을 뜻합니다. 그래서 'populism'을 민중주의 대신 인민주의라고 번역하는 것인데, 하층민주의나 천민주의라고 번역해야 과학적으로 올바르겠지만 정치적으로 올바르지 않기 때문이지요. 번역하는 대신 포퓰리즘이라고 하는 것은 아무것도 모르는 무지자임을 고백하는 셈이고요.

어쨌든 문민화의 실패와 결합하는 재벌개혁의 실패에도 주목해야 합니다. 「한국자본주의의 역사」에서 소개한 것처럼, 와인개스트와 모종린 교수의 『한국발전론』(2013; 국역: 서울셀렉션, 2015)은 정치 경제론(political economy)의 관점에서 한국의 군부독재와 문민화를 분석하면서 권위주의적 개발국가인 전자를 개혁하려는 후자의 실패로 인해서 금권주의(plutocracy)와 인민주의(populism)가 공존하게 되었다고 주장한 바 있지요.

와인개스트와 모종린 교수는 군부독재와 마찬가지로 문민화 실패도 폭력과 지대를 교환하는 '지대공유제'(rent sharing)로 특징짓고 있습니다. 다만 그런 교환의 주체가 군부와 재벌에서 노조와 재벌로 변모했다는 차이가 있다는 것이지요. 그런데 한미자유무역협정에 대한 반대 이래 농민이 그런 교환에서 노동자의 동반자였음이 이번 관세협상에서 재확인된 셈이에요.

이재명 대통령은 취임 후 80여일 만인 8월 26일에 비로소 트럼프 대통령과 한미정상회담을 가질 수 있었습니다. 그런데 회담 3시간 전에 트럼프 대통령이 소셜미디어에 올린 글 때문에 일대 소란이 벌어졌어요.

> 남한에서 무슨 일이 일어나고 있는 것인가? 숙청이나 혁명처럼 보인다. 우리
> 는 그런 일을 용납하면서(have that) 그런 곳에서 사업을 할 수는 없다.

회담이 취소될 수도 있다는 설까지 제기되는 상황에서 문화예술계 비례대표 출신인 강유정 대변인은 '가짜뉴스'일지도 모른다며 우왕 좌왕한 바 있지요.

그러나 바로 이런 것이 트럼프 대통령이 선호한다는 협상기술인 '레버리지(leverage, 지렛대) 사용'인데, 자서전 『거래의 기술』(*The Art of the Deal*, 1987; 국역: 김영사, 2004)에서 그는 '레버리지 없이 협상하면 안 된다'(Leverage: don't make deals without it)고 주장한 바 있습니다. 이재명 대통령은 자기도 『거래의 기술』을 읽었다고 자랑했는데, 그러나 효과는 별로 없었어요. 6·3 대선 전야의 인터뷰에서 트럼프에 대해 '나도 만만하지 않다. [그러나 국민을 위해 한 수] 접어줘야 한다'고 한 말은 허풍일 따름이었고요.

레버리지란 제로섬 게임에서 '억지'(deterrence, 못 하게 함) 내지 '강요'(compellence, 하게 함)의 목적을 위해 사용하는 수단으로서 '영향력'(influence) 내지 '강제력'(coercion)을 의미합니다. 그리고 레버리지는 '거래의 실패'(no deal)로 인한 손해가 큰 쪽이 아니라 작은 쪽이 사용하는 것이고요. 그러니 이재명 대통령이 트럼프 대통령의 자서전을 읽었다고 해서 효과가 있을 리 없었던 것이지요. 회담을 못하고 돌아오면 레임덕이 시작될 수도 있었거든요.

한미정상회담의 결과는 트럼프 대통령의 승리였습니다. 레버리지를 통해 그가 거둔 성공으로 '강요'에 해당하는 것은 관세협상에서 제기된 3500억달러 기금과 별도로 미국조선업 재건을 지원할 마스가(MASGA) 1500억달러의 추가였지요. 또 '억지'는 기금의 성격이 미국의 주장처럼 정부의 투자인지 아니면 한국의 주장처럼 정부의 보증·대출인지에 대한 협상의 잠정 중단이었고요. 그 후 세 달 동안 진행된 추가 협상의 결과는 나중에 설명하겠어요.

나아가 이재명 대통령은 회담 이후 전략국제문제연구소(CSIS)에 가서 햄리 소장과 가진 대담에서 문재인 정부의 '안미경중'(안보는 미국, 경제는 중국)을 포기하겠다고 약속하기도 했습니다. 이것 역시 트럼프가 사용한 레버리지의 사후효과라고 할 수 있는데, 그렇지만 윤석열 정부의 '안미경미'(안보도 미국, 경제도 미국)를 계승한다는 의미일 리는 없으니 그 실체가 무엇인지 두고 볼 일이지요. [실제로 그는 윤석열 정부의 일본 중시에서 문재인 정부의 중국 중시로 복귀했는데, 동북아 3국을 '한일중'에서 '한중일'로 또다시 개칭한 것이 그 방증일 것이다.]

대통령실의 자화자찬에도 불구하고 이번 정상회담을 성공작으로 평가하기에는 석연치 않은 점이 적지 않습니다. 문재인 대통령이나 윤석열 대통령의 경우와는 달리 '공동성명'이 없었는데, 예의 강유정 대변인은 '[공동성명이] 필요 없을 정도로 얘기가 잘됐다'는 턱없는 변명을 늘어놓았지요. 그렇다면 공동성명을 채택한 미일정상회담은 실패작이라는 주장인 셈이거든요.

이번 한미정상회담을 성공작으로 평가하는 이유로 이재명 대통령이 젤렌스키 대통령처럼 박대받지 않았다는 사실을 들기도 합니다. 이재명 대통령은 젤렌스키 대통령과 달리 트럼프 대통령이 원하는 '강요'와 '억지'에 순응했으니 당연한 일이지만요. 이 대목에서 혹시 트럼프 대통령이 이 대통령의 당선을 원했을 수 있겠다는 생각까지 들었는데, 만일 김문수 후보가 당선되어 그런 회담을 했다면 민노총 같은 사이비 운동권이 일으킨 한미자유무역협정 반대를 능가하는 소동으로 광화문 일대가 난장판이 되었을 것이 분명하거든요.

트럼프 대통령이 한미정상회담에서 뜬금없이 위안부 문제로 인한 한일 갈등이 한미일 관계를 방해한다는 취지의 발언을 한 사실에도 주목할 필요가 있습니다. 이재명 대통령이 워싱턴에 가는 길에 도쿄에 들러 이시바 총리와 한일정상회담을 가진 것 역시 트럼프 대통령의 '강요'였다는 사실이 확인된 셈이거든요.

'한일 관계의 발전이 한미일 공조의 강화로 이어지는 선순환'에 대해 한일정상이 합의할 수 있었던 것은 결국 트럼프 대통령의 중재 덕분인 셈입니다. 문재인 정부가 번복한 위안부 합의를 존중하기로 약속한 것 역시 마찬가지였는데, 광복절 특사에 윤미향 의원을 포함시킨 것도 더 이상 위안부 문제를 제기하지 않겠다는 맥락에서 이해할 수 있을 것 같아요.

전반적으로 볼 때 트럼프 대통령이 거론했던 '숙청 또는 혁명'은 단순한 해프닝으로 간주될 사안이 아니었습니다. 정상회담에서 그는 순복음교회·통일교본부와 오산공군기지에 대한 특검의 압수수색을 지적했거든요. 순복음교회는 트럼프 일가와 특수관계라고 하고, 미공군 제7공군본부가 있는 오산기지는 미군이 관리한다고 하지요. 또 통일교는 일본 자민당의 보수파와 특수관계라고 하고요. 이재명 대통령이 임명한 특검의 단순무식함을 알 수 있는 대목이에요.

민주당은 트럼프 대통령을 지지하는 극우 성향의 마가(MAGA, 미국을 다시 위대하게) 그룹이 문제라고 주장하고 있습니다. 그러나 그렇게 단순한 문제일 리 없는데, 정상회담 이틀 후에 깅그리치가 통일교 계통의 보수일간지 『워싱턴 타임즈』에 기고한 칼럼인 「자유와 민주주의의 한국적 위기」에 주목할 수 있겠지요. 그는 '경악스런 공격'(Breathtaking Assault)이라는 부제의 칼럼에서 이재명 정부가 법치가 아닌 '중국공산당 지도자 시진핑이 공감할(identify with) 수 있는' '전체주의적 경찰국가'를 지향한다고 주장했어요.

클린턴 정부 시절 하원의장으로서 공화당의 우경화를 주도한 바 있는 깅그리치는 미국정치에서 초당적 협치의 전통을 깨고 양극화

168

를 개시한 인물이라는 평가를 받습니다. 또 2016년 대선에서 트럼프의 러닝메이트로 고려되었다고도 하고요. 그러나 깅그리치를 '마가 운동의 원조'로 간주하는 문정인 교수의 주장과는 달리, 트럼프 정부에 참여하는 대신 외곽에서 '홍보대사'를 자임할 따름인 그가 마가 그룹을 대표한다고 할 수는 없어요.

한미정상회담에 대한 중국과 북한의 반응이 부정적인 것은 물론 당연한 일입니다. 먼저 중국은 이렇게 경고했어요.

> [안미경중의 포기는] 한국의 국익을 미국의 글로벌 전략 아래 종속시키는 결과를 낳는다.

또 김은정 위원장의 여동생인 김여정 국무위원은 회담 직전에 이미 이재명 대통령의 유화공세를 '조한관계의 개선'을 바라는 '개꿈'으로 폄훼하면서 실명 비판을 했지요.

> 리재명은 우리 공화국[조선]에 대한 한국의 대결 야망이라는 역사의 흐름을 바꾸어 놓을 위인(偉人)이 아니다.

또 회담 이후에는 『조선중앙통신』이 한국을 미국에 종속된 '세계적으로 유일무이한 정치적 가난뱅이'라고 비판했고요.

한미정상회담의 후폭풍은 9월 3일 중국의 전승절 80주년 열병식에 푸틴 대통령과 김정은 위원장이 참석하여 북중러 연대를 과시한 일로 상징됩니다. 이번 열병식은 지난 2015년 전승절 70주년에 이은 두 번째 열병식으로, 이 두 열병식이야말로 시진핑 주석의 '강군몽'을 증거하는 것이지요.

이번 열병식에 대해서 트럼프 대통령이 소셜미디어에 올린 글도 국제적으로 주목을 받았습니다. '미국을 상대로 음모를 꾸미고 있는 푸틴과 김정은에게 나의 안부를 전해 달라'고 시진핑 주석에게 부탁했다는 것이지요. 앞뒤가 맞지 않는 말인데, 곧 오역으로 인한 오보였다는 것이 밝혀졌어요.

당신[시진핑 본인]이 미국에 맞서 공모하는(conspire against) 동안, 푸틴과 김정은에게 나의 안부를 전해 달라.

쉽게 말해서 중국이 주도하는 북중러 연대를 해체하기 위해 러시아와 북한을 분리·견인하겠다는 말이었지요.

　김정은 위원장은 이번 열병식 참석을 계기로 '안러경중'(안보는 러시아, 경제는 중국) 지향을 표명한 셈입니다. 또 김 위원장이 부인 이설주 대신 딸 김주애를 대동했다는 사실도 주목할 필요가 있어요. '샛별 여장군'이 국제무대에 데뷔한 셈이었는데, 영국의 보수일간지 『텔레그래프』는 '제임스 본드 [007] 영화에 나오는 악당(villain)'처럼 보이는 '세상에서 가장 위험한 12살'이라고 소개했지요. 그러나 저는 미성년인 김주애가 『대부』의 주인공 마이클과는 다르게 아버지의 뜻에 따라 악역을 맡은 것이라는 생각이 들어요.

　마지막으로 이재명 대통령 취임 100일을 며칠 앞둔 시점에 2024년 대선의 7대 '부동주'(swing state) 중 하나인 조지아의 현대차배터리 공장 건설현장에서 한국인 노동자 300여명이 이민당국에 의해 구금되는 사건이 발생했습니다. 이것도 트럼프 대통령의 레버리지였는데, 직후에 러트닉 상무부장관이 일본과 달리 보고서와 공동성명을 채택하지 못한 것은 이 대통령 때문이라고 폭로했거든요.

　그래서인지는 몰라도 이재명 대통령 역시 9월 11일 취임 100일 기자회견에서 '국익에 반하는 결정'이어서 서명하지 않았다고 변명했습니다. 물론 그가 말하는 국익이 무엇인지는 불분명한데, 하기야 그가 대통령이 된 것이 국익을 위해서인지 아니면 사법리스크 회피 등 사익을 위해서인지 그 자신만이 알겠지만요.

　어쨌든 이재명 대통령도 김정은 위원장처럼 국익을 위해 '노딜'도 감수할지 두고볼 일입니다. 이 대통령은 여전히 레버리지의 의미를 이해하지 못하고 있고, 또 그가 시사하는 것처럼 마스가가 레버리지일 수 없겠지만요. 나아가 대선 전날에 한 '[트럼프 대통령에게 한 수] 접어줘야 한다'는 말과도 어긋나거든요. 하기야 '최초의 100일' 동안 벌어진 일을 보면 개딸조차 그의 말을 믿지 않는 것 같지만요.

170

이재명 정부를 괴롭힌 내우는 마치 공약을 파기하는 듯한 언행을 보인 이 대통령에 대한 불신에서 비롯된 것입니다.

> 여당의 도움을 받아 여당의 입장을 가지고 대통령 선거에 이겼지만, 당선이 돼서 국정을 맡는 순간부터는 여당을 대표하는 게 아니라 국민을 대표해야 한다.

개딸도 이 대통령의 실용주의란 사기꾼 본색에서 비롯된 기회주의일 따름이라고 의심한다는 생각이 드는 대목이에요.

내우를 상징하는 사건은 이재명 대통령의 복심인 박찬대 의원이 아닌 정청래 의원을 중심으로 결집한 개딸에게서 비롯된 것입니다. 한미관세협상이 '타결'되고 이틀이 지난 후인 8월 2일에 정 의원이 62:38이라는 압도적인 표차로 박 의원을 물리치면서 당대표로 선출되었거든요.

> 권리당원(비중 55%) 66:34
> 여론조사(비중 30%) 60:40

대의원(비중 15%)과 국회의원(비중 0%)에서는 정 의원이 47:53과 30:70으로 열세였고요.

민주당에서 '비주류 중의 비주류'를 자처하던 정청래 의원의 압승에는 '한경오'를 압도하는 유튜버 김어준 '총수'의 후원이 크게 작용했다고 합니다. 김 유튜버가 대변하는 개딸의 이런 선택에 대해서 당정 분업, 즉 이재명 대통령과 정청래 대표 사이의 '굿캅'과 '배드캅'이라는 역할 분담이라는 해석이 제기되었는데, 그러나 친명 세력의 근거 없는 희망사항일 따름이에요.

정청래 대표와 김어준 총수가 대변하는 개딸을 '언더 찐명'이라고 부를 수 있을 것입니다. 12·3 계엄 이후 국힘의 행태를 보고 조갑제 기자가 '언더 찐윤'이 있다고 주장한 적이 있는데, 대구·경북이 지역 기반인 그들에게 윤석열 대통령은 자신들의 사익을 추구하기 위한 수단이었을 따름이라는 뜻이지요. 그렇다면 이재명 대통령도 사익

추구의 수단으로 간주하는 광주·전남 기반의 '언더 찐명'도 있을 것 같아요. 용산과 여의도와 충정로에 대통령이 있는 '삼통분립' 형태의 '삼권분립'이라는 말이 나오는 것도 이 때문인 것 같고요.

노무현 대통령의 사위 곽상언 의원이 『주간경향』을 인용하면서 민주당 의원에 대한 김어준 유튜버의 영향력을 비판했다는 사실도 주목할 만합니다. 곽 의원은 아마도 이재명 대통령 편을 들기 위해 김 유튜버의 그런 영향력을 '종교적 힘을 가진 정치'에 대한 '신앙적 복종'으로 비유한 것 같은데, '정치무속세계'를 대표하는 '정치무당'이라는 강준만 교수의 비판에 비하면 온건한 셈이었지요. 무속조차 종교로 쳐준 셈이니까요.

『주간경향』에 따르면, 지난 1년여 동안 김어준 유튜브의 출연횟수에서 김병주 의원(45회)과 박선원 의원(42회)이 최다였는데, 그들은 김 유튜버의 '계엄 즉 내란' 프레임을 확산시킨 1등 공신이었습니다. 물론 김민석 의원(32회, 총리 발탁 이전)이나 정청래 대표(28회)도 많이 출연했고요. 그러나 출연횟수가 정치적 비중을 의미하는 것은 아닌데, '상대하기 어려운 중진이나 온건·합리파'는 배제되었거든요. 그래서인지 조국신당 박은정 의원이 의원 중 최다(58회)였고, 지난 총선에서 헛물켠 '듣보잡' 안귀령 대통령실 부대변인이 전체 출연자 중 최다(129회)였어요.

종편의 시사뉴스에서 촌철살인의 정치평론으로 주목받는 송영훈 변호사는 정청래 대표가 선출된 것을 보고 전북 이리를 배경으로 한 윤흥길 작가의 「완장」(1983)이 생각난다고 했습니다. 주인공 종술이 '바다빨갱이'였던 부친처럼 '완장질'을 즐긴다는 줄거리인데, 윤 작가와 송 변호사는 전북 정읍과 전남 순천 출신이에요.

정청래 대표가 선출된 직후 이재명 대통령이 광복절 특사의 일환으로 조국 교수 부부를 사면·복권한 것도 '언더 찐명'의 압력 때문일 수 있습니다. 조 교수 부부의 특사에 대해서 친문 세력을 동원하여 정청래 대표를 견제하려는 의도라는 해석도 있었는데, 그러나 친명 세력의 섣부른 희망사항인 것 같아요.

조국 교수는 출옥하자마자 내년 지방선거에서 전라도를 민주당과 반분하겠다고 설레발친 바 있습니다. 지난 총선처럼 '언더 찐명'이 민주당의 대안으로 조국신당을 지지할 수 있다고 이재명 대통령과 정청래 대표를 협박한 셈이지요. 그래서 이 대통령에 대해 정 대표가 도전하는 '명청 교체기'가 아니라 이 대통령과 정 대표에 대해 조 교수가 도전하는 '삼국 시대'라는 관측이 제기되기도 한 것이고요.

조국 교수 부부의 공범인 최강욱 의원도 이번에 특사되어 정청래 대표에 의해 민주당 교육연수원장으로 발탁되었습니다. 그는 8월 30일 전남 나주에서 열린 북토크에서 '2찍'(국힘 지지자)에 대한 망언을 쏟아놓았지요.

> 한날한시에 싹 모아다가 묻어버리면(…)대한민국 민주주의는 완전히 성공하고 한 단계 도약하지 않겠나.

정 대표나 자신을 지지하는 개딸들에게 전라도 특유의 '바닥빨갱이' 성향이 있음을 증언한 셈이에요.

전북 남원 출신인 최강욱 의원은 삭녕 최씨이므로 사실 사대부 집안이었습니다. 그의 당고모(5촌 아주머니) 최명희 작가의 대표작 『혼불』은 남원 지방의 반상 갈등을 소재로 한 것으로 자전적 요소가 없지 않겠지요. 다만 최 작가가 요절한 탓에 일제강점기에서 그치고 해방정국까지 이어지지 못했지만요. 혈연과 지연 등 연고 내지 이해관계의 공개(disclosure)로서 'disclaimer', 즉 일종의 '원산지표기'가 필요한 것은 위험한 먹거리처럼 위험한 사람도 많기 때문이에요.

일종의 원산지표기인 '자서전'은 민족해방파가 추종하는 조선노동당이 출신성분을 차별하기 위해 애용한 방법이었습니다. 김재웅 박사의 『고백하는 사람들』(푸른역사, 2020)에 따르면, 노동당은 단정 수립 전후에 당원·군인·학생 등을 대상으로 8촌 이내의 가족관계, 본적지·출생지·현주소, 초등학교 이후의 경력 등을 조사했다고 하거든요. [한국전쟁 중 바닥빨갱이의 대표적 사례인 전남 영광의 민간인 학살과 『혼불』에 대해서는 질의와 응답 248쪽 이하를 참고하시오.]

정청래 대표는 후쿠야마가 분석한 바 있는 트럼프 1기 정부의 실패 원인을 교훈 삼아 검찰·법원·언론개혁을 공언한 바 있습니다. 이미 부분적으로나마 장악한 군대·경찰이나 정보기관의 개혁은 언급한 바 없고요. 국민의힘에 대한 '승자의 심판/정의'(Siegerjustiz, victor's justice)를 예고한 셈인데, '내란[세력]과의 전쟁 중'이므로 '여야 개념'이나 '협치'는 불가능한 대신 오히려 '내란정당 해산'이 필요하다는 주장을 견지하고 있거든요.

정청래 대표의 후임 법사위원장으로 추대된 예의 추미애 의원도 '사법부의 교정'을 주장한 바 있습니다. 나치를 따라, '행정적 사법'(administrative Justiz, 슈미트)의 일반화를 통한 '사법(부)의 교정'(Korrektur der Justiz)을 주장한 셈인데, 그 귀결은 '자기 정당에게 유리한 사법부'(Parteijustiz)의 구성이지요. 정청래 대표가 공언한 검찰·법원개혁의 본질은 바로 여기에 있어요.

이재명 대통령과의 1차전에서 정청래 대표가 승리한 것 같습니다. 검찰청을 폐지하고 공소청을 신설하며, 나아가 행정안전부/내무부 산하에 중수청(중대범죄수사청)을 신설하여 검찰의 수사권을 이전하는 문제를 둘러싼 논란에서 정 대표의 주장이 관철되어 문재인 정부에서 중도반단된 '검수완박'(검찰 수사권의 완전한 박탈)을 완수하는 것으로 결정되었거든요.

검수완박의 핵심으로서 내무부 산하의 중수청이란 유명무실한 '상설특검'을 대체할 게슈타포 같은 '특별경찰'입니다. 사법의 교정을 완수하려면 특별경찰이 지배하는 '특별법원'도 필요한데, 게슈타포가 지배하던 인민법원(Volksgerichtshof, People's Court)이 그 사례였고, 정청래 대표가 추진하는 '특별재판부'가 그 맹아이지요. 특별경찰과 특별법원이 주도하는 정치범 재판이 '연극재판'(Schauprozess, show trial), 즉 경찰의 각본에 따른 공개재판이고요.

민주당이 경찰을 선호하는 것은 '문민통제'라는 구실로 정치인이 조종할 수 있기 때문입니다. 경찰은 군인처럼 무관이고 군경은 문민, 즉 문관이 통제한다는 것이 민주주의를 지향하는 현대정치의 원칙이지요. 반면 문관인 판사나 검사는 정치인이 조종할 수 없고, 대신 정치적 중립을 보장하기 위해 인사와 예산의 독립을 보장해야 하는 것이고요.

『한겨레신문』은 이승만 정부 이후 검찰이 사법부를 지배해왔다고 주장하고 있습니다. 이승만 정부의 문민독재와 박정희·전두환 정부의 군부독재를 특징짓는 경찰사법이 문민화 이후 비로소 검찰사법으로 이행한 사실을 왜곡·간과하는 것이에요. '찰'(察)자 돌림이므로 검찰과 경찰이 대동소이하다는 민주당의 주장과도 유사한데, 그러나 검사와 판사는 '사'(事)자 돌림이기도 하지요.

『한겨레신문』에서 최고의 법률전문가인 박용현 논설위원은 『검찰의 세계, 세계의 검찰』(한겨레출판, 2025)에서 이런 주장을 구구하게 전개하고 있습니다. 그러나 그는 영미법/관습법과 대륙법/제정법, 나아가 영국법과 미국법 또는 프랑스법과 독일법이라는 법률제도(법제)/체계(법계) 내지 법률전통(법통)/문화를 혼동한 채 횡설수설할 따름이에요.

게다가 박용현 위원은 검찰사법의 결함을 강조하다보니 민주당이 지향하는 경찰사법의 결함은 무시하고 있는데, '똥 묻은 개가 겨 묻은 개를 나무라는' 격입니다. 그의 설명에서 가장 황당한 대목은 소련 사법제도가 검찰에 의해 지배되었다는 주장이에요. 나치 이상으로 소련에서 비밀경찰이 사법제도를 지배했다는 것은 상식이므로, 그런 주장은 납득할 수 없거든요.

1991년 여름에 발생한 서울사회과학연구소 사건은 경찰사법에서 검찰사법으로 이행하던 사례였습니다. 대학원생 5명에 대한 재판은 경찰사법의 사례였는데, 비밀경찰인 안전기획부의 각본에 따른 기소와 판결 때문이었지요. 대학원생이었던 신현준 교수는 민변에서 파견한 변호사들의 '부실한 변론'에 불만이 컸는데, 그러나 3명의 변호사 중 안영도 변호사는 부회장(1996-98)을 역임했고, 약관 20세에 사법시험에 합격한 백승헌 변호사는 회장(2006-10)을 두 번 역임한 실력파였어요. 얼마간 명망 있는 교수였던 저를 기소하지 못한 것은 청와대

'관계기관대책회의'에서 검찰의 제동 때문이었다고 하고요.

헌정이 부재하는 상황에서 법치를 붕괴시키는 민주당의 인민주의가 프로토파시즘이라는 제 주장에 대한 한 가지 근거가 바로 검찰·법원개혁입니다. 법치의 붕괴를 주도하는 법비(法匪, 법률불량배)에 스탈린주의를 추종하던 운동권 출신이 많다는 사실까지 고려한다면 스탈린주의와 히틀러주의의 공통점에 주목하려는 전체주의론을 더 이상 무시할 수는 없다는 생각도 들고요.

1990년대 중반 이후 2000년대까지 사법시험의 정원이 대폭 확대되면서 운동권이 법조인으로 변신한 경우가 많았습니다. 자신들의 투기꾼 본색을 드러낸 셈인데, 다만 운동권에서 법조계로 투기영역을 이전한 셈이지요. 예를 들어 인민노련(인천지역민주노동자연맹) 출신인 마은혁 헌법재판관이 대표적 사례이고요. 그들이 비전향을 주장한다면, '노동활동가'에서 '사법활동가'(judicial activist)로 변모했다고 강변하는 셈이에요.

사법활동가의 대표적 사례는 물론 문형배 헌법재판소장 권한대행입니다. 서울법대 재학 중에 사법시험에 합격한 '소년급제자'임에도 불구하고 연고지인 부산·경남의 '향판'(鄕判, 시골판사)을 자원한 그의 경력에 대해서 호기심을 갖지 않을 수 없었는데, 권한대행에서 물러난 지 다섯 달 만인 9월 1일자 『한겨레신문』에 실린 인터뷰를 읽고서 궁금증이 많이 풀렸어요.

인터뷰를 읽어보면, 문형배 재판관에게 사법활동가라는 자부심이 크다는 사실을 알 수 있습니다. 하기야 민주당과 개딸들이 시작한 '선거쿠데타'와 '의회쿠데타'를 '법원쿠데타'로 완성함으로써 광우병 소동으로 시작된 내전이라는 '20년동란'을 승리로 마무리지었으니 스스로 생각해도 대견스럽겠지요.

그는 인터뷰 서두에서 두 번의 비상계엄을 비교하면서 '1980년엔 우리가 졌고, 2024년은 우리가 이겼다'고 선언했습니다. 서울법대 83학번인 그는 1986년에 사법시험에 합격했는데, 군부독재에서 사법시험을 준비하여 판사가 되었다는 '부채의식', 달리 말해서 '수치심과 죄의식'을 토로하기도 했고요.

문형배 재판관이 최정운 교수처럼 5·18 광주항쟁의 진실/진리를 왜곡·변질시킨 문제는 논외로 하고 대통령 탄핵심판과 관련된 문제만 거론하겠습니다. 그는 '나라는 국민이 구했고, 재판관은 도장만 찍었다'고 하면서도 자신의 판결문이 '완성도가 좀 높은' '인생작품'이고 앞으로 그것을 해설하는 '일타강사'가 되겠다는 포부를 밝히고 있지요.

문형배 재판관은 특히 판결문에서 레비츠키와 지블랫의 『어떻게 민주주의는 무너지는가』에 나오는 '관용과 자제'를 윤석열 대통령이 '민주주의를 배반한' 논거로 인용했다는 사실을 강조하고 있습니다. 나아가 이런 '관용과 자제'는 이재명 대통령에게도 해당된다고 주장하면서 이 대통령과 달리 정청래 대표나 개딸의 행태는 아쉽다는 듯 말을 흐리고 있고요. '총통이 그것을 알았다면'(wenn das der Führer wüßte)이라는 나치의 변명이 연상되는 대목이지요.

이 대목에서 문형배 재판관의 독해력에 심각한 문제가 있음을 알 수 있습니다. 『어떻게 민주주의는 무너지는가』를 읽었다 해도 '까만 건 글씨, 하얀 건 종이' 수준의 독해력이라고 할 수밖에 없거든요. 그의 주장과 달리 관용이란 '반체제야당'이 아니라는 조건 아래 대야 관계에서 여당에게 요구되는 덕목인 반면 자제란 특히 여소야대의 상황에서 선거·의회·법원쿠데타를 막고 정치적 헌정주의를 지키기 위해 야당에게 필요한 덕목이거든요. 좀 더 자세한 설명은 「내전의 진화과정으로서 '대선 불복 20년동란'」을 참고하세요.

[취임 100일 기자회견에서 이재명 대통령이 선출권력인 의회가 임명권력인 법원보다 우위에 있다면서 조희대 대법원장의 탄핵을 포함한 법원개혁을 시사하는 발언을 하자 문형배 재판관도 적이 놀라 사시 동기로 연수원 시절 절친인 이 대통령에게 '헌법을 한번 읽어보시라'고 우회적으로 충고했다. 그러나 이 발언으로 민주당과 개딸의 공격을 받고 앞으로는 시사 발언을 삼가하겠다고 굴복했다. 반면 예의 송영훈 변호사는 의회가 헌재의 도움을 받아 최고의 선출권력인

대통령을 탄핵·파면한 선거·의회·법원쿠데타의 귀결인 이재명 정부의 정당성에 대한 자기부정이라는 촌철살인의 비평을 제시했다.

[『조선일보』 박정훈 논설실장도 자신의 칼럼에서 이재명 대통령을 비판하면서 그가 주장한 권력서열론이 중국을 모방한다는 사실을 폭로했다. 그러나 공안/경찰이 검찰과 법원을 지배하는 중국의 사법제도, 즉 깅그리치가 비판한 '전체주의적 경찰국가'의 사법제도 내지 포스트스탈린주의/마오주의의 사법제도가 '즉결처형'을 선호한 스탈린주의/마오주의와 달리 '사법살인'을 선호한 히틀러주의의 사법제도와 유사하다는 사실은 간과하고 있다. 포스트스탈린주의/마오주의에 대해서는 곧 설명할 것이다.]

문형배 재판관이 헌법 10조의 '행복추구권'이 '국가의 존재이유'라고 주장하는 것도 별로 설득력이 없습니다. '생명과 자유'에 대한 개인의 권리가 아닌 '인간으로서의 존엄과 가치'와 결합되는 행복추구권은 자연법이라는 법철학적 근거 말고 정치이념으로서는 아무런 근거도 없거든요. 또 마키아벨리로 소급되는 'Ragion di Stato/raison d'Etat/Staatsräson'이 'national interest', 즉 국익과 같은 말이라는 사실은 논외로 하겠고요.

한국헌법 10조와 일본헌법 13조를 비교해야만 할 것입니다. 먼저 전자를 보면,

> 모든 국민은 인간으로서의 존엄과 가치를 지니며, 행복을 추구할 권리를 가진다.

반면 후자를 보면,

> 모든 국민은 개인으로서 존중된다. 생명, 자유 및 행복추구에 대한 국민의 권리에 대해서는(⋯)최대의 존중을 필요로 한다.

생명·자유에 대한 개인의 권리와 결합되는 행복추구권은 소유권과 동일한데, 이것은 로크, 스미스, 제퍼슨 같은 자유주의자는 물론이고 마르크스주의자에게도 해당되는 것입니다. 마르크스가 말하는

공산주의의 본질은 사회적 생산을 전제로 '개인적 소유를 재건하는' (wiederherstellen das individuelle Eigentum) 데 있기 때문인데, 좀 더 자세한 설명은 『마르크스의 '자본'』을 참고하세요.

문형배 재판관으로서는 깊이 생각해본 적이 없겠지만, 사실 '인간으로서의 존엄과 가치'란 공문구일 따름입니다. 인간이 자신의 존엄과 가치를 인정받기 위한 조건이 있거든요. 쉽게 말해서 '자연상태에서의 인간'인 인비인(人非人, brute), 즉 수욕(獸慾, 동물적 본능)에 지배되는 '인간 같지 않은 인간'인 '금수 같은 인간'에게는 해당되지 않는다는 것이지요.

뉘른베르크 재판에서 자연법이 아닌 관습법에 따른 '반인류범죄' (crimes against humanity)로 나치를 처단할 수 있었던 것은 '인류보편적 가치'(universal human value)를 위반한 그들의 존엄은 어불성설이기 때문입니다. 여기서 인류보편적 가치란 자유와 법치/인권을 의미하지요. 또 법치/인권의 핵심이 곧 소유권이고, 이미 지적한 대로 소유권은 자유주의자와 마르크스주의자가 공유하는 것이에요.

반인류범죄와 제노사이드를 비교한 필립 샌즈의 『인간의 정의는 어떻게 탄생했는가』(2016; 국역: 더봄, 2019)를 보면, 전자는 개인을 대상으로 한 것인 반면 후자는 집단을 대상으로 한 것입니다. 달리 말해서 반인류범죄로서 홀로코스트는 영미의 자유주의적 정치이념과 관습법에 적합하다는 것인데, 뉘른베르크 재판에서 잭슨 검사를 이론적으로 후원하면서 반인류범죄 개념을 정초한 라우터파하트는 법실증주의를 대표하던 켈젠의 제자이기도 했지요.

이 책을 책임 번역했다고 주장하는 정철승 변호사가 반인류범죄에 대해 크게 오해하고 있다는 사실을 지적하지 않을 수 없습니다. 「옮긴이의 말」에서 일제의 식민지지배, 나아가 남한의 정부에 대해 반인류범죄로 고발하고 있기 때문이에요. 뉘른베르크 재판과 달리 반인류범죄를 적용하지 않은 도쿄 재판이 잘못이었고, 북한을 고발하는 대신 남한을 무고하는 황당한 주장이거든요. 김원봉의 후원자로 그를 따라 월북한 윤기섭의 외손이기 때문인데, 바로 이런 것을

'가문사학'이라고 하는 것이지요.

말이 나온 김에, 자연법이 중국과 조선의 역성혁명에서 동원되던 천명과 유사하다는 사실을 지적해 두겠습니다. 전체주의적 혁명을 정당화하는 데 자연법의 변종으로서 혁명법이 동원되던 것처럼요. 다만 『서경』에 나오는 이윤(탕왕의 창업공신)의 말처럼, 자연법과 달리 천명은 변화할 수 있다는 데 차이가 있지만요.

하늘이란 믿기 어렵고,　　　　　　　　　　　　　　　　　天難諶
그 명령도 일정치 않다.　　　　　　　　　　　　　　　　命靡常

이 때문에 천명에만 의지하는 대신 유가적 전통에 따른 관습법이 출현했고, 나아가 자연법에 적합한 정의론이 아닌 관습법에 적합한 경세학이 출현했다는 사실을 강조해두겠습니다. 또 영미법 전통과 대륙법 전통의 차이가 현대경세학으로서 경제학의 존재 여부와도 관련된다는 사실 역시 주목할 수 있고요.

여담인데, 인간과 동물이 공유하는 존엄과 가치가 있다는 사실을 부정하는 것은 아닙니다. 사형제 폐지론자나 동물권 옹호론자 등이 주장하는 최소한의 생명권이 그것이지요. 올가을 18년 동안 길러온 모란앵무(lovebird)가 죽었는데, 새장에서 모이를 먹는 것보다 밥상에서 두부·달걀을 먹고 후식으로 과일·아이스크림을 먹는 것을 더 좋아한 '식구'였지요. '든 자리는 몰라도 난 자리는 안다'는 속담처럼 한동안 가슴속이 허전했어요. '눈에 밟힌다'는 말뜻도 알게 되었는데, '자식'처럼 생각했던가 봐요.

그렇지만 인간과 동물이 공유하는 생명권에도 차이가 있습니다. 동물은 자연적 수명을 누리는 반면 인간은 인위적 방법으로 수명을 늘이거나 줄일 수 있거든요. 전자가 '식물상태의 연명의료'인데, 저도 얼마 전에 그런 무의미한 연명의료를 사양한다는 「사전의향서」에 서명했어요. 후자는 자살이나 '강제적 안락사'와 구별되는 '존엄사'인데, 예를 들어 고령화로 인해 급증하는 중증치매노인에게 자신의 죽음을 선택할 권리를 보장해야 한다는 것이 제 생각이에요.

'존엄한'(dignified) 죽음에 대한 보편적 기준이 존재하는가는 논란의 여지가 있을 것입니다. 예를 들어 육체와 정신의 불일치가 진행되는 치매환자의 삶이 과연 언제까지 존엄한가는 의사나 법률가가 아닌 각자가 판단할 문제 같거든요. 『닥터 지바고』(1965)의 '영원한 여성'(eternal feminine) 줄리 크리스티가 열연한 『어웨이 프롬 허』(2006)와 『라스트 사무라이』(2003) '사이고 다카모리'로 열연한 바 있는 와타나베 켄이 '나는 살아 있는 것만으로 이미 폐(迷惑)가 된다'고 절규하는 『내일의 기억』(2007)을 보면서 한번 생각해보세요.

마지막으로 영국방송공사(BBC) 다큐멘터리 제작자 출신인 로런스 리스의 최신작 『나치 마인드』(2025; 국역: 책과함께, 2025)를 간단히 소개해두겠습니다. 그는 역사에서 배워야 할 '조언'(advice)은 '교훈'(lesson)이 아니라 '경고'(warning)라고 주장하는데, 전자는 '불변의 [일반적] 규칙'(fixed rule)인 반면 후자는 일반화할 수 없는 '경향'(tendency)이기 때문이라는 것이지요.

리스의 연구방법은 역사학 위주이고 심리학으로 보완됩니다. 제목이 나치의 '심리'(psychology)가 아니라 나치 '마인드'(mind)인 것은 이 때문인데, 번역한다면 성향이 좋겠지요. 그는 나치의 역사에서 연대기적으로 12가지 성향을 검출하고 그것들이 오늘 우리가 배워야 할 경고라고 주장하고 있어요.

그가 도출하는 나치 성향은 다음과 같습니다.

1. '비수전설' 등 음모론 유포 (1914-18년 1차 세계전쟁)
2. '그들과 우리'(彼我)를 구별하는 기준으로서 종족주의 (패전 직후)
3. 대중적 영웅으로서 지도자 (1923년 11월 뮌헨 쿠데타 이후)
4. 청년의 타락, 특히 폭력숭배의 조장 (1929년 대공황 전후)
5. 엘리트의 묵인 (1933년 집권 전야)
6. 법치/인권 부정과 '빵과 서커스' 제공 (집권 이후)
7. 이성/지식에 대한 감정/신념의 우위 (특히 1934년 총통 취임 이후)
8. 원한의 정치를 위한 적/그들의 가치 (1938년 오스트리아 병합 전후)
9. 저항의 제거 (1939년 폴란드 침공과 개전 전후)
10. 종족주의의 강화 (1941년 소련 침공)
11. 원격/간접 살인 (1941-45년 홀로코스트의 실행)
12. 공포의 조장 (1943년 스탈린그라드 전투 패배 이후)

처음 8개의 성향은 통상적으로 지적되는 것이고, 특별한 내용은 없습니다. 흥미로운 것은 9번과 10번인데, 폴란드와 우크라이나에서 자행된 홀로코스트가 저항을 제거하는 동시에 종족주의를 강화하는 수단이었다는 대목이지요. 『피에 젖은 땅: 스탈린과 히틀러 사이의 유럽』(2010; 국역: 글항아리, 2021)에서 티머시 스나이더는 폴란드와 우크라이나에서 나치가 학살한 유다인을 400만 명으로 추계했는데, 유럽에 거주하던 유다인 중 나치가 학살한 500만 명의 거의 대부분이었어요.

그런데 리스는 이런 반인류범죄를 개인심리학에서 말하는 사이코패스나 새디스트의 소행으로 설명해서는 안 된다고 주장합니다. 그 대신 사회심리학의 집단동역학(group dynamics), 즉 집단 내부에서 발생하는 심리와 행동에 대한 연구로 설명할 수 있다는 것이지요. 아도르노가 지적했듯이, 대중운동으로서 나치즘에 대한 이런 설명은 일리가 있어요.

그런데 리스는 사회심리학의 인지편향(cognitive bias) 중 하나인 '정의로운 세계'(just world) 가설도 대중운동으로서 나치즘에 대한 유효한 설명이라고 주장합니다. 집단의 심리와 행동에 대해 정당성을 부여하는 권위가 존재한다는 것인데, 에리히 프롬은 히틀러에게 의존하는 이런 성향을 '자유로부터의 도피'(escape from freedom)로 비판한 바 있지요.

「내전의 진화과정으로서 '대선 불복 20년동란'」에서 소개한 '정의의 광신도'(A Fanatic for Justice) 모르겐이 생각나는 대목입니다. 법/정의의 수호자를 자임하는 그는 나치법의 '근본규범'(Grundnorm)은 '민족사회주의혁명', 달리 말해서 민족(Volk)과 그 인격화인 총통(Führer, 수령)의 명령이라고 주장한 바 있지요.

이재명 대통령이 조희대 대법원장을 축출하고 후임으로 염두에 두었다는 설이 있는 문형배 재판관의 과오는 모르겐처럼 일편단심이 아니었다는 데 있었습니다. 이왕 이재명 정부를 출범시키는 일련의

'쿠데타'에 부역했다면, 이 대통령을 '[단지 정부수반일 뿐만 아니라] 국가원수인 동시에 최고입법자이자 최고재판관'으로도 존숭한다고 공언해야 했거든요.

11번 역시 건너뛰고 12번을 보겠습니다. 스탈린그라드 전투 패배 직후의 「총력전 연설」에서 괴벨스는 소련의 점령이 가져올 공포를 역설했다고 하지요. 또 히틀러도 뮌헨 쿠데타 20주년 기념연설에서 소련의 공포를 역설했다고 하고요. 소련의 공포를 지적하면서 나치의 죄과를 상대화하려는 이런 논법은 나중에 뉘른베르크 재판에서 반복되었는데, 재판 이후 냉전이 전개되면서 나치의 복권으로 귀결되었지요.

동시에 괴벨스는 연합국이 폭로한 홀로코스트에 대해서는 방어 대신 역공, 즉 연합국의 잔혹행위를 폭로하는 식으로 대응했습니다. 이런 것을 '피장파장'(tu quoque, you too) 논법이라고 한다는데, 저로서는 '똥 묻은 개가 겨 묻은 개 나무라기' 논법이거나 '적반하장' 논법이라고 부르고 싶네요. 인도인과 무슬림에 대한 영국인의 학대, 심지어 인디언과 흑인에 대한 미국인의 학대를 홀로코스트에 비견할 수는 없거든요.

물론 대숙청을 비롯한 소련의 학살은 미국이나 영국의 학대와는 차원이 다른 것입니다. 리스에 따르면, 테헤란 회담에서 스탈린이 뉘른베르크 재판 대신 군인, 경찰, 지식인 5만명 내지 10만명을 즉결 처형하자고 주장했다는 처칠의 증언이 있었다고 하거든요. 하기야 소련은 이미 1940년 4-5월에 카틴 숲에서 폴란드 군인 8천명, 경찰 6천명, 지식인 8천명을 처형한 전과가 있었는데, 위키피디아를 참고하세요. [독일과 소련의 학살에 대한 더 자세한 설명은 질의와 응답 266쪽 이하를 참고하시오.]

이재명 대통령의 핵심공약인 'AI기본사회론'과 'K엔비디아론'에 대해서도 주목해두겠습니다. 'AI대전환프로젝트' 등을 위해 민관합동 '국민성장펀드' 150조원을 조성하기로 했다는데, 그렇게 해서 오픈 AI나 엔비디아와 경쟁할 만한 '국가대표'(national champion) 'K-AI'

를 개발할 수 있을 것인지 의문이 들어요. 서울대나 카이스트에게 스탠퍼드에 비견되는 그런 능력이 있을 리 없거든요.

나아가 이재명 대통령 당선 이후 3천피를 돌파한 코스피가 과연 공약대로 5천피를 달성할지도 두고볼 일입니다. 취임 30일 기자회견에서 자칭 '큰 개미'라는 이 대통령이 자신의 멘토 이한주 교수와는 달리 부동산 대신 주식에 대한 투기를 추천한 것을 보면, 마치 5천피가 불가능하다고 고백하는 것 같거든요. [코스피가 4200피를 돌파한 직후 금융위원회 부위원장이 나서서 부동산 대신 주식에 대한 '빚투'까지 추천한 것을 보면, 더욱 그런 의심이 든다.]

게다가 원전 대신 태양광 등 재생에너지만으로 어떻게 인공지능이 요구하는 에너지를 공급할 수 있을지도 의문입니다. 기후변화가 인공지능과 '교환'(trade-off)된다는 것이 학계의 통설인데, 태양광 등과 관련된 친민주당계 내지 친중국계 업체의 사익 추구를 무시할 수 없기 때문에 그런 모순적 정책을 추진하는 것일지도 모르겠어요. 하기야 이재명 대통령이나 그 측근이 교환관계라는 경제학적 개념을 이해할 리도 없겠고요.

반면 갤럽에 따르면, 원자력발전에 대한 여론은 문재인 정부 초기인 2018년의 반대 우세에서 찬성 우세로 역전되었다고 합니다.

	2018	2019	2022	2025
확대	14	24	39	40
축소	32	27	18	11
유지	40	37	30	37

2018년의 축소 우세가 2019–21년에는 확대와 축소가 비슷해졌고, 2022년의 확대 우세로 역전되었는데, 갤럽은 러·우전쟁과 인공지능 등의 영향으로 해석하고 있습니다. 이번 여론조사에서 이재명 대통령 지지자는 24:18:48이고, 민주당 지지층은 22:22:46이며, 진보층(친중파)은 22:21:52로 확대와 축소는 비슷한 대신 유지가 우세하지요. 인공지능에 대해서는 조금 이따가 자세하게 설명해보겠어요.

'최초의 100일' 그 후

10월 31일과 11월 1일 아시아태평양경제협력체(APEC) 정상회의의 전야에 성사된 트럼프 대통령의 방한을 계기로 한미관세협상이 타결되었습니다. '타결'을 공언한 지 3개월 만이었는데, 2박3일 방일하는 트럼프가 방한을 취소할 경우에는 '박쥐 외교'의 실패로 인해 이재명 대통령이 '낙동강 오리알' 신세가 될 수도 있었거든요. 물론 낙동강이 경주를 지나는 것은 아니지만요.

타결의 핵심은 국민소득이 2.4배인 일본과의 국력 차이와 함께 일본과는 달리 준기축통화국도 아닌 사정을 고려하여 정부가 주도하는 투자를 3500억달러에서 2000억달러로 축소한다는 데 있었습니다. 대신 기업이 주도하는 마스가 1500억달러에 대해서는 정부가 보증·대출한다는 것인데, 재정동맹 없는 화폐동맹일 따름인 유럽연합의 방식을 준용한 것이지요.

관세협상 타결을 위해 이재명 대통령이 트럼프 대통령에게 신라 금관 모형을 상납했다는 사실도 지적해두겠습니다. 트럼프 정부 2기가 출범한 지 반년도 되지 않은 2025년 6월부터 '왕은 필요 없다'(No Kings)는 구호를 내건 시위가 미국에서 전국적으로 전개되었다는 사실을 무시한 처사이기도 해서 국제적 스캔들이 되었지요.

하기야 인민주의(ochlocracy/mobocracy)를 표방하고 있는 이재명 대통령의 입장에서는 '오클로스(ochlos)의 왕'(King Mob)인 트럼프 대통령이 부럽기도 할 것입니다. 그러나 이 대통령이 그렇게 되기는 어려울 것인데, 경북 안동의 생가를 복원하는 것부터 쉽지 않거든요. 생뚱맞게도 안동 출신인 서대문구의원이 국회 등에 건의한 것이 좌절되었는데, 생가 복원은 안동시에서 추진하고 있는 생가터 관광사업과 보완관계에 있다고 할 수 있겠지요.

중국에도 '셰셰'하고, 대만에도 '셰셰'하겠다는 이재명 대통령의 말은 역시 거짓이었다는 사실도 지적해두겠습니다. 다카이치 총리나 베선트 재무부장관과 달리 이 대통령은 아태경제협력체 정상회의에 참석한 대만 대표와 회담을 갖지 않았거든요. 물론 북한과 중국의 잠수함을 추적하려면 핵추진잠수함이 필요하다고 트럼프 대통령에게 읍소한 것 때문에 시진핑 주석이 진노한 탓으로 둘러댈 것인데, 이 대통령의 거짓말은 역시 국내용일 따름인 것 같아요.

이 대목에서 자유주의적 이념과 민주주의적 제도, 좀 더 간단하게 말해서 자유민주주의를 자유주의적 이념의 거부와 민주주의적 제도의 타락으로서 인민주의와 구별해야 한다는 사실을 새삼 강조해둘 필요가 있을 것입니다. 또 마틴 루터 킹 목사와 그의 후예라고 할 수 있는 오바마 대통령은 인민주의자가 아니라 자유민주주의자였다는 사실도 새삼 주목할 필요가 있고요. 마르크스주의를 일반화하려면 발리바르처럼 킹 목사의 비폭력주의만 강조하면 안 되고 힌두교도 간디와의 차이도 주목해야 한다는 것이지요.

오바마 대통령의 대선 도전을 기록한 다큐멘터리 『국민에 의한 선택』(2009)을 보면, 오바마가 후보지명수락연설에서 1963년 워싱턴행진(The March on Washington for Jobs and Freedom)에서의 킹 목사 연설 「나에게는 꿈이 있습니다」(I have a dream)를 언급하는 대목이 나오지요. 행진과 연설 50주년을 기념하는 연설에서 오바마는 「독립선언서」가 약속한 '생명, 자유, 행복추구'의 기본권을 위한 투쟁이 행진과 연설의 정신이었다는 사실을 새삼 강조하고 있는데, 특히 '고국에서 그들에게 거부된 자유를 위해 외국에서 싸운 [흑인] 병사들'을 언급하는 대목에 가슴이 먹먹했어요.

이야기가 나온 김에, 킹 목사의 또 다른 후예라고 할 수 있는 존 바이즈(Joan Baez)가 오바마를 지지했다는 사실도 지적해두겠습니다. 워싱턴행진에 참여하여 「우리 승리하리라」(We Shall Overcome)를 부른 그녀는 오바마의 당선을 위해 생전 처음으로 대선 캠페인에도 참여했다고 하지요. 60년대에 '조니 포니'(Joanie Phoanie, 사이비 (phony) 존)라는 야유를 받기도 했던 그녀는 단순한 '개념연예인'이 아니라 문화활동가(cultural activist)였다는 것이 제 생각인데, 『존 바에즈 자서전』(1987; 국역: 삼천리, 2012)을 참고하세요.

어쨌든 이 대목에서 10월 초에 나온 *Navigating Disruption*에도 주목할 필요가 있겠다는 생각입니다. 빅터 차 등이 편집한 전략국제문제연구소 보고서의 제목은 직역하자면 '혼돈의 통과'인데, 부제는 미국, 즉 2025년 1월에 출범한 트럼프 2기 정부의 대외정책에 대한 동맹국과 제휴국의 대응이지요.

제목에 나온 '혼돈', 즉 '해도가 없는 미지의 바다'(uncharted water)는 세계질서의 '교란/붕괴'(disruption)를 의미하는 것입니다. 그리고 그런 교란/붕괴는 일차적으로 러시아·우크라이나전쟁, 팔레스타인·이스라엘전쟁, 미·중무역전쟁 등 일련의 분쟁과 그 와중에 강화된 '북중러이란의 연대'(CRINK Axis)로 야기된 것이에요. 다만 이런 연대가 아직은 '동란의 축'(Axis of Upheaval), 달리 말하자면 2차 세계전쟁을 도발한 것과 비슷한 '추축국'(Axis powers)으로 강화된 것은 아니지만요.

물론 바이든 정부가 정권 재창출에 실패하고 트럼프 2기 정부가 출범한 것 역시 세계질서의 붕괴에 기여하고 있습니다. 1기 정부와 비교할 때 2기 정부의 연속성과 단절성에도 주목할 필요가 있는데, 연속성은 트럼프의 '미국우선주의'(America First)인 반면 단절성은 트럼프를 견제할 수 있는 '어른의 축'(Axis of Adults)의 부재이지요. 또 트럼프를 견제했던 아베의 부재도 추가할 수 있겠고요. 아베에 대한 설명은 나중에 시진핑을 설명하면서 추가하겠어요.

이 보고서에서 주목해야 할 부분은 물론 일본과 한국의 대응일 것입니다. 먼저 일본은 나름대로 선방할 것으로 예상되는데, 트럼프 1기 정부에 대한 아베의 대응에서 축적된 경험 때문이지요. 또 '포괄정당'(catch-all party/big tent)인 자민당의 특성에 따라 자유주의 파벌과 보수주의 파벌의 정권 교체가 국익에 대한 합의, 즉 '도쿄 컨센서스'를 위협하지 않는 것이고요. 국익에 대한 합의가 존재하지 않는 민주당과 국민의힘의 정권 교체가 친북중러와 친한미일 사이의 동요를 야기하는 한국정치와는 천양지차인 셈이에요.

먼저 보수주의 파벌인 아베 내각 이후 정권 교체는 다음과 같습니다.

2020-21년   스가 요시히데 내각 (요시다-사토계 자유주의 파벌)
2021-24년   기시다 후미오 내각 (요시다-이케다계 자유주의 파벌)
2024-25년   이시바 시게루 내각 (무파벌)

2025년 10월에 출범한 다카이치 사나에 내각은 아베계 보수주의 파벌인데, 새처 수상을 존숭하는 다카이치 총리의 별명은 '여자 아베'라고 하지요. 다카이치 총리는 요시다-아소계 자유주의 파벌의 지원으로 3수 만에 자민당 총재에 당선된 것이에요.

다카이치 내각이 출범하자 『조선일보』나 『동아일보』까지 나서서 일본정치의 우경화 운운하는 것은 무지의 발로일 따름입니다. 물론 『한겨레신문』이나 『경향신문』도 마찬가지인데, 다만 자신들이 표방하는 진보주의 내지 인민주의가 자신들이 반대하는 자유주의 내지 자유보수주의에 미달한다는 사실을 깨닫지 못한 탓이지요. 그래서 미국이나 일본에 대한 대안을 중국의 권위독재정에서 찾는 것인데, 마치 미국이나 영국에 대한 대안을 독일의 나치즘, 즉 국가사회주의에서 찾은 것과 비슷하다고 할 수 있겠지요.

게다가 일본은 중국에 대항하기 위해 미국의 동맹국이나 제휴국, 즉 '동지적 국가들'(like-minded countries)과의 연대를 모색할 수도 있습니다. 이것도 아베의 유산인데, 바로 그가 트럼프 정부에 인도태평양전략을 설득했고, 또 트럼프 정부가 탈퇴한 뒤에도 범태평양파트너십(TPP)을 지속하는 데 지도적 역할을 했거든요.

한국의 상황은 일본의 상황과 대조적이라고 할 수밖에 없습니다. 미국(그리고 일본)의 입장에서 한국에 비해 대만의 경제적·안보적 중요성이 부각되는 상황에서 미국과의 '관계를 교란/붕괴시킬 여유가 없기'(can ill afford disruptive relations) 때문이지요. 쉽게 말해서 개딸의 성급한 요구와는 달리 단기적으로 친중·비미(일)로 정책을 전환하기 곤란하다는 것이에요.

한국의 대응을 정리한 사람은 빅터 차인데, 그는 이재명 후보의 당선에 대한 브리핑 "Frying Pan to Fire"에서 이미 이런 문제에 주목한 바 있습니다. '갈수록 태산'이라는 제목의 이 브리핑은 이재명 정부의 출범 이후 대내외정책의 산적한 난제로 인해 '새롭고 더욱 곤란한'(a new and even more challenging) 국면이 전개될 것으로 예상하고 있지요.

빅터 차가 지적하는 난제는 먼저 박근혜 대통령 탄핵으로 집권한 문재인 정부와 윤석열 대통령 탄핵으로 집권한 이재명 정부가 당면한 경제정세의 차이에서 비롯된 것입니다. 문 정부 초기인 2017-18년은 2차 반도체호황이라는 호재가 있었던 반면 이 정부 초기에는 오히려 미·중무역전쟁과 미국과의 관세협상이라는 악재가 있다는 것이지요. 이 정부가 문 정부의 '안미경중'을 계승하는 것을 트럼프 정부가 방치할 리 없기 때문이에요.

제1 도련(島連, inner island chain, 일본-대만-필리핀-보르네오)에 대한 중국의 침공에 대응하여 트럼프 정부가 추진하는 주한미군의 감축과 '전략적 유연성'도 이재명 정부에게 난제일 수밖에 없을 것입니다. 일본과는 다르게 한국이 자국의 안보정책을 미국에 의존하면서도 미국의 대중국정책에는 동참하지 않는 것을 트럼프 정부가 용납할 리 없거든요.

한미정상회담 직후에 이재명 대통령을 전략국제문제연구소로 초청한 것은 안미경중에 대해 쐐기를 박으려는 의도였다는 사실도 비로소 분명해졌습니다. '정치인 초청 토론회'(statesmen's forum)라는 형식으로 45분간 진행되었는데, 시간 배당은 연설이 절반, 그리고 연설 전후의 소개와 대담이 절반이었지요.

이재명 대통령의 연설은 별다른 내용이 없었습니다. 예를 들자면, 윤석열 대통령의 '군부친위쿠데타'(military self-coup, sic)를 극복한 (또 두 번의 탄핵에 성공한) 'K민주주의'에 대해 장황하게 설명했을 따름이거든요. 2022년 대선후보토론회에서 장담하던 '곧 기축통화국이 될' 'K경제'라는 황당무계한 공약의 정치적 판본으로, 그의 말을 듣다보면 적어도 한국에서는 '말세'가 가깝다는 생각이 들지 않을 수 없어요.

말세에 대한 묘사로는 청황조 공자진의 글이 유명합니다.

건륭제 60년의 태평성대 덕분에 풍속과 세태는 방탕에 익숙했고 인정은 늘 분수에 넘쳤다. [그 결과 아편전쟁 전야에는] 잘 살던 집안이 못살게 되고 못살던 집안이 굶주리게 되자, 사농공상의 백성 모두가 좀도둑질에만 급급하게 되었다.

承乾隆六十載太平之盛, 人心貫于泰侈, 風俗習于游蕩.(⋯)富戶變貧戶, 貧戶變餓者. 四首之民, 奔走小賊.

그 후 중국에서는 양무운동, 변법운동, 신해혁명, 5·4운동, 중국혁명으로 이어진 '100년동란'이 발발했던 것이고요. 조선왕조와 비교할 때 쇠망의 외인을 강조하는 것이 더 적합한 청황조의 쇠망에 대해 오히려 내인을 강조하는 이런 태도가 동란에 대처하려는 지식인의 본분이겠지요.

나아가 이재명 대통령은 넷플릭스 애니메이션 『케데헌』 덕분에 부상한 'K푸드'(김밥과 라면)가 대표하는 'K컬처'에 대한 설명 역시 장황하게 늘어놓았습니다. 국가정보자원관리원의 화재라는 '국난'의 와중에도 이 대통령이 JTBC의 『냉장고를 부탁해』에 출현한 것은 역시 먹는 것에 진심인 그 자신의 '먹사니즘'을 상징한 희대의 사건으로 기록되겠지요.

반면 이재명 대통령은 한미관계에서 제기된 핵심사안인 관세협상 문제에 대해서는 거의 설명하지 않았습니다. 특히 3500억달러 기금에 대해서는 일언반구도 없이 마스가만을 언급했지요. 달리 말해서 경제 문제는 생략한 채 안보 문제에만 집중했던 것이에요. 대담의 서두에서 전략국제문제연구소 소장인 햄리가 단도직입적으로 안미경중 문제, 나아가 친중 성향 문제를 제기함으로써 안미경중을 포기하겠다는 이 대통령의 답변을 유도한 것은 이 때문이었어요.

이 대목에서 '중국 쓰나미'를 주제로 한 『조선일보』 사설에 주목할 필요가 있습니다. 9월 말부터 10월 초까지 통상적 길이의 두 배가 넘는 장문의 사설을 7회에 걸쳐 연재한 것인데, 안미경중을 쉽게 포기해서는 안 된다는 논지여서 『프레시안』 같은 진보언론도 상찬한 바 있지요. 『조선일보』는 관세협상과 관련해서도 이재명 정부의 편을 드는 입장이었다는 사실 역시 주목할 필요가 있고요.

사실 비자유주의적 보수주의를 견지하는 『조선일보』의 이런 입장은 그다지 놀랄 만한 것은 아닙니다. 유신체제와 5공을 기화로 해서 『동아일보』를 추월한 『조선일보』에게 자유민주정과 민간자본주의에 대한 신념이 있을 리 없거든요. 이번 사설을 제안한 양상훈 주필도 그런 신념이 있을 리 없는데, 경북 영천 출신으로 서울공대를 졸업한 그는 『조선일보』가 흥성하던 1984년에 입사했다고 하지요.

중국모델론의 허구성에 대해서는 나중에 자세하게 설명할 것이고, 다만 『조선일보』가 중국 중심의 탈달러화에도 관심이 많다는 사실만 지적해두겠습니다. 케네스 로고프의 『달러 이후의 질서』(2025; 국역: 월북, 2025)를 소개하는 장문의 인터뷰를 싣고 그가 달러위기에 대비해서 외환보유액에서 위안의 비중을 제고하라고 충고한 것처럼 보도했거든요. 그러나 오보 같다는 것이 제 생각이에요. [질의와 응답 258쪽 이하를 참고하시오.]

아태경제협력체 정상회의 직전에 『한겨레신문』이 주최한 아시아미래포럼에 대해서도 간단하게나마 언급해두겠습니다. '민주주의의 미래'라는 주제로 열린 16회 포럼에 문형배 재판관의 멘토라고 할 수 있는 레비츠키 교수가 영상으로 참여하여 기조연설을 했거든요. 그러나 별다른 내용은 없었어요.

물론 문형배 재판관도 참여하여 기조연설을 했는데, 역시 별다른 내용은 없었습니다. 대신 '내 몸속엔 민주공화국의 붉은 피가 흐르고 있다'고 발언하여 청중의 박수를 유도하기도 했는데, 대법원장보다는 비례대표 국회의원으로 법사위원장을 맡는 것이 더 어울리겠다는 생각이 들었어요. 어쨌든 자신이 자유주의자가 아닌 공화주의자임을 고백한 셈인데, 공화주의자와 인민주의자는 단 한 걸음 차이지요.

그런데 포럼 직전에 정은주 기자의 레비츠키 교수와의 인터뷰가 『한겨레신문』에 실렸습니다. 40여일 전 문형배 재판관의 인터뷰에 이어진 이 인터뷰의 의도는 윤석열 대통령을 트럼프 대통령과 비교하면서 '헌법적 하드볼'(constitutional hardball)을 사용한 것이 옳았다는 답변을 유도하려는 데 있었던 것 같아요. 또 트럼프를 탄핵하지 못한 미국이 윤 대통령을 탄핵한 K민주주의에서 '매우 소중한 교훈'을 배워야 한다는 답변도 유도할 수 있었고요.

정은주 기자는 윤석열 정부와 트럼프 정부를 '경쟁적 권위주의'로 특징짓고 있습니다. 이 용어는 레비츠키 교수의 2010년 저서의 제목에 나온 것인데, 민주정과 독재정의 '잡종정체'(hybrid regime, anocracy)라는 의미이지요. 지블렛과의 공저에서는 그 대신 인민주의라는 용어를 사용하고 있고요. 잡종정체로서 인민주의는 물론 박근혜 정부나 윤석열 정부가 아니라 '문재명 정부'에 적합한 용어인데, 보수언론이 레비츠키에 주목했던 것도 이 때문이에요.

또 하드볼은 소프트볼의 반대말로서 강경책이라는 의미이므로, '관용과 자제', '시빌리티와 페어플레이' 등을 배제한다는 의미입니다. 따라서 헌법적 하드볼은 헌법의 '정신'(spirit)은 잊은 채 그 '문언'(letter)만 따른다는 의미이지요. 달리 말해서 '헌법'은 있으나 '헌정'은 없으므로 '정치적 헌정주의'가 '법률적 헌정주의'로 퇴화했다고 할 수 있어요.

레비츠키는 인민주의의 대부 격인 페론을 '헌법적 하드볼의 대가(master)'라고 부르고 있습니다. 또 탈냉전기에 부활한 인민주의적 정치를 '헌법적 하드볼'로 특징지으면서 특히 여소야대의 상황에서 선거쿠데타에 이어지는 의회·법원쿠데타를 강조하고 있고요. 이 점에서 볼 때 '문재명 정부'에서도 문재인 정부보다는 오히려 이재명 정부가 헌법적 하드볼의 대표적 사례라고 할 수 있겠지요.

이런 사기성 인터뷰를 진행한 정은주 기자가 누군지 궁금해지는 대목입니다. 정 기자는 자신의 '원산지'를 공개하지 않는데, 웹 서핑을 통해 인하대 학보사 출신이라는 사실을 알 수 있었지요. 『한겨레21』 기자가 되기 위해 기자가 되었다'는 정 기자는 노무현 정부 시절에 정부기관지 격인 『서울신문』에서 활동하다가 이명박 정부 시절에

'꿈에 그리던' 『한겨레신문』으로 이적한 '문재명' 지지자인데, 『한겨레21』 출신인 최우성 사장과의 인연 역시 남다를 것 같아요.

대선 패배 이후 국힘의 상황은 사리부재(詞俚不載, 더러운 말로 입에 담을 수 없음)입니다. 그렇지만 당대표 결선투표에서 김문수 장관이 장동혁 의원에게 0.5%포인트 표차로 석패했다는 사실만은 지적해두겠어요. 민주당의 3류정치에 맞서기 위해 국힘도 3류정치로 타락해야 한다는 논리가 작용한 것 같은데, 쉽게 말해서 김어준의 상대는 전한길, 정청래의 상대는 장동혁이라는 셈이지요. 게다가 한동훈은 몰아내고 이준석과는 손잡으려는 것 같고요.

김문수 장관의 패인은 '언더 찐윤'과 거리를 둔 채 오히려 친한계와 제휴한 데 있다는 것이 대선 당시 그의 책사였던 김재원 의원의 주장입니다. 대선캠프 해단식에서 당권 도전을 요구하던 지지자들에게 '쓰레기통에서 살 수는 없다'고 면박을 준 그가 무슨 까닭으로 출마를 결심했는지는 모르겠는데, 어쨌든 '정치판의 에레나/양공주' 노릇은 아무나 할 수 있는 것이 아닌 것 같아요.

다만 「내전의 진화과정으로서 '대선 불복 20년동란'」에서 김문수 장관이 이념의 인간인 적은 없다고 한 말에 대해서는 부연할 필요가 있다는 생각이 듭니다. 먼저 현대적 정치이념 중에서 자유주의나 마르크스주의와 비교할 때 보수주의는 '지적으로[이론적으로] 가장 취약한(modest)'(앤드루 헤이우드) '바보 같은 당'(the stupid party, 밀)이기 때문이지요. 노동자운동 이론가가 아닌 실천가였던 김 장관이 국힘의 대선후보와 당대표로 나선 것에 극복할 수 없는 이념적·이론적 장애가 있었던 것은 아닐 것 같아요.

나아가 김대중 정부에서 시작하여 노무현 정부에서 본격화되었던 인민주의가 '문재명 정부'에서 주류화된 것을 본다면, 한국인에게는 자유주의자나 마르크스주의자 같은 이념의 인간이 부적합한 것은 아닌가 하는 생각이 들기도 듭니다. 이념의 인간은커녕 선의의 인간조차 찾아보기 힘든 한국인에게는 욕망의 인간이나 정념의 인간이 역시 제격인 것 같아요.

인공지능에 대하여

아제몰루는 헌정·법치와 경제성장의 관계에 대한 정치경제론적 설명으로 노벨경제학상을 수상한 것인데, 기념논문인 "Institutions, Technology and Prosperity"(2024-25)에서는 인공지능에 대한 정치경제론적 비판도 제시하고 있습니다. 『국가는 왜 실패하는가』(2012; 국역: 시공사, 2012)와 『권력과 진보』(2023; 국역: 생각의힘, 2023)가 이 설명과 비판에 대해 대중적으로 소개한 것이니 참고할 수 있을 것이고요.

「내전의 진화과정으로서 '대선 불복 20년동란'」에서는 헌정·법치와 경제성장의 관계에 대한 정치경제론적 설명을 소개한 바 있는데, 여기서는 인공지능에 대한 정치경제론적 비판을 소개해보겠습니다. 또 전자와 달리 후자에 대해서는 유보적인 제 입장도 아울러 제시해보겠어요. 「대선 불복 '20년동란'」에서도 인공지능의 위험성에 대해 설명한 적이 있으니 참고하실 수 있고요.

『권력과 진보』는 오픈AI의 챗GPT(인간과 대화하는 생성형 사전훈련 트랜스포머)가 개발된 직후에 출판된 것으로 '디지털 디바이드'가 'AI 디바이드'로 심화된다고 경고하면서 그 해결책을 제시하고 있습니다. 다만 그 실행가능성에 대해서는 의문을 제기할 수 있다는 것이 제 생각인데, 챗GPT 개발 이전에 집필되었다는 문제와도 무관하지 않은 것 같아요.

아제몰루는 자본가와 노동자의 '공유된 번영'(shared prosperity)을 위해서는 AI기술의 진보가 노동을 대체하는 '자본친화적' 방향에서 노동을 보완하는 '노동친화적' 방향으로 전환되어야 한다고 주장하고 있습니다. 기념논문에서는 이런 입장을 증명하기 위해 일종의 효용가능성곡선을 제시하고 있는데, 너무 복잡한 그의 그래프를 단순화해볼 수 있겠지요.

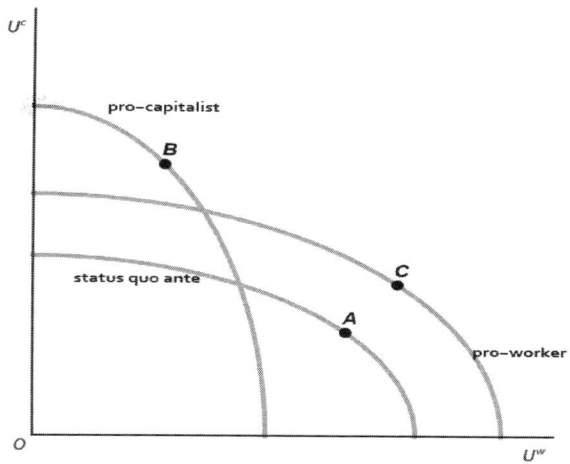

U^w와 U^c가 노동자와 자본가의 효용일 때 세 개의 효용가능성곡선
이 제시되는데, 기술진보 이전의 상태(status quo ante), 자본친화적
(pro-capitalist) 기술진보, 노동친화적(pro-worker) 기술진보에 해당
하는 곡선들이 그것입니다. 효용가능성곡선 아래의 효용가능성집합
은 전체 효용을 의미하는 것이고요.

기술진보 이전의 상태와 비교할 때 자본친화적 기술진보는 전체
효용의 증가가 작은 반면 노동친화적 기술진보는 전체 효용의 증가가
크다는 것이 아제몰루의 주장입니다. 전자에 비해 후자에서 생산성
상승이 크다는 것이지요. 예를 들어 생산성 상승이 작은 자본친화적
기술진보인 A에서 B로의 이행은 노동자의 효용이 자본가의 효용
으로 이전할 따름인 반면 생산성 상승이 큰 노동친화적 기술진보인
A에서 C로의 이행은 노동자와 자본가의 효용이 동시에 증가하는
'공유된 번영'이라는 것이에요.

문제는 AI기술이 진보하는 방향을 어떻게 전환할 수 있느냐는 데
있습니다. 아제몰루의 제안은 의외로 너무 단순한데, 노조의 개입이
필요하다는 것이지요. 그런데 디지털기술에 대해 무력하여 디지털
디바이드를 초래한 노조가 어떻게 AI기술에 대응하여 AI 디바이드

를 극복할 수 있다는 것인지는 더 이상 설명하고 있지 않아요.

「'대선 불복 2년동란'」에서 소개한 루비니의 설명이 오히려 설득력이 있다는 것이 제 생각입니다. 그에 따르면, 인공지능은 지식노동을 대체하는 것으로, 육체노동을 대체한 기계화에 후속하는 것이에요. 그러나 '노동자대중 전체를 타도할 기계장치라는 악마'를 거부했던 칼라일식 러다이트론에 후속하는 것은 인공지능 악마론이 아니라 현대판 '빵과 서커스'로서 배달음식과 비디오게임을 제공할 수 있는 기본소득론이라는 것이 그의 주장인데, 이재명 대통령이 제안하는 'AI 기본사회론'의 실체도 대동소이하다고 할 수 있겠지요.

아제몰루가 제시하는 AI 비판의 결함은 좀 더 근원적인 데 있다는 것이 제 생각입니다. 그는 수익성을 추구하는 자본주의에서 기술진보가 노동절약적이고 자본소비적인 편향성을 가질 수밖에 없다는 사실을 인정하지 않아요. 그가 자본친화적 기술진보를 노동친화적 기술진보로 전환할 수 있다고 주장하는 것은 결국 이 때문이고요. 그러나 자본주의적 기술진보가 수익성과 무관할 수는 없지요.

게다가 아제몰루는 생산성을 상승시키는 산업혁명과 생산성 상승 없이 세계시장을 확대하는 교통·통신혁명을 구별하지도 않습니다. AI기술이 디지털기술 내지 IT(정보기술)의 연장이라는 것은 챗GPT의 개발이 2000년대 컴퓨터·인터넷의 발달을 전제한다는 사실에서 쉽게 알 수 있는데, 그러나 아제몰루는 IT나 AI기술이 추동하는 것이 신자유주의적 금융세계화에 따른 교통·통신혁명인지 아니면 3차나 4차의 산업혁명인지에 대해서는 별로 관심이 없어요.

IT처럼 AI기술에서 생산성 상승이 작은 것은 두 기술이 산업혁명이 아니라 교통·통신혁명과 관련되기 때문입니다. 쉽게 말해서 국제하청(global (out)sourcing)과 해외이전(offshoring)을 통해 세계시장을 확대한다는 것이지요. 게다가 두 기술이 동원하는 막대한 자본은 금융세계화, 특히 빅테크에 의해 지배되는 주식시장과 직결되는 것이고요. 챗GPT의 개발이 상징하는 AI기술의 진보가 그 증거인데, 아제몰루는 이것 역시 간과하고 있어요.

이 대목에서 세계적으로 가장 전투적인 노조의 하나인 민노총이 이재명 정부의 'AI기본사회론'이나 'K엔비디아론'에 대해 어떤 입장을 갖고 있는지 궁금합니다. 물론 민족해방파가 장악한 민노총의 가장 중요한 과제는 외교·안보에서 친북중러·반한미일(내지 비한미일) 지향을 강화하는 데 있겠지만요.

2007-09년 금융위기를 주제로 공공노조가 주최한 토론회의 뒤풀이에서 민노총 중 가장 진보적이라는 공공노조 간부들이 주식 투자에 진심인 것을 보고 실망한 적이 있습니다. 지금은 아마 더 심해졌을 것인데, 코인에 투자할지도 모르겠지요. 그러니 민노총 간부들의 관심이 'AI기본사회론'이나 'K엔비디아론'의 수혜주가 무엇인지에 쏠린다 해도 별로 이상할 것 같지는 않아요.

하기야 민노총에게 'AI기본사회론'과 'K엔비디아론'에 대한 비판을 기대하는 것은 무리일 것입니다. 민노총 부설 민주노동연구원이 2024년 9월에 출판한 『대전환시대 노동운동 진단』을 보면, 한미일과 북중러의 '신냉전'(체제경쟁)에서 후자의 우세를 예단하면서 민노총이 체제전환운동으로서 노동자운동을 주도해야 한다고 주장하고 있지요.

또 IT와 AI기술이 기계화와 전기화에 기반한 1차·2차 산업혁명을 계승하는 3차·4차 산업혁명의 기반이라는 통속적 주장을 반복하고 있는데, 그런 주장은 챗GPT 개발 이전에 유행하던 것입니다. 이미 설명한 것처럼, 아제몰루도 이런 주장을 비판하지는 않는데, 그러나 그는 IT와 AI기술이 생산성을 상승시키는 효과가 작다는 데 주목함으로써 산업혁명과 교통·통신혁명을 구별할 수 있도록 도와주기도 하지요.

IT나 AI기술이 교통·통신혁명보다 오히려 3차나 4차 산업혁명과 관련된다는 주장은 사실 현대경제학계 전체가 공유하는 것입니다. 예를 들어 IT의 생산성 효과가 작다는 것을 증명함으로써 이른바 '신경제론'을 논파하는 데 결정적으로 기여한 바 있는 로버트 고든도 『미국의 성장은 끝났는가』(2016; 국역: 생각의힘, 2017)에서 IT(및

AI기술)를 교통·통신혁명보다 오히려 3차(및 4차) 산업혁명과 관련짓고 있거든요.

고든을 포함하는 현대경제학계는 범용기술의 발명으로 산업혁명을 설명하고 있습니다. 1차 산업혁명은 증기기관의 발명 덕분이고 2차 산업혁명은 전기의 발명 덕분이라는 식이지요. 그래서 IT나 AI기술 같은 새로운 범용기술의 발명이 3차나 4차 산업혁명을 가능케 한다는 것이고요. 다만 증기기관·전기와 달리 IT·AI기술의 범용성에는 한계가 있어서 1차·2차 산업혁명과 달리 3차·4차 산업혁명의 생산성 효과가 작다는 것이에요.

그러나 현대경제학의 산업혁명론이 아닌 마르크스의 산업혁명론이 타당하다는 것이 제 생각입니다. 그래서 1차 산업혁명이 면직물산업에서 나타났듯이 2차 산업혁명은 자동차산업에서 나타났다고 주장하는 것이지요. 또 1차 산업혁명은 기계제대공업과 관련되었고 2차 산업혁명은 법인혁명·관리자혁명·케인즈혁명과 관련되었다고 주장하는 것이고요. 산업혁명에서 기술과 더불어 제도의 중요성에 대한 설명은 『일반화된 마르크스주의 개론』을 참고하세요.

마지막으로 아제몰루의 AI기술론에서도 배울 것이 있다는 사실을 지적해두겠습니다. 그는 AI기술이 인터넷과 소셜미디어의 감시를 위해 사용되는 위험성에도 주목하고 있는데, AI기술이 '아랍의봄'을 '디지털 독재'로 반전시켰다는 사실을 환기하고 있는 셈이지요. 역시 대표적 사례는 중국·러시아·이란이고, 미국도 일정 부분 해당된다는 것이고요.

그는 디지털 독재가 오웰의 『1984년』(1949)보다 오히려 헉슬리의 『멋진 신세계』(1932)를 실현한다고 지적하고 있습니다. 『1984년』은 독재에 저항할 수 없도록 '책을 금지하는 상황'인 반면 『멋진 신세계』는 '책을 읽고 싶은 사람이 없어서' '책을 금지할 이유도 없는 상황'이라는 것이에요. 달리 말하자면 독재에 저항하고 싶거나 그럴 이유가 있는 사람이 없는 상황이라는 것인데, 친북중러·반한미일 성향의 민노총은 그 극단적 사례라고 할 수 있겠지요.

AI기술의 진보는 빅테크가 지배하는 주식시장과 직결되어 있는데, 마침 이 주제와 관련된 『AI 타이탄들의 전쟁』(2025; 국역: RHK, 2025)이 번역되었습니다. 저자 게리 리블린은 퓰리처상을 수상한 바 있는 IT 탐사보도전문기자이지요. 그는 IT와 AI기술을 비교하면서 인터넷이 거품이었던 것처럼 챗GPT도 거품이지 않을까라는 문제를 제기하고 있어요.

『AI 타이탄들의 전쟁』의 원제에 '인공지능으로 수조 달러를 벌기 위한 경쟁'(Trillion-Dollar Race to Cash In on Artificial Intelligence)이라는 구절이 있는데, IT에 이어서 AI기술이 빅테크의 시가총액(market capitalization) 경쟁의 새로운 수단이 된다는 의미입니다. 그러니 인터넷처럼 챗GPT도 거품일지 모른다는 의미이고요.

먼저 위키피디아에 나온 빅테크 내지 고수익기업의 동향을 소개해둘 필요가 있는데, 시가총액 1-4조 달러를 돌파한 시점과 시가총액의 고점(및 그 시점)은 다음과 같습니다.

	1조	2조	3조	4조	고점
엔비디아	2023. 5.	2024. 2.	2024. 6.	2025. 7.	4.4조(2025. 8.)
마이크로소프트	2019. 4.	2021. 6.	2024. 1.	2025. 7.	4.1조(2025. 7.)
애플	2018. 8.	2020. 8.	2022. 1.	2025.10.	4.0조(2025.10.)
알파벳(구글)	2020. 1.	2021.11.	2025. 9.		3.9조(2025.11.)
아마존	2018. 9.	2024. 6.			2.5조(2025. 2.)
메타(페이스북)	2021. 6.	2025. 8.			2.0조(2025. 8.)

엔비디아가 10월에는 시가총액 5.2조달러를 기록했다는 사실도 지적해두겠습니다. 시가총액으로 세계 4위인 인도(5.3조달러)와 3위인 일본(6.4조달러)의 추월을 앞둔 것인데, 11위인 독일(2.0조달러)의 2.5배이고 15위인 한국(1.7조달러)의 3배 남짓한 규모이지요. 또 국민소득으로 세계 5위인 인도(4.1조달러)와 4위인 일본(4.3조달러)을 거쳐 3위인 독일(5.0조달러)도 추월한 것인데, 14위인 한국(1.9조달러)의 거의 3배에 달하는 규모이고요.

코로나19 이전의 시가총액 경쟁에서는 애플과 아마존이 선두주자였음을 알 수 있습니다. GPU(그래픽처리장치) 공급업체인 엔비디아가 약진하기 시작한 것은 2022년 11월 챗GPT가 개발되면서부터인데, 그 후 엔비디아와 마이크로소프트가 선두경쟁을 했지요. 마이크로소프트가 애플을 제친 것이나 알파벳과의 격차를 벌인 것은 챗GPT를 개발한 오픈AI와 제휴한 덕분이었고, 메타가 경쟁에서 탈락한 것은 AI기술의 수익성에 대한 오판 때문이었어요.

빅테크 중에서 다우존스에 진입한 순서는 다음과 같습니다.

```
1999   마이크로소프트
2015   애플
2024   아마존
       엔비디아 (인텔을 교체)
```

알파벳과 메타는 아직 진입하지 못했고요. 반면 2007-09년 금융위기를 계기로 미국을 대표하던 산업자본은 다우존스에서 퇴출되었지요.

```
2009   제너럴모터스
2018   제너럴일렉트릭
```

다우존스에서 빅테크의 가중치는 다음과 같습니다.

```
6.7%   마이크로소프트
3.0%   아마존
2.9%   애플
2.0%   엔비디아
```

그밖에 IBM 3.8%, 세일즈포스(클라우드컴퓨팅 서비스업체) 3.9% 등이고요.

다우존스를 구성하는 또 다른 범주는 물론 금융자본입니다.

```
8.8%   골드만삭스
5.3%   비자
4.3%   아메리칸익스프레스
4.0%   트래블러스(보험회사)
3.8%   모건체이스
```

2007-09년 금융위기 이후 퇴출된 대표적 금융자본도 있었고요.

2008   AIG
2009   시티그룹
2013   BoA

리블린은 스타트업과 빅테크의 관계를 '영웅'과 '악당'으로 묘사하면서 서부영화와 다르게 영웅이 악당에게 패배한다고 주장하고 있습니다. 그럴 수밖에 없는 것이 첨단기술의 개발은 막대한 자본을 필요로 하는 것이니, 자본 조달에 곤란을 겪는 스타트업은 결국 빅테크와의 경쟁에서 패배하여 퇴출되거나 빅테크에게 인수·합병될 수밖에 없거든요.

인터넷 시대의 실리콘밸리에서 넷스케이프와 마이크로소프트의 대결이 대표적인 사례였습니다. 인터넷 시대를 개시한 넷스케이프는 마이크로소프트와의 웹브라우저 경쟁에서 패퇴했지요. 그렇지만 2000년에 IT거품이 붕괴하는 와중에 마이크로소프트도 반독점법 위반 판결을 받았어요.

인공지능 시대의 'AI밸리'(『AI 타이탄들의 전쟁』의 원제)에 영웅과 악당이 또다시 출현했습니다. 딥마인드와 구글이 그런 경우였고 이번에도 악당이 영웅을 제압한 셈인데, 2014년에 구글이 딥마인드를 인수·합병했거든요. 그래서 2024년에 반독점법 위반 판결을 받은 것이고요. 반면 구글이나 애플과의 경쟁에서 열세를 면치 못했던 마이크로소프트는 2019년에 오픈AI와 인수(acquisition)가 아니라 제휴(partnership)의 관계를 맺은 덕분에 구글은 물론이고 애플과의 경쟁에서 승리할 수 있었지요.

마이크로소프트가 구글과의 경쟁에서 승리한 것은 결국 AI기술과 관련된 것입니다. 인공지능을 상징하는 것은 딥마인드가 개발한 알파고(2017, 비디오게임 프로그램)나 알파폴드(2018, 단백질구조 예측 프로그램)가 아니라 오픈AI가 개발한 GAI(생성형 인공지능,

2018), 특히 챗GPT(2022)라고 할 수 있거든요. 2024년에는 애플이 챗GPT를 적용하기로 오픈AI와 계약했고, 2025년에는 엔비디아도 오픈AI와 제휴관계를 맺었지요.

딥마인드와 오픈AI는 기술력에서 차이가 있는 것이 아니고 타이밍과 상품성에서 차이가 있다고 합니다. 즉 구글과 마이크로소프트의 경영전략의 차이가 결정적이었던 것이지요. 인공지능이 아닌 메타(3차원 가상세계)에 투자하여 패배를 자초한 페이스북의 오판도 그 반증이라고 할 수 있고요. 물론 제미나이를 개발하고 메타와 제휴한 구글 딥마인드의 반격도 예상할 수 있겠지만요.

타이밍과 관련해서 코로나19를 계기로 AI기술이 약진한 사실도 주목할 수 있습니다. 코로나19로 인해 2020~22년에 금융완화(제로금리·수량완화)와 재정완화가 실행되었고, 그 덕분에 주식시장으로 거대한 자금이 유입되었지요. 또 코로나19가 진정되면서 금융완화와 재정완화도 종료되었고, 엎친 데 덮친 격으로 거의 동시에 러시아·우크라이나 전쟁이 발발한 것이고요.

챗GPT 개발은 AI기술의 신기원인 동시에 그 위험성을 예고하는 계기가 되기도 했습니다. AI기술의 위험성을 상징하는 것이 이른바 'alignment' 문제라는 것이지요. 보통 정렬이라고 번역하는데, 일치라고 번역하는 것이 나을 것 같아요. 'alignment' 문제는 AI기술을 인류의 보편적 가치에 적합하게 만들어 안전성을 확보해야 한다는 의미이거든요.

리블린은 정렬/일치 문제가 해결되기 곤란하다는 증거로 2023년 말 오픈AI 내부에서 '쿠데타'가 실패한 사례에 주목하고 있습니다. 안전성보다 수익성을 우선시하는 최고경영자 올트먼을 축출하려던 이사회의 시도가 실패했는데, 마이크로소프트의 압력은 물론이고 거액의 스톡옵션을 포기할 수 없는 직원 대부분(97%)의 반발 때문이었다고 하지요. 나치를 타도하려던 슈타우펜베르크 대령의 '7·20 쿠데타' 실패가 생각나는 대목이기도 하고요.

브라이언 크리스천의 『인간적 AI를 위하여』(2020; 국역: 시공사,

2025)는 정렬/일치 문제를 검토하는 대중서입니다. 그렇지만 기술적 내용이 많아 읽기에 만만치 않아요. 또 알파고·알파제로와 관련된 논의라는 한계가 있기도 하고요. 챗GPT, 나아가 전용AI(ANI)일 따름인 챗GPT를 능가할 범용AI(AGI)의 위험성에 대해서는 당분간 『터미네이터』의 스카이넷이나 『미션 임파서블』의 엔티티로 상상할 따름이지요.

그런데 크리스천도 아제몰루와 마찬가지로 헉슬리를 인용하고 있다는 사실이 우연은 아닐 것입니다.

> 이제까지 과학이 의기양양하게 해놓은 일이란 개선되지 않았거나 오히려 개악되어버린 목적을 달성할 수 있는 수단을 개선한 것임이 분명해졌다.

핵무기가 발명되기 이전인 2차 세계전쟁 전야에 평화주의를 설파한 평론집 『목적과 수단』(1937)에 나온 말인데, 핵무기보다 훨씬 더 위험한 (범용)AI에 대한 경고일 수도 있겠지요. (범용)AI가 핵무기보다 100배 더 위험하다는 주장에 대해서는 「대선 불복 '20년동란'」을 참고하세요.

이 대목에서 무관에 대한 문민통제가 필요하듯이 과학·기술에 대해서도 일종의 '문민통제'가 필요하다는 사실을 지적해두겠습니다. 박정희-전두환 정부의 군부독재가 법률가나 이공계 '인지엘리트'를 우대한 것은 우연이 아니에요. 군대식 명령과 제정법이나 과학·기술의 친화성에 주목한 셈이거든요. 이공계 인지엘리트의 재승박덕에 대한 '문민통제'란 브레히트의 제안처럼 '히포크라테스 선서'를 준수하도록 요구한다는 의미이고요.

인공지능으로 인해 유튜브나 페이스북 같은 소셜미디어의 폐해가 심화된다든지 반대로 인공지능을 이용하여 소셜미디어를 감시할 수 있게 된다든지 하는 것도 심각한 문제입니다. 또 인공지능이 책을 비롯한 지식생산물의 저작권을 침해한다든지 '집단지성'의 상징인 위키피디아를 사익을 위해 남용하면서 오히려 위키피디아에 경제적 부담을 준다든지 하는 것도 심각한 문제이고요.

개혁·개방 이후의 중국

덩샤오핑 시대에서 시진핑 시대로

민노총을 비롯한 남한의 사이비 운동권이 미국이나 일본에 대한 대안으로 중국을 설정한다는 것은 공공연한 비밀입니다. 이미 인용한 민주노동연구원의 『대전환시대 노동운동 진단』이 그 증거인데, 책 앞에서 '민주노동연구원의 연구보고서(…)는 민노총 공식입장과 다를 수 있습니다'라고 한 것은 책임회피성 발언일 따름이에요. 민주노동연구원은 민노총을 보조하는 부설기관이지 과천연구실처럼 정치적으로 독립적인 기관은 아니거든요.

어쨌든 사이비 운동권의 '중국모델론'을 비판하기 위해서라도 개혁·개방 이후 중국에 대해 좀 더 공부할 필요가 있겠다고 생각하던 차에 프랑크 디쾨터의 『마오 이후의 중국』(2021; 국역: 열린책들, 2025)이 번역되었습니다. 그러나 후진타오 시대까지만 다룬다는 한계가 있어서 케리 브라운의 『시진핑의 중국몽』(2018; 국역: 시그마북스, 2019)과 하야시 노조무의 『시진핑의 중국』(2017; 국역: 한울, 2019) 등으로 보충할 필요가 있지요.

디쾨터는 '나는 내가 모른다는 것을 안다'는 소크라테스의 격언을 인용하면서 '우리는 우리가 [중국에 대해서] 무엇을 모르는지조차 모른다'고 주장하고 있습니다. 경제를 비롯해서 중국에 대한 모든 정보는 '신뢰할 수 없거나 부분적이거나 왜곡되어 있기' 때문이라는 것이 그 이유라는 것이고요.

그러나 그럼에도 불구하고 디쾨터는 중국의 100대 민영기업 중 95개가 전현직 공산당원의 소유라고 주장하고 있습니다. 국영기업은 논외로 한 것인데, 중국경제를 좌지우지하는 공산당원의 막강한 영향력을 알 수 있지요. 「대선 불복 '20년동란'」에서 소개한 것처럼, 톰 버지스의 『클렙토피아』(2020; 국역: 커넥팅, 2022)가 클렙토크라트 패밀리로 푸틴의 내츠(Nats, 민족의 구원자)와 시진핑의 파티(Party,

공산당원)를 구별한 것은 이 때문일 것 같아요. 전자와 후자를 좁은 의미와 넓은 의미의 클렙토크라트라고 할 수 있겠지요.

개혁·개방 초기에는 홍콩과의 관계가 핵심적인 벤치마크였습니다. 국공내전기에 모택동은 홍콩과의 관계에 대해 '장기타산, 충분이용'(長期打算, 充分利用, 장기적 계획으로 충분히 활용하자)이라는 구호를 제시했고, 그의 후계자였던 화국봉은 홍콩의 '애국적 자본가'와의 통일전선으로 구체화했지요. 나중에 특별행정구(SAR)가 되는 홍콩을 복제한 특별경제구(SEZ)를 선전 등지에 건설한 것도 같은 맥락인데, 개혁·개방 초기의 덩샤오핑은 이 정책을 계승한 셈이에요.

그러나 덩샤오핑은 1989년 6·4 천안문항쟁을 계기로 개혁·개방의 방향을 전환했습니다. 4월 15일 후야오방의 사망을 계기로 시작된 시위가 외국의 지원을 받은 반체제세력의 내란·외환으로 귀결되었다고 판단한 덩샤오핑은 5월 20일에 계엄을 선포했지요. 22일에 작전상 후퇴한 계엄군은 6월 3일 토요일 밤에 재진입하여 이튿날 일요일 새벽까지 시위를 완전히 진압했고요.

1989년 6·4 천안문항쟁은 1980년 5·18 광주항쟁과 유사하면서도 차이가 많았습니다. 남한에서는 별로 주목하지 않기 때문에 몇 가지 차이를 지적해보겠어요. 가장 중요한 차이는 물론 권력 장악을 위한 '반체제쿠데타'(dissident coup)가 아니었고, 특히 무장투쟁이 없었던 것이지요. 그러나 사망자는 공식적 추계 900여명, 적십자사 추계 2600여명에 달했는데, 물론 정확한 숫자는 아무도 몰라요. 시위 관련자에 대한 '연극재판'과 '즉결처형'도 논외로 한 것이고요. 5일에 출현한 '탱크맨'이 평화시위로서 천안문항쟁을 상징했는데, CNN의 3분짜리 동영상과 관련 자료를 나무위키에서 찾아볼 수 있지요.

6·4 천안문항쟁이 후야오방을 추모하는 데서 시작된 이유는 그가 경제개혁과 정치개혁의 결합을 주장했다는 데 있습니다. 덩샤오핑과 고르바초프의 차이에 주목할 수밖에 없는데, 전자의 개혁·개방은 대내경제개혁과 대외경제개방이었던 반면 후자의 페레스트로이카·글라스노스치는 경제개혁과 정치개혁이었거든요. 그런데 광주항쟁

을 계기로 미국에 대한 실망과 함께 반감이 확산된 남한과는 달리 천안문항쟁을 계기로 중국에서도 소련에 대한 실망과 함께 반감이 확산된 것은 아니었어요.

6·4 천안문항쟁이 진압된 후에도 그 대의가 다른 도시로 확산된 것은 경제개혁과 정치개혁의 결합이 전국민적 의제였기 때문인데, 앞에서 인용한 사망자 수의 절반 남짓만 북경시민이었습니다. 이런 측면에서도 5·18 광주항쟁과 차이가 있었는데, 광주항쟁이 확산되지 못한 이유는 무장투쟁에 공감할 수 없었기 때문만은 아니었거든요. 서울은 물론이고 1979년 10·16 항쟁을 주도한 부산·마산의 시민도 광주항쟁에 호응하지 않은 것은 징후적이었지요. 광주항쟁의 대의가 문민화보다 DJ의 집권에 있었음을 암시하는 것인데, 광주항쟁에 대한 민주당의 독점적 해석은 이에 대한 강력한 증거이지요.

천안문항쟁에서 반년이 지난 11월 9일에 베를린 장벽의 붕괴와 함께 현실사회주의의 붕괴가 시작되어 1991년 12월 26일에 소련의 해체로 귀결되었다는 사실, 나아가 2000년대 이후에 중국경제가 고도성장을 실현했다는 사실 등이 천안문항쟁의 진압을 정당화할 수는 없습니다. 그렇다면 박정희 정부가 강행한 재벌 중심의 중화학공업화에 대한 대안으로 신자유주의적 정책개혁을 실행하여 안정적 경제성장을 가능케 했고 또 노태우 후보의 '6·29선언'으로 평화적 정권교체를 가능케 했다는 식으로 전두환 정부도 정당화할 수 있거든요.

어쨌든 천안문항쟁을 계기로 덩샤오핑은 개혁·개방의 방향 전환을 결단했습니다. 1992년 초 '남순강화'(南巡講話), 즉 선전 등지를 시찰하면서 한 그의 발언이 그런 전환을 상징하는 것이었어요. 그후 상하이의 개발이 가속화되면서 선전 등지를 대체하게 되었지요. 또 상하이를 지역 기반으로 한 장쩌민이 천안문항쟁 이후 자오쯔양을 대체하고 덩샤오핑의 후계자가 되었고요.

장쩌민의 후임자인 후진타오는 1997-98년 동아시아 경제위기를 2001년 세계무역기구(WTO) 가입으로 극복할 수 있었습니다. 1999년 유고슬라비아 중국대사관 오폭사고에 대해 미국이 지불한 대가였는데, 그 후 중국경제가 고도성장과 함께 거대한 무역흑자를 실현하면서 2010년에는 20년째 장기불황에 시달리던 일본의 국민소득을 추월하여 미국에 이은 제2의 경제대국이 되었지요. 일본과 비교할 때 중국의 국민소득은 2000년 1/4배에서 2010년 1배, 2015년 2배로 5년마다 배증했으니 가히 천지개벽이라고 할 만하고요.

그렇지만 이런 경제성장은 덩샤오핑식 개혁·개방의 소멸이라는 '부작용'을 초래하기도 했습니다. 국영기업·은행의 개혁이 중도반단되고 직접투자에 대한 장벽이 강화되었거든요. '국가대표'(national champion) 기업을 육성한다는 구실이었는데, 그 결과 국가자본주의가 출현한 것이지요. 중국에서는 이를 국진민퇴(國進民退, 국영기업의 전진과 민영기업의 후퇴)라고 부른다고 하고요.

2007-09년 금융위기는 권위독재정과 국가자본주의가 자유민주정과 민간자본주의의 대안이라는 주장이 득세하는 계기가 되었습니다. 1997-98년 경제위기를 전후로 미국모델론에 대한 대안을 모색하던 진보적 경제학계 일각에서는 일본모델론에 주목하는 경우가 있기도 했어요. 그러나 노무현 정부부터 중국모델론이 점차 일본모델론을 대체하게 되었고, 민족해방파가 장악한 친북중러·반한미일 성향의 민노총이 대표적 사례라고 할 수 있지요.

시진핑 시대에 와서 중국모델론은 '중국몽'으로 급진화되었습니다. 그렇지만 2010년대 중반부터 제기된 중국경제의 '신창타이'(新常態, new normal), 즉 '중진국 함정'(middle-income trap)에 대한 논란은 중국모델론 자체가 낭설이었다는 증거라고 할 수 있지요. 중국몽과 그 짝이 되는 강군몽에 대한 좀 더 자세한 설명은 「후기: '인민의 벗이란 무엇인가」를 참고하세요.

어쨌든 시진핑 시대의 중국에 대해 좀 더 검토할 필요가 있는데, 먼저 브라운의 주장을 소개하겠습니다. 그에 따르면, 시진핑도 집권 직전에는 2000년대 고도성장의 문제를 인정했다고 하지요. 후진타오 시대의 개혁파였던 원자바오 총리가 2007-09년 금융위기를 계기로 강조한 바 있는 '4불', 즉 불안정(不穩定)·불균형(不平衡)·불평등(不

協助, 부조화)·불가지속이라는 문제에 동의했거든요.

그러던 그가 집권하자마자 중국몽을 제창한 것입니다. '두 개의 100년'을 목표로 하는 중국몽이란 창당 100주년인 2021년까지 '소강사회'를 달성하고 건국 100주년인 2049년까지 '부유사회'를 달성한다는 구상으로, 덩샤오핑으로 소급하는 소강사회와 부유사회는 중진국과 선진국을 의미하는데, 시진핑은 특히 미국을 추월하는 '사회주의 현대화강국'을 약속하고 있지요.

동시에 그는 헌정과 법치도 부정했습니다. 이른바 '거론하면 안될 일곱 가지 사항'(七不講)에서 인류보편적(普世) 가치로서 자유와 인권/법치가 핵심이지요. 정청래 대표가 싫어하는 검찰·법원독립과 언론자유를 비롯해 공산당의 역사적 과오와 특권(權貴)부르주아지도 포함되고요. 그래서 중국에서 헌법은 '잠자는 숲속의 공주'라고 불리고 법치는 '당의 지배 아래 있는 법의 지배'(정치에 종속된 법치로서 법에 의한 지배)라고 불린다는 것이 브라운의 주장이에요.

시진핑의 중국몽이란 권위독재정 아래 국가자본주의도 선진국이 될 수 있다는 주장입니다. 반면 아제몰루는 헌정이 부재하고 법치가 취약하면 경제성장에 한계가 있다고 주장하고 있지요. 그가 제시한 그래프에서 중국의 위치는 도미니카공화국(DOM)과 비슷한데, '법치지수'는 0이고 1인당 국민소득은 브라질(BRA)보다 높고 아르헨티나(ARG)보다 낮은 멕시코(MEX) 수준이거든요. 법치지수와 1인당 국민소득 자료는 세계은행(https://data.worldbank.org/indicator/RL.EST)과 위키피디아를 참고하세요.

중국몽이란 법치지수의 상승이 없어도 1인당 국민소득이 선진국 수준으로 증가할 수 있다는 주장이므로, 도미니카공화국의 위치에서 파나마(PAN)나 바하마(BHS)보다 조금 높은 위치, 즉 법치지수는 0이고 1인당 국민소득은 뉴질랜드(NZL) 수준의 위치로 이행할 수 있다는 주장인 셈입니다. 그러나 그 위치에 해당하는 이탈리아는 '고소득중진국'(high middle-income country)이라고 해야겠지요. 뉴질랜드와 비슷한 위치인 일본은 물론 선진국(advanced country)이고요.

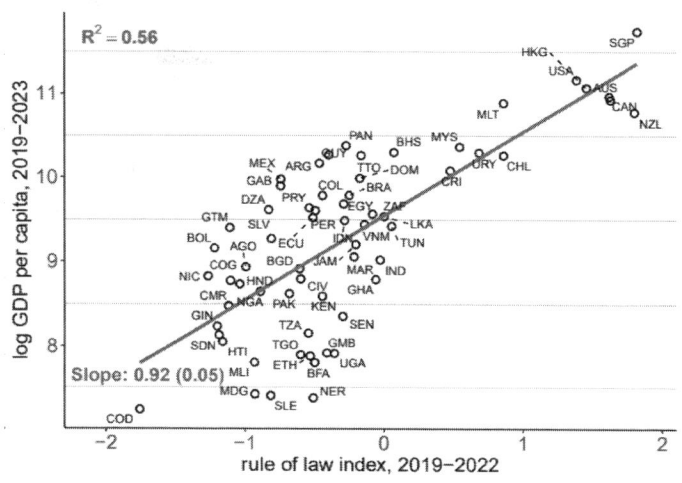

민노총이 추종하는 중국모델론이 실은 이탈리아모델론이라는 것인데, 미국의 대안이 이탈리아라는 것은 저로서는 금시초문입니다. 어쨌든 반환 이후 홍콩(HKG)과 중국의 관계에서 갈등이 발생한 것은 당연한데, 홍콩으로서는 '중국모델론 즉 이탈리아모델론'의 수용은 거대한 퇴보의 수용인 셈이거든요. 홍콩과 비슷한 위치인 대만이 중국과의 통일을 거부하는 것 역시 당연한 일이고요. 남한의 위치는 몰타(MLT)와 칠레(CHL) 사이이므로, 법치지수의 상승이나 하락에 따라 일본이나 이탈리아의 위치로 접근하는 셈이겠지요. 지난번에 이스라엘의 위치가 남한보다 낮다고 했는데, 저의 착각이었고, 조금 높다고 해야 하고요.

참고로, 시진핑이 중국몽이라는 최종목표(objective)를 매개하는 중간목표(target)를 제시했다는 사실에도 주목해두겠습니다. 1인당 국민소득을 2021년의 중진국 수준에서 2049년의 선진국 수준으로 증가시키는 중간단계를 설정하고, 세계평균 수준인 2021년의 1인당 국민소득을 2035년까지 배증하겠다는 것이에요. 매년 5%의 성장률을 유지할 수 있다는 것인데, 그럴 경우 2035년의 1인당 국민소득은 그리스와 비슷해지겠지요.

알다시피 2007-09년 세계적 금융위기에 후속하여 2012-13년까지 지속된 유럽연합 재정위기에서 남유럽의 'PIGS'(포르투갈-이탈리아-그리스-스페인)가 주목받은 바 있습니다. 1인당 국민소득 기준으로 그리스<포르투갈<스페인<이탈리아의 순서인데, 그래서 그리스를 거쳐 이탈리아로 가겠다는 것 같아요. 하기야 유로존 국채의 1/3을 차지하는 이탈리아는 중국처럼 '부채주도성장'(debt-led growth)의 모범 사례이지요. 어쨌든 시진핑의 중국몽이란 라틴아메리카에서 라틴유럽으로 진화하려는 구상이에요.

9월에 전략국제문제연구소에서 나온 보고서 *China's Economic Transition: Debt, Demography, Deglobalization, and Scenarios for 2035*는 시진핑의 이런 중간목표를 검토하고 있습니다. 보고서는 목표의 달성에 대한 장애요인으로 주택 및 기반시설(infrastructure) 건설을 위한 부채의 축적, 저출산·고령화, 미국 등 서방과의 무역전쟁을 지적하고 있지요.

저로서는 시진핑이 중간목표를 달성하여 중국이 그리스 수준으로 진화할 수 있더라도 그리 대단한 일은 아니라는 생각입니다. 하기야 이탈리아 수준으로 진화해도 호들갑 떨 일은 아니니까요. 이런 중간목표를 제시하는 의도는 오히려 다른 데 있다고 할 수 있는데, 70대에 은퇴한 장쩌민이나 후진타오와 달리 모택동이나 덩샤오핑처럼 80대까지 집권하겠다는 그의 꿈일 것 같거든요. 쉽게 말해서 중국몽은 시진핑몽일 따름이라는 것이지요.

브라운에 비해서 하야시의 논의는 좀 더 구체적이고 특히 외교·안보관계에 주목하고 있습니다. 그는 『아사히』와 함께 일본의 양대 정론지인 『마이니치』의 기자이고, 『르포 트럼프왕국』(2017; 국역: AK, 2017)의 저자인 가나리 류이치는 『아사히』의 기자이지요. 두 책을 읽고 일본 기자들의 능력에 놀라지 않을 수 없었어요. [한국 기자들이 쓴 책은 질의와 응답 255쪽 이하를 참고하시오.]

하야시도 중국몽에 대해 비판적입니다. 나아가 그는 신창타이가 중국몽에 대한 비관적 전망을 제기하면서 강군몽과 결합되기 시작했다고 판단하는 것 같습니다. 물론 트럼프 정부가 시작한 무역전쟁도 무관하지 않았을 것이고요. 어쨌든 중국몽과 강군몽의 결합이란 덩샤오핑 이래 국방건설 대신 경제건설을 우선한다는 원칙을 폐기하는 대신 양자를 전도하지는 않더라도 결합한다는 의미를 갖는 것이었지요.

시진핑이 강군몽을 강조하게 된 계기가 '아랍의봄'이라고 하는 것 역시 흥미로운 지적입니다. 가다피의 몰락에서 교훈을 얻은 사람이 김정은만은 아니라는 것인데, 경제건설과 핵무력건설의 병진노선은 시진핑의 중국몽과 강군몽 결합과 대동소이하거든요. 병진노선을 정당화하려면 정욱식 소장처럼 하라리를 원용하는 대신 시진핑을 원용하는 것이 옳겠지요.

어쨌든 시진핑은 덩샤오핑의 '도광양회'(韜光養晦, 힘을 감추고 때를 기다린다)를 자신의 구호 '분발유위'(奮發有爲, 분발하여 목적한 바를 달성한다)로 대체했습니다. 도광양회는 『삼국연의』에서 조조의 식객으로 지내던 유비의 고사에서 유래한 말이지요. 그렇다면 '분발유위'는 천하를 나눌 수 있는 적벽대전을 준비한다는 말인데, 시진핑의 제갈량은 누구이고 또 동남풍은 언제 불 것인지 궁금하지 않을 수 없어요. 물론 저로서는 시진핑을 유비에 비유하는 것 역시 납득하기 어렵지만요.

시진핑에게 교훈을 준 또 다른 사건은 아랍의봄에 후속한 동유럽의 '색깔혁명', 특히 '오렌지혁명'이라 불린 우크라이나의 2차 마이단혁명이었다고 합니다. 마이단혁명은 푸틴만이 아니라 시진핑에게도 위협이 되었고, 특히 천안문항쟁에 후속하여 헌정과 법치를 요구한 반체제운동이 문제였지요. 그래서 '거론하면 안 될 일곱 가지 사항'을 지시했던 것이고요.

하야시에 따르면, 시진핑이 좋아했던 헐리웃 영화가 『대부』라고 하는데, 정규 교육을 받지 못했던 문혁 세대답다는 생각이 듭니다. 또 중국몽이 이탈리아모델론이라는 것도 우연만은 아닌 것 같고요. 사실 중국의 '관시'(關係)는 마피아의 '보호-피보호관계'(patronage)

와도 대동소이하거든요. '정치와 범죄는 같은 것이다'(Politics and crime, they're the same thing)라는 『대부』3부의 명대사는 이재명 정부가 지향하는 넓은 의미의 중국식 클렙토크라시에 대한 묘사로 적합한 것 같아요.

시진핑의 강군몽은 백일몽일지도 모릅니다. 조엘 우드노 외, 『중국의 타이완 침공 시나리오』(2022; 국역: 한울 2025)는 미국 국방대학 등이 공동으로 주최한 2020년 연례학술대회의 성과로, 2022년 러·우전쟁 발발 직후에 출판되었지요. 전문적 토론이라서 제대로 읽지는 못했는데, 해군, 특히 해병대가 취약한 중국군의 상륙작전·시가전 능력의 부족과 미일연합군의 참전으로 인해 대만 침공의 가능성이 높지는 않다는 인상을 받았어요. 물론 러·우전쟁에서 고전한 푸틴의 경험도 시진핑에게 교훈을 주었을 것으로 짐작할 수 있겠고요. 또 대만에 대한 중국의 협상술로서 레버리지의 정확한 의미도 배울 수 있었지요. [질의와 응답 263쪽 이하를 참고하시오.]

마지막으로 시진핑에 대한 국내외의 비판에 주목해보겠습니다. 2018년부터 시작된 미·중무역전쟁으로 트럼프와 시진핑의 대립이 주목받았는데, 그러나 시진핑과 대립한 사람으로 트럼프만 있었던 것은 아니에요. 국내에 반체제운동가이자 자유주의자인 류샤오보가 있었고 국외에 일본의 최장수 총리이자 자유주의적 보수주의자인 아베 신조가 있었거든요. 그들은 1년 3개월 터울의 동년배로, 시진핑은 1953년생, 아베는 1954년생, 류샤오보는 1955년생이에요. 또 1952년생인 푸틴은 시진핑과 8개월 터울이고요.

1989년 천안문항쟁에서 시위대의 대표였고 그 후 정치개혁이라는 항쟁의 정신을 계승하여 2008년에 헌정과 법치의 건설을 주장한 「08헌장」을 주도한 사람이 류샤오보였습니다. 그 결과 그는 2009년에 내란죄로 11년 징역형을 선고받았고, 2010년에 노벨평화상을 수상했으며, 수감 중에 지병인 간염이 악화되어 2017년에 간암으로 사망했지요.

노벨평화상 수상을 계기로 국외에서 출판된 평론집이 『류샤오보

중국을 말하다』(2011; 국역: 지식갤러리, 2011)였습니다. 하버드대학 출판부에서 나온 영어판 제목은 'No Enemies, No Hatred'인데, 원수도 없고 증오도 없다는 의미이지요. 국역본의 원본인 독어판 제목도 'Ich habe keine Feinde, ich kenne keinen Hass'이니 마찬가지라고 할 수 있고요.

영어판과 독어판의 제목은 천안문항쟁의 성격이 비폭력적 민주화 투쟁이었음을 웅변하는 것입니다. 계엄군의 재진입 직전에 나온 6·2 단식투쟁 선언문의 첫 번째 기본구호는 다음과 같아요.

> 우리에게 원수는 없다. 증오나 폭력이 우리의 사상과 중국의 민주화과정을 해쳐서는 안 된다.

> We have no enemies. We must not let hatred or violence poison our thinking or the progress of democratization in China.

또 천안문항쟁 20주년을 반년 앞두고 채택된 「08헌장」은 이런 비판으로 시작하고 있습니다.

> 법률은 있으나 법치는 없고, 헌법은 있으나 헌정은 없는 것이 중국의 정치 현실이다.

> The political reality(⋯)is that China has many laws but no rule of law; it has a constitution but no constitutional government.

그리하여 헌정·법치와 동시에 '자유·소유·행복추구'라는 기본권을 요구했던 것인데, 시진핑의 '거론하면 안 될 일곱 가지 사항'에 정면으로 배치되는 셈이었지요.

류샤오보는 「08헌장」으로 재판에 회부되자 제가 제사로 인용한 「24자 잠언」으로 자신을 변호했는데, 다만 그 저자가 모택동이라는 사실은 거론하지 않았습니다. 류샤오보에 대한 판결문은 별로 의미가 없는데, 마치 서사연 사건에서처럼 공안의 입장을 그대로 반복할 따름이거든요. 민노총이 지향하는 중국이 검찰과 법원으로 구성되는 사법부의 독립을 부정하는 경찰국가이기 때문이지요.

류샤오보는 '양심과 표현의 자유'를 '내란선동'으로 재판하는 것이 부당하다고 비판한 셈입니다. 그러나 바로 이런 것이 권위독재정과 자유민주정의 차이인데, 전자는 자유주의자를 포용하지 않는 반면 후자는 마르크스주의자를 포용하거든요. 자유주의자가 생존할 수 없는 권위독재정에서 마르크스주의자 역시 생존할 수 없는데, 그래서 마르크스주의자도 자유민주정을 옹호하는 것이에요. 자유주의에 대한 마르크스주의의 관계는 반대·거부가 아니라 비판·지양이거든요.

헌정과 법치를 지향한 천안문항쟁의 정신이 '원한'(resentment)의 정치도 '분노와 복수'(fury)의 정치도 아니라는 사실을 새삼 강조할 필요가 있을 것입니다. 광주항쟁을 착취하면서 원한의 정치나 분노와 복수의 정치를 재생산하는 민주당이 헌정과 법치의 건설 대신 그 파괴를 지향하고 있기 때문이에요.

영어판 「서문」은 「77헌장」을 주도한 하벨이 류샤오보의 노벨상 수상을 축하한 글을 전재한 것입니다. 1968년 '프라하의봄' 전후로 시작된 체코슬로바키아 반체제운동의 귀결인 「77헌장」은 「08헌장」의 모델이었지요. 「77헌장」으로 5년형을 선고받은 하벨은 사회주의가 붕괴된 이후 체코슬로바키아대통령(1989-92)과 체코공화국대통령(1993-2003)을 역임했고요.

영어판 「서론」은 천안문항쟁 이전에 이미 저명한 반체제인사였던 팡리즈의 후원자이자 프린스턴대학 중국학교수인 페리 링크가 쓴 것입니다. 그는 류샤오보가 간디와 마틴 루터 킹 목사의 비폭력주의를 존숭했고, 기독교도는 아니면서도 예수의 사상에는 공감했다고 강조하고 있지요. '원수도 없고 증오도 없다'는 영어판 제목을 이렇게 해설한 셈이에요.

링크는 류샤오보가 포스트식민주의를 지적 식민주의의 일종으로 비판했다는 사실도 강조하고 있습니다. '자신의 용기와 정직에 대한 [서양 지식인의] 도취(besottedness, 맹목)'일 뿐이라고 주장했다는 것인데, 위키피디아에 따르면, 링크 자신도 '동일성의 정치'에 반대하는 입장이라고 하지요.

214

류샤오보의 평론 중에 가장 흥미로운 것은 세계무역기구 가입으로 고도성장 중인 중국을 냉소주의적 포스트전체주의사회로 특징짓는 것입니다. 포스트전체주의사회란 하벨이 흐루쇼프의 스탈린 비판 이후의 소련사회성격을 규정한 것이므로, 덩샤오핑의 모택동 비판 이후의 중국사회성격을 규정한다고 할 수 있겠지요. 또 냉소주의란 고도성장의 수혜자인 신흥엘리트의 '다중인격장애'(split personality, 분열증적 인격장애)를 의미한다고 할 수 있겠고요.

신흥엘리트가 『삼국연의』에서 조조의 포로가 된 관우의 고사에서 유래하는 '몸은 승상에게 있으나 마음만은 황숙에게 있다'(身在曹營 心在漢)는 속담을 즐겨 인용하기 때문에 다중인격장애자라고 한 것입니다. 쉽게 말해서 기득권을 포기하지 않으면서 마치 반체제운동을 지지하는 듯한 언행을 표방한다는 것이지요.

냉소주의적 포스트전체주의사회론을 남한에 적용하면 냉소주의적 포스트군부독재사회론이 될 것입니다. 또 남한판 신흥엘리트인 '강남좌파'도 '다중인격장애자'라고 할 수 있는데, 역시 조국 교수가 대표자이지요. 8·15 특사로 출옥한 날 저녁 '가붕개'(가재·붕어·개구리)로서는 금시초문일 강남의 고급 한우전문점에서 고기를 구워먹고 된장찌개 사진을 페이스북에 올린 조 교수에게 '참 사람 본성 잘 안 변한다'고 비판한 이준석신당 천하람 의원은 그의 '정신병'에 대한 인간적 '연민'이 별로 없는 것 같아요.

류샤오보는 이른바 '분청'(憤靑, 분노청년)의 '냉소적 애국주의'도 비판하고 있는데, 그들이 반미(일)를 표방하면서도 미국(및 일본)을 동경하기 때문이라고 합니다. 분청에 대해서는 김인희 박사의 『중국 애국주의 홍위병, 분노청년』(푸른역사, 2021)을 참고할 수 있지요. 남한판 분청인 민족해방파의 냉소적 애국주의의 경우 윤미향 의원이 딸을 미국으로 유학 보낸 것이 생각나는데, 윤 의원 정도면 딸을 유학 보낼 때 북한은 아니어도 중국이어야 하거든요.

류샤오보는 개혁·개방 초기에 중국도 일본에 대해 호의적이었다는 에피소드도 소개하고 있습니다. 하기야 1997-98년 동아시아 경제위기 이전에는 일본모델론이 국제적으로 주목을 받았으니까요. 그는 일본문화 역시 인기가 많았다고 지적하면서 특히 가요와 영화의 예를 들고 있는데, 저로서는 그런 사실을 처음으로 알게 되어 이것저것 찾아보았어요.

일본가수로는 대만 출신으로 일본에서 활동한 덩리쥔(등려군)의 인기가 높았다고 합니다. 반면 남한에서는 영화 『첨밀밀』의 주제가 (인도네시아 민요)나 야마구치 요시코(이향란)의 중일전쟁기 히트곡인 「야래향」의 가수 정도로만 알려졌고요. 또 일본감독도 큰 영향을 끼쳤다고 하는데, 오즈 야스지로, 미조구치 겐지, 구로사와 아키라가 대표적인 사례였지요. 그들은 남한에서도 유명하여 나루세 미키오까지 포함하여 『일본명작영화거장감독 컬렉션 77편 패키지』가 출시되어 저까지 소장할 정도였어요.

자유주의자인 류샤오보는 (북)중러가 아니라 (한)미일이 진정한 '불량국가'이자 '악의 축'이라고 주장하는 것은 '원한의 정치'이자 '분노와 복수의 정치'일 따름이라고 비판하고 있습니다. 또 그런 주장의 배후에 있는 애국주의는 '[정치]불량배의 몽둥이'(a bludgeon in the hands of scoundrels)일 따름이라고 비판하는데, 문혁기 홍위병이 연상되는 대목이지요.

애국주의에 대한 이런 비판은 『가짜 민주주의가 온다』(2018; 국역: 부키, 2019)에서 티머시 스나이더가 푸틴의 신종 파시즘을 '분열증적 파시즘'(schizofascism)이라고 비판한 것과도 일맥상통합니다. 분열증적 파시즘은 민주정을 자처하면서 오히려 자신을 비판하는 민주정이 파시즘이라고 선전·선동하는 '가짜 민주정'이거든요.

마지막으로 류샤오보가 자유주의의 대표자인 리쩌허우도 비판한 사실을 지적해두겠습니다. 「2020년 4·15총선 전후」에서 설명한 것처럼, 리쩌허우가 설정하는 현대화의 순서가 경제적 성장 → 개인적 자유 → 사회적 정의 → 정치적 민주이기 때문일 것 같은데, 로스토우의 지론이기도 했던 이런 순서는 류샤오보가 중시하는 헌정과 법치를 경시한다고 할 수 있지요.

류샤오보는 파금 역시 비판하고 있습니다. 역시 「2020년 4·15총선 전후」에서 설명한 것처럼, 문화혁명이 '대사기극'(大騙局)이었음을 폭로한 파금은 '참말을 하자'(講眞話), 알튀세르식으로는 '거짓말을 하지'(raconter des histoires, 講假話) 말자고 주장했어요. 반면 천안문 항쟁에 대해서는 침묵으로 일관했다고 하고요. 하기야 이미 90세에 가까운 그가 할 수 있는 역할은 별로 없었겠지만요.

아베는 시진핑을 비판한 것이 아니라 중국모델론이 대체하려던 일본모델론이나 미국모델론을 옹호했다고 할 수 있을 것입니다. 아베만 없었다면 시진핑이 트럼프의 대안으로 손쉽게 수용되었을지도 모르지요. 그래서 2019년에 전략국제문제연구소의 아미티지가 아베야말로 '난세의 유일한 희망'(the brightest spot in the globe)이라고 극찬한 것이에요.

마침 『아베 신조 회고록』이 번역되어 큰 도움이 되었습니다. 2020-21년에 1회 2시간씩 가진 18회의 인터뷰를 정리한 이 책은 2022년 선거유세 중에 암살된 아베의 고희를 기념하여 2023년에 출판된 것으로, '역사의 법정에 제출한 진술서'임을 자부하고 있지요. 2024년 초 마르코폴로에서 번역한 것인데, 저는 뒤늦게 알게 되어 부랴부랴 구해 읽었어요. 아베에 대한 저의 관심은 「재론 위기와 비판」으로 소급하는 것으로, 이번에 제대로 공부한 셈이지요.

2006-07년의 아베 1기 내각은 1년 만에 하차했는데, '와신상담' 끝에 출범한 2기 내각은 2012-20년에 7년 9개월 동안 지속되었습니다. 아베 2기 내각이 지속되는 동안 '2차 대불황'이 예고되는 상황에서 시진핑의 권위독재정과 국가자본주의, 나아가 푸틴과 김정은의 권위독재정과 클렙토크라시가 자유민주정과 민간자본주의에 대한 도전을 본격화했지요.

반면 미국에서는 오바마 정부가 트럼프 정부로 교체되었고, 한국에서는 박근혜 정부가 문재인 정부로 교체되면서, 외교·안보정책의 전환과 혼란이 발생했습니다. 그런 와중에 2009-12년의 민주당 내각이 아베 내각으로 교체되었고 2010년대 한미일 3국의 유일무이한 경세가로서 아베가 부상했던 것이지요. 그의 회고록을 참고하면서 주로 2기 내각의 대외정책을 정리해보겠어요.

2013년: 2012년 말에 집권한 아베는 먼저 '범태평양파트너십'(TPP) 가입을 추진했습니다. 오바마 정부가 추진한 '태평양으로의 선회' (pivot toward/to the Pacific), 나아가 범태평양파트너십에서 '아시아 태평양자유무역협정'(FTAAP)으로의 이행을 위해서는 일본의 참여가 필수적이었기 때문이지요. 또 금융완화, 재정완화, 구조개혁·경제성장을 3대 핵심으로 하는 아베노믹스를 실행했는데, 「재론 위기와 비판」에서 설명한 바 있으니까 생략하겠어요.

반면 민주당은 2010년에 중국에게 추월당한 상황에서 인민주의적 노선에 따라 임금주도성장을 추진하고 범태평양파트너십에 반대하여 유권자의 신뢰를 잃고 자멸한 셈이었지요. 게다가 2011년의 동일본 대진재(大震災, 지진의 큰 재해)에 대한 대응에서 무능력했던 것도 일조했던 것이고요.

2014년: 아베는 이미 1기 내각에서 구상하던 '전후체제로부터의 탈각'과 '인도태평양전략'을 위한 준비로서 '해석 개헌'(헌법 해석의 변경)을 통한 '집단적 자위권' 행사의 한정적 용인을 추진했습니다. 2013년에 이미 오바마가 미국은 '세계경찰'(world police)이 아니라고 선언한 상황에서 북중러에 대응하려면 자위대를 '민병대' 수준으로 승격시킬 필요가 있다고 판단한 셈이었지요.

아베는 러·우전쟁을 둘러싼 미국과 프랑스(·독일)의 갈등을 중재하고 그 결과 러시아의 침략을 비판하는 정상선언을 도출하는 데도 성공했습니다. 러·우전쟁을 계기로 프랑스(·독일)의 '브로커' 본색이 드러난 셈이었는데, 오바마 정부가 태평양으로의 선회를 추진한 것도 이와 무관한 일은 아니었겠지요.

2015년: 아베는 「전후 70년 담화」에서 사회당의 무라야마 도미이치 총리가 「전후 50년 담화」에서 사용한 '통절(痛切)한/뼈에 사무치는 반성'과 '가슴속으로부터 사과/사죄(お詫び)의 마음'이라는 표현을 반복했습니다. 사회당 총리의 표현을 차용했으므로 극우파로부터

'배신자'라는 비난을 감수해야만 했고요.

북한 핵·미사일실험의 재개가 예상되는 상황에서 오바마의 중재 덕분에 아베 내각과 박근혜 정부가 위안부 협상을 타결하는 데 성공했습니다. 문재인 정부가 국제법적 효력을 갖는 이 합의를 번복하자 아베 내각이 외교적으로 '도덕적 우위의 입장'(Moral High Ground)을 갖게 되었는데, 이번에 이재명 정부가 합의를 존중하겠다고 약속한 것은 트럼프의 중재 말고도 이런 사정이 있었기 때문이지요.

막간: 2016년으로 넘어가기 전에 '외교의 아베'라는 별명답게 재임중 98개국 정상과 만난 이야기가 종합되고 있습니다. 오바마를 지원하고 트럼프를 견제한 것, 유럽 정상의 친(북)중러 지향에 대응한 것 등이 주요 내용인데, 특히 트럼프 이후 아베가 자유민주진영의 '멘토'로 대우받았다는 사실을 알 수 있지요. 그런 이유로 문재명 정부에서 민족해방파가 그를 '주적'으로 설정했던 것이고요.

각국 정상에 대한 평가도 흥미로운데, 특히 시진핑에 대해서는 공산주의에 충실한 '이념의 인간'이라기보다는 권력욕에 사로잡힌 '욕망의 인간'이라고 평가하는 것 같습니다. 또 문민화를 준비하여 '대만의 노태우'라고 불릴 수 있는 리덩후이가 총통 퇴임 후 야스쿠니 신사를 참배한 에피소드도 소개했는데, 당시 일본국적자였던 자신과 형이 참전했고 또 전사한 형이 야스쿠니에 합사되었기 때문이지요. 아베에 따르면, 리덩후이가 자신에게 총리로서 참배하는 것이 옳다고 종용했다고 하고요. 대만과 한국의 식민지 시대에 대한 인식의 차이를 드러내는 사례라고 할 수 있겠지요.

2016년: 현직 대통령으로서는 최초로 히로시마를 방문한 오바마가 '핵무기 없는 세상'(a world free from nuclear weapons)을 지향하자는 취지의 연설을 했습니다.

> 우리는 역사의 시선(eye)을 직시하면서 [무고한 희생]의 재발을 억제하기 위해 달리 무엇을 할 것인가 질문할 공동의 책임을 갖고 있습니다.

연말 미국의 대선 직후에 진주만을 답방한 아베는 '관용의 마음이 가져온 화해의 힘' 덕분에 적국에서 동맹국으로 전환할 수 있었다는 취지의 연설을 했고요.

아베 역시 트럼프의 당선을 예상하지는 못했다고 합니다. 그러나 오바마의 양해 아래 당선인 시절의 트럼프와 세계 최초로 회담하고 중국 견제를 위한 인태전략의 필요성을 설득했다고 하지요. 이재명 대통령의 허풍과 차원이 다른 외교의 달인다운 행보였는데, 그 덕분에 트럼프와 최고의 '케미갑'을 형성할 수 있었던 것이에요. 이방카 부부와도 친분을 형성할 수 있었던 것이고요.

2017년: 자민당 총재의 임기를 '연임 2기 6년'에서 '연임 3기 9년'으로 연장할 수 있도록 당칙이 개정되어 아베 내각이 2018년 이후에도 지속될 수 있는 여건이 마련되었습니다. 그러나 동시에 '모리가케 문제', 즉 모리토모학원·가케학원과 관련된 스캔들이 제기되었지요. 회고록에 자료로 실린 지지율 추이를 보면, 2017-18년 1년 반 동안 지지와 비판이 거의 동률이었다가 2019년에는 지지가 우세했고 2020년에는 비판이 얼마간 우세했어요.

2018년: 문재인 정부가 평창동계올림픽을 기화로 해서 친북노선을 본격화하고 트럼프가 이에 동조하여 싱가포르에서 북미정상회담이 개최되고 한반도/북한 비핵화 협상이 시작되었으나 이듬해 하노이의 회담에서 협상이 결렬되는 이른바 '하노이 노딜'로 귀결되었습니다. 아베는 비핵화 협상에서 한국의 역할이 '중재자'(arbiter)가 아니라 '중개자'(middleman)임을 강조한 바 있고요.

아베는 트럼프 정부에서 구체화된 '자유롭고 개방적인' 인태전략이 중국에 맞서서 인류보편적 가치로서 자유와 인권/법치, 나아가 시장경제를 옹호하기 위한 것이라고 주장하고 있습니다. 반면 위안부 협상을 번복하고 징용노동자 문제를 제기한 친중적 입장의 문재인 정부는 '반일을 정권의 부양재료로 사용하고 싶어한' '확신범'이라고 비판하고 있고요.

2019년: 아베가 헌정사상 최장수 총리가 되었는데, 전전 가쓰라 다로의 2900일, 이토 히로부미의 2700일 기록과 전후 사토 에이사쿠의 2800일, 요시다 시게루의 2600일 기록을 깬 것입니다. 가쓰라는 이토 히로부미의 후예로 이토 사후 최고의 '겐로'(元老)인 사이온지 긴모치와 함께 1901-13년의 '게이-엔(桂-園, 가쓰라-온) 시대'를 연 야마가타 아리토모의 후예이자 육군대장이었지요.

2018년 말에 문재인 정부가 제기한 위안부·징용노동자 문제에 대응하여 아베 내각이 반도체 소부장(소재·부품·장비) 수출을 규제하자 문재인 정부가 지소미아(군사정보보호협정)를 파기하며 반한미일 성향을 드러냈습니다. 이번에 트럼프가 지적한 것처럼, 한일 갈등이 한미일 관계의 장애로 제기된 상징적 사례였지요.

2020년: 봄에 코로나19로 도쿄올림픽이 1년 연기된 데다 여름에는 지병이 재발하여 아베가 총리직을 사임하게 되었습니다. 1-2기 내각 합산 3200일의 최장기였는데(2기 만으로는 사토 내각보다 한 달 긴 2800일), 사임을 표명한 직후 실시한 보수주의적 『요미우리』의 여론조사는 74%의 지지율, 자유주의적 『아사히』의 여론조사는 71%의 지지율을 기록했다고 하지요.

종장: 아베는 헌정사상 최장수 총리가 될 수 있었던 이유를 1기 내각의 실패로 인한 '와신상담'에서 찾고 있습니다. 전후 세대 첫 총리 겸 전후 최연소 총리라는 휴브리스(hubris, 자만심)에 대한 네메시스(Nemesis, 응징의 여신)의 징벌을 겸허하게 받아들였다는 것이지요. 정치명문가 후예로서 '나라를 다스리도록 교육·훈련받은'(trained to Empire/the State, 존 르 카레) '나라의 자식'(國子, 경세가)다운 태도라고 할 수 있겠지요.

윤석열 대통령 같은 '서출 불량배'(bastardly rogue, 셰익스피어)에게는 기대할 수 없는 덕성이라는 생각이 듭니다. 나아가 아베에 대한 386세대 운동권의 '질투의 권리선언'(déclaration des droits de l'Envie, 발자크)은 그런 교육·훈련을 받지 못한 정치불량배(黨匪, Parteibandit)의 자격지심이라는 생각이 들기도 하고요.

「재론 위기와 비판」에서 설명한 것처럼, 요시다 총리는 '포괄정당'(catch-all party/big tent)인 자민당에서 정치인 출신의 보수주의적 파벌에 맞서 경제관료 출신의 자유주의적 파벌을 육성했는데, 전후 고도성장기에는 후자가 자민당의 본류(本流, 주류)였고 전자는 방류(傍流, 비주류)였다고 하지요. 미국정치의 양당제에서 자유주의적 민주당이 본류였고 보수주의적 공화당이 방류였던 것과 마찬가지였다는 것이에요.

그러나 고도성장이 끝나고 장기불황에 접어들자 보수주의적 파벌이 부활했던 것이고, 급기야 고이즈미 내각(2001-06)과 아베 내각이 출현할 수 있었던 것입니다. 마치 미국정치에서 레이건 정부가 출현한 것처럼요. 아니 영국정치에서 새처 내각이 출현한 것에 비유하는 것이 더 적절할 것인데, 노동당 내각에서 외환위기가 발생하여 국제통화기금(IMF)의 구제금융을 받은 다음에도 공공부문노조의 총파업으로 '불만의 겨울'(Winter of Discontent, 셰익스피어)이 야기되어 새처의 장기집권이 시작되었거든요. 그러나 남한에서는 자유(보수)주의자와 권위보수주의자의 '3당합당'이 실패하고 김대중-노무현-문재인-이재명 정부를 거치며 인민주의가 날로 악화되었고요.

시라카와 마사아키의 회고록『일본의 30년 경험에서 무엇을 배울 것인가』(2018; 국역: 부키, 2024)는 경제관료의 입장에서 아베노믹스에 대한 반론을 제기하는 것입니다. 물론 일본은행 총재였던 그가 재무부로 상징되는 경제관료의 입장을 대변하는 데는 한계가 있을 수 있겠지요. 그러나 아베노믹스에 대한 시라카와의 비판은 재무부의 입장과 친화성이 있어요.

시라카와의 입장이 민주당의 인민주의와 친화성이 있다는 사실에도 주목할 필요가 있을 것입니다. 그는 단지 아베노믹스에 대한 비판에 그치지 않고 연준 의장인 버냉키를 비롯해서 미국경제학계 전체를 비판하고 있거든요. 위키피디아에 따르면, 2010년에 일본 언론과의 인터뷰에서 크루그먼이 시라카와를 '총살해야 한다'고 극언했다고 하는데, 아마도 그의 인민주의적 성향 때문인 것 같아요.

마지막으로 자신을 잇는 차세대 지도자의 육성에 소홀했던 것은 아닌가 하는 질문에 대한 아베의 답변에도 주목할 만합니다. 그가

능력 없는 후배라도 선배가 '키우거나'(育てる) 선배에 의해 '키워질'(育てられる) 수 있는 것은 아니고, 능력 있는 후배가 '자라날'(育ってくる) 수 있게 하는 것이 선배의 본분이라는 취지로 답변했거든요. 능력 있는 후배에게 '모범을 보이는 스승'(師表)으로서 선배도 능력이 있어야 하는 것은 물론인데, 그렇지만 '청출어람'(靑出於藍), 즉 선배보다 나은 후배가 나올 수도 있는 법이지요.

저는 아베가 주장한 선배의 도리가 옳다고 생각합니다. 예를 들어 서울대에서 후진 양성에 성공한 사례는 문리대에서 발견되는데, 그 중에서도 동양사학과가 대표적이었지요. 민두기 선생이 경기고 출신으로 조영래 변호사에 버금가는 '수재 중의 수재'였던 이성규 교수를 발탁했고, 그런 이 교수는 능력 있는 후배를 임용하는 데 주저하지 않았거든요. 반면 국사학과는 김용섭 교수를 축출하여 쇠퇴를 자초했고, 교수 임용에서 난맥상을 보인 서양사학과는 애당초 논외라는 것이 1970-80년대 서울대에서 중론이었어요.

굳이 비교하자면, 경제학과는 서양사학과와 비슷한 경우였습니다. 게다가 정성진 교수가 계승자를 자임한 안병직-김수행 교수는 능력보다는 오히려 지연을 중시했고요. 안병직-김수행 교수가 박현채-정운영 선생을 대체한 것은 기호사대부의 후예가 주류를 형성하던 문리대와 달리 탈북자에 이어 영남 중인의 후예가 주류를 형성하던 경제학과의 학풍과도 무관하지 않다는 생각이 들어요.

올해 8월은 박현채 선생 30주기이고 9월은 정운영 선생 20주기입니다. 두 분보다도 10년을 더 산 저로서는 '구차하게 살아남았다'(苟命圖生, 홍명희 선생)는 말을 듣지 않는다면 다행이지요. 또 한 번 브레히트의 『갈릴레이의 생애』에 나온 구절을 인용해볼 것인데, 이것은 본래 20년 전 『일반화된 마르크스주의 개론』 초판에서 두 분의 영전에 바친 저의 헌사였어요.

> 진리는 우리가 관철해내는 그만큼만 관철된다. 이성의 승리는 이성적 인간의 승리일 따름이기 때문이다.(…)단 한 사람이라도 떨쳐 일어나 아니오라고 외친다면, 그만큼 이긴 것이다!

박현채 선생과 정운영 선생의 후배를 자처하면서도 제가 한 일은 별로 없습니다. 그렇지만 성철 스님처럼 '한평생 살아가며 뭇사람을 속이니, 죄업은 하늘 너머 수미산을 지나네'(生平欺誑男女群, 彌天罪業過須彌)라거나, 베네딕토 16세처럼 어릴 적부터 해온 공부가 이제 와보니 '의미도 효과도 없음'(empty and void, 『창세기』)을 알겠다거나 하지는 않겠어요. 기호사대부의 후예인 저로서는 오히려 삼국양진 남북조의 대혼란기를 돌파했던 유가의 경험에서 배울 것이 많다고 생각하는 편인데, 이에 대해서는 조금 이따가 설명하겠고요.

주권 반환 전후의 홍콩, 그리고 대만

홍콩에 대한 저의 관심은 란코프 교수에 의해 계발된 것입니다. 「내전의 진화과정으로서 '대선 불복 20년동란'」에서 소개한 것처럼, 그가 러·우전쟁 발발 직후 북한이 남한을 침공할 가능성이 5-10%라고 예상하면서, 그럴 경우 핵무력을 내세워 미국의 참전을 막고 연방제라는 형태로 남한의 '홍콩화'를 강제할 것이라고 주장한 바 있거든요. 여기서 홍콩화란 덩샤오핑이 제기하고 시진핑이 폐기한 '일국양제론'의 운명을 의미하는 것이고요.

덩샤오핑의 일국양제론은 본래 대만에 대한 통일방침이었는데, 1984년 여름의 「중영공동성명」에서 홍콩의 주권 반환에 대한 방침으로 응용된 것이었습니다. 그런데 그해 연말에 김일성 주석 역시 홍콩식 일국양제론을 수용했다고 하니 란코프 교수가 말하는 남한의 홍콩화 역시 일국양제론의 운명과 무관하지는 않겠지요. 역시 북한 전문가다운 식견이 돋보이는 대목이에요.

홍콩에 대한 자료를 찾아보다가 류영하 교수의 『사라진 홍콩』(산지니, 2023)을 발견했습니다. 2021-22년 반년 동안 김어준 '총수'가 창간한 인터넷신문 『딴지일보』에 연재된 글이라서 찜찜했는데, 홍콩전문가인 저자를 믿고 읽어보았지요. 그랬더니 역시 배울 것이 있었고요. 『사라진 홍콩』을 참고하면서 주권 반환 전후의 홍콩사를 개관해보겠어요.

홍콩은 영국의 조차지(leased territory), 즉 한시적 식민지여서 1997년에 중국으로 주권이 반환되었습니다. 영국의 식민지였다가 자치령(dominion)을 거쳐 영연방에 편입된 캐나다·오스트레일리아·뉴질랜드와는 차이가 있었던 것이에요. 실질적 독립국인 자치령이 형식적으로도 독립국이 될 수 있는데, 미국의 식민지였던 필리핀이 대표적인 경우였지요. 필리핀에 대한 좀 더 자세한 설명은 「2021년 4·7보선 전후」를 참고하세요.

2차 세계전쟁 직후인 1946-47년에 영 총독이 '영 플랜'이라 불린 민주화조치를 시도하기도 했습니다. 1945-49년에 국공내전이 격화되었고 총독도 교체되는 바람에 유야무야되었지만요. 만일 영 플랜이 성공했다면, 홍콩도 자치령을 거쳐 영연방에 편입되거나 아니면 독립국이 되었을지도 모르지요.

중국으로 주권이 반환될 때 주민의 5/7 내지 6/7이 찬성했는데, 덩샤오핑의 일국양제론을 신뢰했기 때문입니다. 주권이 반환된 다음에도 중국과 달리 홍콩에서는 포용적 정치제도와 경제제도가 유지될 것이라고 믿었던 것인데, 2020년에 코로나19를 기화로 시진핑이 홍콩보안법 제정을 강행하면서 일국양제론이 '공약'(空約)이었음이 드러났지요.

그런데 영국이 식민지인 홍콩의 주권을 중국으로 반환해야 했다는 것은 생각처럼 당연한 일만은 아니었던 것 같습니다. 식민지가 되기 이전 홍콩은 사람이 거의 살지 않던 향나무 수출항이었는데, 그래서 한자 이름이 '香港'이었던 것이지요. 그런 홍콩이 선진국으로 진입할 수 있는 준비를 했던 것은 식민지 시절이었고요. 나카무라 사토루 교수가 대만을 모델로 '식민지현대화론'을 제기한 바 있는데, 대만 이상으로 홍콩이 그 모델이라고 할 수 있어요.

위키피디아에 따르면, 1840-42년 아편전쟁부터 1997년 주권 반환까지 홍콩의 인구는 다음과 같습니다.

1841	3/4만
1861	12만
1901	37만
1911	46만
1921	63만
1931	84만
1941	164만
1945	60만
1951	204만
1971	401만
1997	649만
2019	751만

먼저 아편전쟁 이후 인구가 증가했다는 사실을 알 수 있습니다. 1842년에 1차 아편전쟁 패배의 결과로 홍콩섬(홍콩 면적의 8%)이 할양되었고, 1860년에 2차 아편전쟁 패배의 결과로 주룽/가우룽반도 남단(1%)이 할양되었지요. 주룽반도의 대부분(91%)인 신제/신카이 (新界) 등이 조차된 것은 1898년이었고, 그 기간인 99년이 종료되는 시점이 바로 1997년이었어요. 조차지인 신제 등만 반환하고 할양된 홍콩섬 등은 반환할 필요가 없다는 주장도 제기되었으나 신제 없이 홍콩을 유지하는 것은 불가능했으므로 전체가 반환된 것이에요.

홍콩의 인구는 1931년 만주사변과 1937년 중일전쟁 이후 가속적으로 증가했다가, 1941년 일본에 점령된 이후 급감했습니다. 1949년 혁명의 여파로 또다시 급증한 인구는 1970년까지도 증가세를 유지했고요. 또 혁명 이후에 홍콩이 상하이를 대체하여 중개무역항에서 제조업과 금융의 중심지로 전환되었지요. 1946–65년에 출생한 베이비부머가 1970년대 이후 주민의 과반을 차지했다고 하고요.

홍콩의 인구증가가 감속한 것은 주권 반환을 앞두고부터였습니다. 1984년부터 인구증가율이 1% 미만으로 하락했고, 1997년 전후로 0.5% 미만으로 하락했거든요. 2007–09년 금융위기를 계기로 일시 회복한 인구증가율은 2012–13년 시진핑 집권 이후에 급락하여 홍콩보안법이 강행된 2020년부터는 마이너스를 기록했는데, 2019년에 정점에 도달한 인구는 751만이었지요.

류영하 교수에 따르면, 주권 반환 직전 10년 동안 주로 엘리트인 60만명이 홍콩을 탈출했다고 합니다. 반면 주권 반환 전후 중국에서 주로 하층민이 지속적으로 유입되었는데, 그들을 '신홍콩인'이라고 부른다고 하지요. 홍콩의 지니계수가 일본과 한국의 33, 대만의 34 보다 높은 40인 것은 이 때문일 것 같고요. 주민의 40%를 차지하는 신홍콩인은 친중국 성향이라고 하는데, 한국전쟁기의 탈북자가 주로 엘리트여서 반북한 성향인 것과 비교해볼 수 있겠지요.

1970년대 이후 홍콩은 신흥공업경제(NIEs)의 하나로 부상했고, 특히 '아시아의 네 마리 호랑이'의 선두주자가 되었는데, 주권 반환 이후 싱가포르에게 선두주자를 빼앗겼습니다. 위키피디아에 실린 '매디슨 프로젝트'의 역사적 경제통계(historical economic statistics) 에 근거한 그래프에 주목할 수 있겠지요.

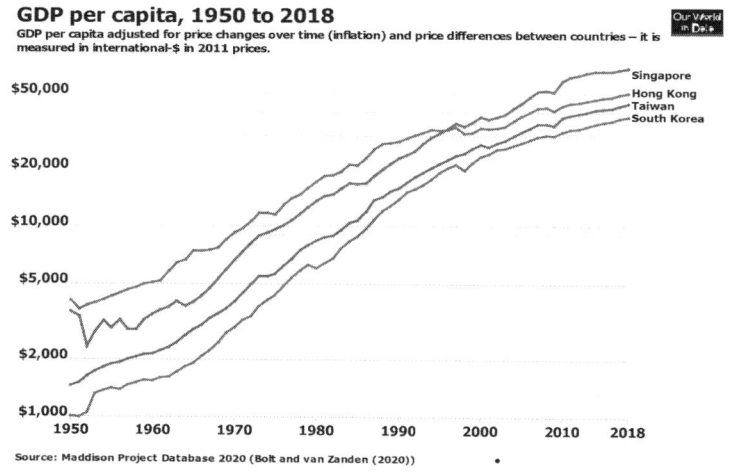

주권 반환 이전 홍콩이 싱가포르보다 앞설 수 있었던 것은 경제 제도가 더 포용적이었기 때문입니다. 그러나 주권 반환 직후 1997- 98년에 동아시아 경제위기가 발발했고, 또 2003년에는 코로나19의 예고편인 사스(SARS, 중증급성호흡기증후군)가 유행하면서, 홍콩은

제조업을 광둥으로 이전하고 금융(및 부동산) 중심의 서비스경제로 전환했지요.

1984년의 「중영공동성명」에 따르면, 주권 반환 이후에도 50년간 홍콩은 '현지인의 자치'(港人治港)가 허용된 '특별행정구'(SAR)일 것이었습니다. 물론 외교와 국방은 예외일 것이었지만요. 또 덩샤오핑이 약속했던 일국양제도 중국이 소강사회에 진입할 때까지 50년간 지속될 것이었는데, 2021년에 소강사회가 실현되었으므로 일국양제의 시효도 만료되었다는 것이 시진핑의 주장이에요.

그러나 주권 반환 이전에 이미 일국양제론에 대한 의구심이 제기되었습니다. 1989년 6·4 천안문항쟁이 계기가 되었는데, 1992-95년에 패튼 총독이 선거제 개혁과 입법부 격상 등의 민주화조치를 실행한 것은 이에 대응한 것이었어요. 이전의 홍콩은 행정이 주도하면서 입법과 사법을 통제해왔으므로, 헌정이 부재했다고 할 수 있는데, 그러나 법치는 나름대로 건실했다고 할 수 있지요.

손문처럼 말해서, 패튼 총독 이전의 홍콩에는 민족('인민의 정부')과 민권('인민에 의한 정부') 없이 민생('인민을 위한 정부')만 있었다고 할 수 있습니다. 마치 장개석 총통 시대의 대만에 민권 없이 민족과 민생만 있었던 것처럼요. 패튼 총독의 조치는 민족 이전에 민생에 민권을 추가하려던 것이었어요. 마치 장개석 총통의 아들 장징궈 총통과 그 후계자 리덩후이 총통이 문민화를 통해서 민족과 민생에 민권을 추가한 것처럼요.

주권이 반환된 이후 일국양제에 대한 의구심이 제고되었습니다. 먼저 '67 폭동' 관련자가 복권되었는데, 그들은 단순한 노동자운동 활동가가 아니라 광둥의 홍위병을 추종한 친중파였지요. 말하자면 조로당을 추종한 친북파인 통혁당이나 인혁당재건위에 비유할 수 있다는 것인데, 그들의 폭동이 실패한 직후인 1970년대부터 홍콩이 신흥공업경제의 선두주자로 부상했던 것이에요.

시진핑이 집권한 이후 일국양제에 대한 의구심과 함께 반중 정서도 강화되었습니다. 그가 '양제'에 대해 '일국'의 우위를 강조하고 또

'애국자에 의한' 자치도 강조했기 때문이에요. 또 후진타오 시대부터 반체제인사를 탄압하기 위해 시도해오던 홍콩보안법 제정을 코로나 19를 기화로 하고 또 신홍콩인의 지지를 받아 강행했던 것이지요. 게다가 반체제인사에 대해 소급 적용했던 것이고요.

그렇지만 시진핑 이후에도 일국양제가 완전히 소멸할 것 같지는 않습니다. 특권부르주아지의 자본도피를 위한 창구로 홍콩을 활용할 가치가 남아 있거든요. 모택동이 외교관계의 매개이자 외화획득과 정보공작의 거점으로 홍콩을 활용하기 위해 '장기타산, 충분이용'이라는 방침을 내세운 것과 마찬가지인 셈이지요.

참고로, 중국의 국민소득에서 홍콩의 국민소득이 차지하는 비중을 보면, 1980년대 후반의 15% 초과에서 1993년에 최고치인 20% 초과로 상승했다가 1995년에는 17%로 하락한 다음 그 추세를 지속하여 2014년에는 3%에 도달했지요. 반면 홍콩 주식시장에서 중국계 기업의 비중은 1995년의 5%에서 급상승하여 2008년에 최고치인 55%를 기록했다가 이후 하락세를 지속하여 2014년에는 44%에 도달했고요. 주권 반환 이후 중국경제에서 홍콩경제가 차지하는 위상이 금융 중심이라는 사실을 알 수 있겠지요.

일국양제에 대한 신뢰 상실로 홍콩에서 민주화운동이 전개되었는데, 이에 대해서는 구라다 도루와 장위민의 『홍콩의 정치와 민주주의』 (2015; 국역: 한울, 2019)를 참고할 수 있습니다. 그들은 '피난민의식'이 강했던 이전 세대와 달리 전후 베이비부머는 홍콩인의식을 형성했고, 게다가 1970년대 이후 고도성장 덕분에 중산층의식까지 형성했다는 사실에 주목하고 있지요. 방금 인용한 통계의 출전도 이 책이에요.

2011년 아랍의봄에 후속한 오큐파이월스트리트운동은 2014년에 홍콩에서 오큐파이센트럴운동으로 전개되었는데, 센트럴(中環) 역시 홍콩의 금융가였습니다. 이 운동은 동유럽의 색깔혁명과도 유사한 우산운동이기도 했지요. 오큐파이/우산운동의 주체는 베이비부머 자식세대라고 할 수 있고요. 비교하자면 남한의 촛불시위는 홍콩의

운동과 달리 친중 성향인데, 홍콩에 비해서 남한의 민도가 그만큼 낮다는 방증이겠지요.

아랍의봄이 오큐파이/우산운동으로 이어진다는 사실에 대한 부연 설명이 필요할 것인데, 진실의힘이 번역한 빈센트 베빈스의『광장의 역설』(2023)을 참고할 수 있습니다. 12·3 계엄 전후로 이 출판사가 번역했던『히틀러의 법률가들』과『정의를 배반한 판사들』이라는 두 권의 '자살골'에 이어진 번역서로, 출판사와 재단의 정체성에 적합한 최초의 번역서이지요. 횡설수설하는 중에도 친(북)중러 성향을 견지 하고 있거든요.

베빈스는 2010년 말부터 2019년 말 코로나19 발발까지 아랍의봄 이 진화하는 과정을 개관하고 있습니다. 먼저 세계적 차원에서 일련 의 오큐파이운동이 전개되면서 2000년대 대안세계화운동을 계기로 부활을 시도하던 마르크스주의가 소멸하고 네그리류의 '자율주의'가 대표하는 포스트아나키즘이 강화되었다고 하지요. 포스트아나키즘 의 특징은 인터넷/(소셜)미디어에 기반한 활동가주의(activism)라고 하는데, 사회진보연대의 포스트아나키스트가 기관지『사회운동』을 폐간하고『오늘보다』라는 매체/미디어를 선택했던 이유를 비로소 알게 되었어요.

그런데 포스트아나키즘이 마르크스주의는커녕 사민주의에 대한 대안도 되지 못했다는 것이 베빈스의 주장입니다. 브라질에서 출현 한 '무료승차운동'(Movimento Passe Livre, 2013)이 노동자당(PT) 룰라의 후임인 지우마의 탄핵과 하야로 귀결되었거든요. 이 운동의 구호가 사회진보연대의 포스트아나키스트가 표방했던 '오늘보다'와 유사한 '내일은 더 나아질 것이다!'(Amanha vai ser maior!)였다는 사실도 주목할 만하고요.

베빈스는 반러시아와 친유럽연합/나토를 표방한 3차 마이단혁명 (2013-14)을 좌파에 반해 우파, 심지어 파시스트가 주도하고 외세가 개입한 제2의 리비아의봄으로 해석함으로써 우크라이나를 침공한 푸틴을 지지하고 있습니다. 심지어 야누코비치를 변호하기도 하는데,

다만 푸틴과는 구별해야 한다고 주장하지요. 푸틴은 '도적'(crook)인 그를 '존중하거나 통제하지'(respect or control) 않았다는 것이에요. 반면 2019년에 당선된 젤렌스키는 언급하지도 않고요.

베빈스는 오큐파이/우산운동(2014)도 마이단혁명과 유사하다는 비판을 제시하고 있습니다. 즉 외세가 개입한 반중운동이라는 것인데, 그래서 우산운동 내부에서 친중 성향/사이비 좌파(左膠, plastic left)를 비판한 본토주의자(localist)에 대해 반비판하고 있는 것이지요. 그러나 2020년에 시행된 홍콩보안법에 대해서는 언급하지도 않는데, 일국양제에 대한 지지율이 2008년의 78%에서 2014년의 37%로 급감한 것도 정치적 이유가 아니라 경제적 이유 때문이라는 것이에요. 이미 지적했듯이, 중국경제에서 홍콩경제의 비중은 1995년의 17%에서 지속적으로 하락하여 2014년에는 3%에 불과했거든요.

아울러 홍콩이 정치·경제적으로 선진적이었다 해도 문화적으로도 그런 것은 아니었다는 사실을 지적해두겠습니다. 알다시피 홍콩을 대표한 대중문화는 문학이 아니라 영화였지요. 1920-30년대 상하이 영화를 계승한 홍콩 영화를 대표한 것은 1960년대 왕우의 무협영화와 1970년대 이소룡과 성룡의 쿵후영화였어요. 1980년대는 주윤발의 범죄영화(누아르)가 새로운 장르로 부상했는데, 그러나 이연걸 덕분에 무협영화와 쿵후영화의 부활이 시도되기도 했지요. 자세한 설명은 이종철 교수의 『홍콩의 열혈남아들』(학고방, 2012)을 참고하세요. [홍콩 문학에 대해서는 질의와 응답 275쪽 이하를 참고하시오.]

그렇지만 홍콩 영화는 헐리웃 영화의 아류였을 따름입니다. 무협영화와 쿵후영화는 액션영화인 서부영화를 모방했고, 게다가 『솔저 블루』나 『작은 거인』(리틀 빅 맨)처럼 선악이 전도된 수정주의 영화는 없을 정도로 오락 위주였어요. 하기야 알튀세르의 제자들도 고다르의 누벨 바그가 아닌 서부영화 팬이었다는 드브레의 증언이 있었지만요. 또 『영웅본색』 3부작을 『대부』 3부작과 비교할 수도 없는데, 시진핑 역시 『영웅본색』이 아닌 『대부』 팬이었거든요. 1960-70년대 학번과 달리 386세대가 홍콩 영화에 열광한 것은 하향평준화 탓이라고 할 수 있겠지요.

한국이나 홍콩과 달리 일본의 영화계에는 오즈 야스지로 같은 거장 감독이 존재했고 그 전통이 계승되고 있다는 데 주목할 수 있습니다. 『걸어도 걸어도』(2008)나 『바닷마을 다이어리』(2015) 같은 수작을 감독한 고레에다 히로카즈 같은 사람이 그 증거인데, 넷플릭스에는 그가 감독한 『마이코(舞妓, 수습과정의 게이샤)네 행복한 밥상』(2023) 과 『아수라처럼』(2025) 같은 드라마도 올라와 있더군요.

일본 영화나 드라마가 성노동자에 대해서 개방적이라는 사실도 주목할 만합니다. 방금 언급한 『마이코네 행복한 밥상』도 그렇지만, 유민(후에키 유코) 배우의 데뷔작 『신(新) 설국』(2001)도 게이샤가 주인공이거든요. 넷플릭스 영화 『치히로 상』(2023) 역시 인상 깊은 작품인데, 마사지걸(風俗孃) 출신이 주인공이에요.

이 대목에서 제가 좋아하는 드라마 『심야식당』에 대해서도 언급 해두겠습니다. 제 중고등학교 동창이기도 한 황인뢰 감독이 2015년 에 서울방송(SBS)에서 『심야식당』을 리메이크할 때 깡패와는 달리 성노동자 배역은 없었어요. 그런데 넷플릭스가 제작한 시즌 4 (2016) 에는 고아성 배우가 캬바쿠라(캬바레-클럽) 호스티스로 출연하기도 했지요. 아버지의 빚을 갚고 식당을 열 돈을 벌기 위해 '직업에 귀천 이 없는' 일본으로 원정을 갔던 것이에요. 윤미향 의원이 알았다면 '일본민간인위안부'라고 광분했겠지만요.

류샤오보가 개혁·개방 초기 중국에서 인기가 높았던 일본영화로 『인간의 증명』(1977)을 꼽고 있다는 사실도 함께 지적해두겠습니다. 「2022년 3·9대선 전후」에서 소개했듯이, 미군위안부 출신 어머니가 흑인혼혈아를 죽이는 비극적 줄거리였지요. 류샤오보 덕분에 소설 과 드라마만 본 저도 이번에 영화를 보았어요.

드라마와 비교할 때 영화에서는 주제가 「인간의 증명의 테마」가 특히 좋았습니다. 가사는 야마구치 요시코의 히트곡 「소주야곡」의 작사자인 사이조 야소의 시 「모자」를 영어로 번역한 것이고요. 중국 에서도 인기가 높았던 주제가는 영화의 마지막에 어머니가 투신하는 장면에 삽입되었는데, 아들 역의 조 야마나카가 열창한 것으로 그 자신이 흑인혼혈이었다고 하지요. 영어 자막이 달린 영화와 주제가는 유튜브로 찾아 볼 수 있어요.

마지막으로 차이잉원 총통이 취임한 2016년에 출판된 궈팅위 등의 『도해 타이완사』(국역: 글항아리, 2021)를 참고하면서 대만사에 대해서도 정리해두겠습니다. 대만이 중국의 일부가 된 것은 청황조 강희제의 정복 때문인데, 그러나 정복 이후에도 대만은 신장(新疆) 위구르와 티벳 이상으로 방치되었지요. 중국의 일부가 아니라 중국을 방어하기 위한 변경(frontier)이었기 때문이에요. 나아가 만주족의 고향인 만주는 봉금(封禁)된 성지였고요.

청황조가 대만에 대한 소극적 통치에서 적극적 통치로 전환한 것은 청불전쟁 이후라는 것이 통설입니다. 그러나 이미 실기한 셈인데, 청불전쟁(1884-85)의 패배로 속국이었던 베트남을 프랑스에게 할양한 지 꼭 10년이 지난 다음 청일전쟁(1894-95)의 패배로 속국이었던 조선 대신 대만을 일본에게 할양할 수밖에 없었거든요. 속국이었던 류큐를 일본에게 할양한 것은 20여년 전인 1872년이었고요. 메이지 유신 이후 일본이 류큐와 대만으로 진출한 것은 섬나라인 영국처럼 해양국가를 지향했기 때문이에요.

대만을 할양받은 일본은 1895-97년의 2년을 '주민거취결정일'로 지정하여 이민을 허용했는데, 실제로 이민을 선택한 것은 주민의 0.25%였다고 합니다. 물론 이민을 선택하지 않았다고 해서 일본의 통치를 수용했다고 예단할 수는 없겠지만요. 또 다이쇼 데모크라시 (1905-31)와 거의 일치하는 기간인 1919년(1차 세계전쟁 종료 직후) 부터 1936년(중일전쟁 발발 직전)까지는 문관총독이 통치하는 문민 통치를 실시했고요.

대만과 달리 조선에서 문민통치 대신 '문화통치'라는 외양 아래 무단통치가 지속된 것은 대륙진출을 도모한 야마가타 아리토모의 후예인 무관총독이 계속 통치했기 때문입니다. 1909년에 야마가타의 경쟁자인 이토 히로부미가 암살된 데다가 1919년에는 3·1운동이 발발하여 대만과 달리 무관총독이 계속 부임할 수밖에 없다는 구실이 되었지요. 3·1운동이나 상해임시정부를 비롯한 독립운동 전반에 대한 기왕의 평가를 재고할 필요가 있는 대목이에요. [질의와 응답 292쪽 이하를 참고하시오.]

그 결과 대만과 달리 조선에서는 '내지연장정책'(일본법 적용)과 '식민지현대화'가 불가능해졌던 것입니다. 달리 말해서 대만은 '일본의 스코틀랜드'가 된 반면 조선은 '일본의 아일랜드'가 되었다는 것이지요. 나카무라 사토루 교수의 대만론을 조선에도 무비판적으로 적용한 낙성대연구소의 식민지현대화론은 이런 사실에 대해 맹목적이라는 결함이 있어요.

내전에서 패배하여 대만으로 도주한 장개석 총통의 군부독재는 1949년부터 1987/92년까지 계엄령을 유지했습니다. 40년 안팎에 걸친 계엄령 시대는 16국시대 비수대전에서 대패한 부견의 고사에서 유래하는 '초목까지 군인으로 보인다'(草木皆兵)는 속담이 적합할 정도로 엄혹한 시대였는데, 그러나 모택동 치하의 중국에 비해서 차악으로 간주되었다고 하지요.

장개석 군부독재가 이승만 문민독재는 물론이고 박정희 군부독재에 비해서도 우월했다는 증거가 바로 한국에 앞선 대만의 경제기적이었습니다. 이미 인용한 매디슨 프로젝트에 근거한 그래프가 증거인데, 도시국가인 홍콩과 싱가포르를 논외로 하면 대만이 항상 한국을 앞서 있음을 알 수 있지요. 이승만 정부의 '건국'과 박정희 정부의 '부국'이라는 낙성대연구소의 주장은 설득력이 없는데, 더 자세한 설명은 「한국자본주의의 역사」를 참고하세요.

홍콩과 싱가포르의 비교나 대만과 한국의 비교 등은 비교경제사 내지 비교(경제)체제론으로, 이런 것을 '자연적 실험'이라고 합니다. 여기서 '자연적'(natural)이란 '인위적'(artificial)이지 않다는 말인데, 자유주의자는 물론이고 마르크스주의자도 명심해야 하는 말이지요. 인간을 대상으로 하는 인민주의자나 전체주의자의 인위적 실험은 반인류범죄일 따름이거든요. 제가 자유주의자나 마르크스주의자는 경제학을 중시하는 반면 인민주의자나 전체주의자는 경제학을 경시한다고 강조하는 것은 이 때문이에요.

경제학에서 자연적 실험의 대표적 사례는 아제몰루와 그 동료들의 주장처럼, 남한과 북한의 비교입니다. 체제경쟁 승패의 증거로 아제몰루와 더불어 노벨경제학상을 수상한 존슨의 기념논문 "The Institutional Origins of Shared Prosperity"(*American Economic Review*, June 2025)에서 제시된 그래프를 참고할 수 있지요.

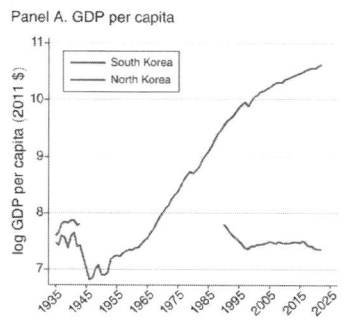

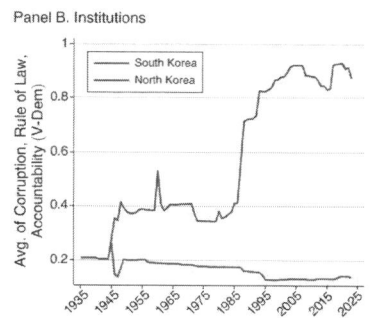

동서독의 차이와 비교해도 남북한의 차이는 아주 예외적입니다. Sascha Becker et al., "The Separation and Reunification of Germany: Rethinking a Natural Experiment Interpretation of the Enduring Effects of Communism"(*Journal of Economic Perspectives*, Spring 2020)을 참고하세요.

대만은 토지개혁(1949-53)에 이은 농업발전을 전제로 1960년대에 수입대체공업화를 추진하면서 수출지향공업화로의 전환을 준비할 수 있었습니다. 또 1970년대에 중소기업이 주도한 수출지향공업화 덕분에 신흥공업국으로 부상할 수 있었고요. 반면 한국은 수출지향공업화로의 전환이 미비한 조건에서 재벌 중심의 수출지향공업화를 추진한 탓에 1979-80년의 경제위기를 겪을 수밖에 없었는데, 그런 위기를 극복한 것은 박정희 군부독재의 후예인 전두환 군부독재가 실행한 신자유주의적 정책개혁 덕분이었지요.

문민화라는 측면에서도 대만이 한국보다 우월했습니다. 장개석 총통의 아들인 장징궈 총통과 그가 발탁한 리덩후이 총통이 문민화를 준비했거든요. 물론 1970년대에 외교적으로 고립되면서 국민당 정부의 정통성이 약화되는 동시에 홍콩처럼 대만인으로서의 정체성을 형성한 신세대가 출현하여 인민주의가 아니라 자유민주주의를 표방하는 대안정당으로서 민진당을 결성하기도 했고요.

반면 후계자를 양성하는 대신 종신집권을 획책한 박정희 대통령은 자신의 '심복'이었던 김재규 중앙정보부장에게 암살당하여 1979-80년의 정치위기와 경제위기를 초래했습니다. 또 전두환 대통령의 후임인 노태우 대통령이 시작한 3당합당을 통한 문민화가 좌절하면서 자유민주주의가 아니라 인민주의를 표방하는 민주당이 대안정당을 참칭하면서 주류화되었던 것이고요.

이미 인용한 우드노 등의 『중국의 타이완 침공 시나리오』에 소개된 대만대 선거연구센터가 차이잉원 2기 정부 초인 2021년에 실시한 여론조사에 따르면, 대만인 정체성은 62%인 반면 대만인과 중국인을 혼합한 정체성은 32%, 중국인 정체성은 3%라고 합니다. 또 현상유지 지지자는 86%인 반면 독립 지지자는 6%, 통일 지지자는 7%라고 하고요. 비교하자면, 리덩후이 1기 정부인 1992년에 대만인 정체성은 18%였고, 2기 정부인 1996년에 통일 지지자는 22%였다고 하지요.

친북중러 성향인 민주당의 장기집권이 예상되는 한국에서 이런 종류의 여론조사는 없습니다. 그나마 가장 비슷한 것이 서울대 통일평화연구원의 「2025 통일의식조사」인데, 통일이 필요하다는 응답은 41%이고 불필요하다는 응답은 30%였지요. 물론 남북한인 정체성에 대한 조사는 없었고요.

「2025 통일의식조사」에 따르면, 2008-17년에 통일 필요는 50%대를 유지하고 통일 불필요는 20%대를 유지하다가 2018년에 60%와 16%를 기록했습니다. 그 후 문재인 정부의 대북 정책 실패로 전자는 지속적으로 하락한 반면 후자는 지속적으로 상승하여 2024년에

37%와 35%를 기록했다가 이재명 정부가 출범하면서 그런 추세가 얼마간 역전된 것이에요.

그렇지만 조속한 통일이나 무조건적 통일을 원하는 사람은 10% 남짓할 따름입니다. 반면 점진적 통일을 원하는 사람은 47%이고, 또 통일의 필요조건으로 북한 비핵화, 남북 긴장완화, 북한 인권개선 등을 들고 있어요. 나아가 통일 이후의 체제에 대한 답변은 남한 체제가 49%인 반면 체제 절충 및 유지는 48%(=30%+18%)인데, 전자가 흡수통일에 가깝다고 한다면 후자는 연방제에 가깝다고 할 수 있겠지요.

남북한의 통일은 대만과 중국의 통일 이상으로 근거가 거의 없고, 유일한 방안은 란코프 교수의 주장대로 북한의 침공과 그에 따른 '홍콩화'일 것입니다. 갈루치 차관보는 북한이 '서해의 한 섬[백령도?] 을 점령'할 가능성을 제기했는데, 대만과 달리 상륙작전이나 시가전 능력이 장애가 되지는 않겠지요. 게다가 해병대원익사사건 이후 해병대의 군기가 문란해졌고 사기 역시 저조해졌을 것 같고요.

삼국양진남북조 시대에 대한 단상

12·3 계엄 이후 한국의 상황은 마치 리어 왕의 비극처럼 '전반적 재앙과 파괴'(general woe and gored state, 셰익스피어)라고 할 수밖에 없습니다. 그러나 그런 상황에서도 한 줄기 희망을 찾으려는 탐색을 계속하다가 삼국양진남북조의 대혼란기를 돌파했던 유가의 경험에서 배울 것이 많다는 사실을 발견했지요.

제 고등학교 동창 중에 민두기 선생 밑에서 남북조, 특히 남조를 공부한 김유철 교수가 있는데, 왜 대혼란기 그것도 부패한 황조에 관심을 갖는지 이해하지 못했습니다. 그러나 이번에 그런 대혼란기에 수당을 거쳐 송원명청에서 재건되는 신유가의 맹아가 싹텄다는 사실을 깨닫게 되었지요. 또 북조의 경세학에 버금가는 남조의 사학과 문학이 있었다는 사실도 알게 되었고요.

이 대목에서 '무리를 짓는 것은 거짓이고, 홀로 나아가는 것이 참이다'(成氣類則僞, 獨行則貞)라는 장병린의 말에 주목해두겠습니다. '거짓이 참이 될 때 참도 거짓이 되는'(假作眞時眞亦假, 『홍루몽』) '무망한 세상'에서는 '학문으로 은둔하여'(學隱) '성현/선학의 끊어진 학문을 이어야'(爲往聖繼絶學, 장재) 함을 강조한 것이지요. 그리하여 '국세가 피폐할' 때 오히려 '학술은 융성한다'고 한 것이고요. 물론 존재가 아닌 당위의 말인데, '국가의 불행은 오히려 문학가의 행운'(國家不幸詩家幸)이라는 조익의 말과 비슷한 셈이에요.

보통 위진남북조라고 하는데, 삼국양진남북조라고 하는 것이 더 정확할 것입니다. 위는 촉·오와 삼국으로 정립했고, 삼국을 통일한 진은 그 직후 분열하여 16국에게 중원을 빼앗긴 채 강남으로 쫓겨나 서진과 동진의 양진으로 구별되었지요. 또 북조는 16국을 계승한 것이고 남조는 동진을 계승한 것인데, 북조를 계승한 수당이 중국을 통일했고요. 삼국양진은 200년, 남북조는 170년 동안 지속되었으니 삼국양진남북조의 대혼란기는 400년 가까이 지속된 셈이에요.

삼국양진남북조에 대해 간단하게 개관해둘 필요가 있을 것인데, 『봉건제론』의 설명은 너무 소략했기 때문입니다. 아이다 다이스케의 『남북조시대』(2021; 국역: 마르코폴로, 2024)는 북조 중심의 역사를 개관하고 있는데, 미사키 요시아키의 『오호십육국』(2002; 국역: 경인문화사, 2007)과 함께 읽으면 좋겠지요.

진을 건국한 지 20여년, 삼국을 통일한 지 10여년이 지나고부터 이른바 '8왕의 난'이 발발했습니다. 또 15년 동안 지속된 그런 동란 속에서 이민족 용병이 동원되었고, 그 와중에 서진이 멸망하고 화북에서 흉노족이 건국한 전조(前趙)를 필두로 갈족(흉노족), 저족(티벳족), 강족(티벳족), 선비족의 할거정권인 16국이 명멸했지요. 미사키는 이를 '게르만족의 대이동'(Völkerwanderung)에 유비하여 '민족 대이동'이라고 부르고 있어요. [중국사와 유럽사의 비교에 대해서는 질의와 응답 290쪽 이하를 참고하시오.]

130여년 동안 지속된 16국시대는 전기 70여년과 후기 60여년으로 나누어집니다. 전기와 후기를 구분하는 기준은 저족이 건국한 전진(前秦)의 부견이 화북을 통일한 것인데, 그러나 강남도 통일하려던 부견이 비수대전에서 대패하여 화북은 또다시 분열했지요. 그 와중에 서진의 봉국이었던 선비족의 대(代)가 재건되어 북위를 자칭하고 화북을 통일하여 북조를 개창했는데, 사마의의 후예인 동진과 대결하기 위해 조조의 위를 계승하려 했다는 설도 있어요.

남조가 유가와 도가를 절충한 현학을 계승한 반면 북조는 유가를 계승했습니다. 16국을 개시했던 전조는 한족 사대부를 등용했는데, 처음에는 위진의 중하층 사대부가 출사했고, 나중에는 상층 사대부도 출사했지요. 또 북위의 풍태후는 균전제를 실시했고, 그 손자인 효문제는 낙양 천도와 함께 한어, 한족 성씨, 한족 복식 사용 등을 통해 선비족의 중국화를 추진했습니다. 그 후 과도한 중국화를 정정한 서위-북주에서 부병제가 도입되었고 과거제의 맹아도 출현했지요. 북위-서위-북주를 계승한 수-당이 중국을 통일하고 봉건제를 재건했던 것이고요.

삼국양진남북조가 한국사와도 긴밀한 관련이 있다는 사실을 지적해두겠습니다. 『봉건제론』에서 이미 지적했듯이, 중국사의 한 측면이 화이(華夷)관계, 즉 한족과 이민족 사이의 관계인데, 16국이라는 할거왕조와 북조라는 정복황조는 이민족이 중원으로 진출한 최초의 사례였지요. 반면 고구려는 정복황조는 물론이고 할거왕조도 형성한 적이 없어요. 그 대신 백제나 신라와 갈등하다가 수당이 중국을 통일하자 자멸한 셈이에요. 또 신라가 평양과 원산을 잇는 39도선 이남에서 삼국 내지 삼한을 통일하면서 고려와 조선으로 이어지는 한국사가 전개된 것이고요.

가와카쓰 요시오의 『중국의 역사: 위진남북조』(1981; 국역: 혜안, 2004)는 지식인의 역사까지 개관한다는 장점이 있습니다. 후한에서 외척과 환관이 득세하면서 농민전쟁과 함께 지식인의 저항이 발생했는데, 그러나 양자는 결합하지 못했어요. 외척과 환관에 저항하던 지식인은 주로 조조에게 귀순했지요. 순욱이 대표적이었고 또 그가 사마의를 추천했거든요.

그러나 유비를 선택한 지식인도 있었는데, 물론 제갈량이 대표적이었습니다. 『출사표』에서 그는 유비가 삼고초려해준 덕분에 '난세에 구차하게 생명을 보전하지'(苟全性命於亂世) 않게 되었다고 회고한 바 있어요. 손권을 선택한 지식인으로는 제갈량의 형인 제갈근이 있었는데, 손권의 신하인 주유와 노숙은 지식인이라기보다 오히려 협객에 가까웠다고 하지요. 또 제갈근과 제갈량의 동생인 제갈균은 조조를 선택했고요.

가와카쓰 역시 북조가 한족 사대부를 포섭하여 균전제와 부병제를 실시하여 수당의 통일을 준비했다는 사실을 강조하고 있습니다. 그는 특히 안지추가 저술한 『안씨 가훈』에 주목하고 있는데, 그는 공자의 수제자인 안회의 34대손이자 당황조 4대 서법가 중 한 사람인 안진경의 5대조였어요.

안지추는 「면학」(勉學, 학문에 힘씀) 편에서 난세에 처한 지식인의 학문관을 제시했습니다. 그는 특히 경사(經史, 경학과 사학)를 중시하면서 남조 지식인을 비판했지요. 학예를 등한시하면서 사치하고 우탄한 언행을 일삼았다는 것인데, 우탄(迂誕)이란 사리에 어긋나 황당무계하다는 뜻이에요. 나아가 그는 이런 '말세의 풍속'(末俗)이 '경세제민과 풍속향상'(濟世成俗)과 무관했던 현학과 청담으로 소급한다고 강조했지요.

남조 지식인에 대한 안지추의 비판은 청황조의 고염무가 '위로는 국가의 멸망, 아래로는 예교의 윤락에 이르렀다'(以至國亡于上, 敎淪于下)라고 비판한 것과도 일맥상통하는 것입니다. 또 그가 '지식인이 부끄러움을 모르는 것이 곧 나라의 부끄러움이다'(士大夫之無恥, 是謂國恥)라고 비판한 것 역시 마찬가지이고요.

1930년대 중국에서 해파([上]海派)와 경파([北]京派)의 갈등, 특히 노신(주수인)과 주작인의 갈등을 남북조 지식인의 갈등에 비유할 때 안지추에 대한 형제의 평가가 기준이 되기도 합니다. 안지추와 달리 주작인은 승자가 아니라 패자로서 이민족의 편에 섰다는 것이 차이였지만요. 주 씨 형제에 대해서는 쑨위의 『루쉰과 저우쭈어런』(1997; 국역: 소명출판, 2005)을 참고하세요.

가와카쓰가 거론한 지식인 중에서 사마의는 물론이고 순욱 역시 충신은 아니었습니다. 충신으로 후대의 사표가 된 이는 '할 수 없음을 알면서도 한'(知其不可而爲之) 제갈량이었고, 두보의 칠언율시 「촉상」(蜀相, 촉나라 승상 제갈량)을 그 증거로 들 수 있겠지요. 전·결에 해당하는 마지막 두 연을 보면,

세 번이나 찾음은 나라를 위함이고,	三顧頻煩天下計
대를 이은 충성은 노신의 마음일세.	兩朝開濟老臣心
싸움에 못 이기고 몸이 먼저 죽으니,	出師未捷身先死
영웅이 눈물 흘려 소맷자락 적시네.	長使英雄淚滿襟

범문란 등의 『중국통사간본』(2013; 국역: 경지출판사, 2016) 역시 사마의는 물론이고 조조에 대해서도 비판적이라는 사실에 주목할 수 있습니다. 자신을 국공(國公, 봉국된 공작)으로 추대하는 데 반대하던 순욱을 모살(謀殺, 모략으로 인한 자살)시킨 조조는 자신 역시 사마의에게 배반당했지요. '[덕성이 없어도] 재능만 있으면 기용한다'(唯才是擧)는 조조의 원칙은 말하자면 지식인이 아니라 인지엘리트를 위한 것이었는데, 대표적 사례가 사마의였거든요.

조조의 법가에 반대하여 유가를 표방한 사마의야말로 '책을 읽고 더 나빠진'(讀了書倒更坏了, 『홍루몽』) 마키아벨리적인 권모술수의 대가였습니다. 또 전형적인 배신자 관상이라는 낭고상(狼顧相, 늑대가 돌아보는 관상)이기도 했고요. 조조와 사마의를 비교할 때, 군부독재가 문민독재보다 낫다는 생각이 들기도 하지요. 일본의 군국주의가 히틀러-스탈린의 전체주의보다 낫거나, 박정희-전두환 정부가 이승만-이재명 정부보다 낫다는 생각이 드는 것처럼요.

나아가 범문란 등은 사마의의 후손이 일으킨 '8왕의 난'을 비유하여 '한 무리의 짐승이 미친 듯이 싸운다'(群獸狂鬪)고 했습니다. 동진·16국과 남북조의 대혼란기를 개시한 그런 미친 싸움이 '사마 씨의 잔인함과 부패함을 집중적으로 표현한다'고도 비판했고요. 조조와

사마의가 개창한 위진이 진한의 대안일 수 없음을 시사한 것인데, 문민화에 실패한 남한도 여기에 비유할 수 있을 것 같아요. 김대중 정부부터 이재명 정부까지의 민주당 정부가 박정희-전두환 정부에 대한 대안이 될 수 없기 때문이지요.

그래서 사마의에 대한 자료를 좀 더 찾아보았는데, 경영학/관리학의 관점을 채택한 자오위핑의 『자기통제의 승부사 사마의』(2011; 국역: 위즈덤하우스, 2013)와 처세술/출세술의 관점을 채택한 나채훈의 『사마의 평전』(북오션, 2012) 등이 있었습니다. 평전의 형식인 후자가 전자보다는 가독성이 있더군요. 그러나 둘 다 별로 도움은 되지 않았어요.

『마음을 움직이는 승부사 제갈량』도 저술한 자오위핑은 제갈량이 '등대'라고 하면 사마의는 '거울'이라고 주장하고 있습니다. 제갈량은 이상주의적 완벽주의자인 반면 사마의는 현실주의적 최적주의자라는 의미인데, 그러나 등대는 길잡이인 반면 거울은 반면교사라고 해석할 수도 있겠지요.

자오위핑의 책 국역본에 부록으로 실린 『진서』는 사마의에 대해 '속으로는 미워하면서도 겉으로는 너그러운 척하고, 시기심이 많고 임기응변적/기회주의적이다'(內忌而外寬, 猜忌多權變), '의심이 많고 잔혹하다'(猜忍)고 묘사하고 있지요. 또 그에 대한 당태종의 사론도 준엄한 것이었고요.

| 기만과 허위로 성공했고, | 欺僞以成功 |
| 간교와 요사로 창업했다. | 奸回以定業 |

'奸回'는 '奸邪'와 같은 말인데, 조조는 몰라도 사마의는 역사의 법정에서 유죄라고 할 수 있어요.

위와 진에 죽림칠현이 존재했다는 것은 조조와 사마의의 존재와 무관하지 않을 것입니다. 위진의 풍속과 세태를 가리켜 '금수처럼 행동하는 것을 사리에 밝다고 여기거나'(以行同禽獸爲通達, 이중톈) '참된 풍속이 퇴출되고, 거짓 풍속이 흥기한다'(眞風告退, 大僞斯興,

콩이)고 했으니까 '죽림에 숨어서 [속세를] 비웃는다'(竹林笑傲)는 것 역시 이해할 수 있다는 생각이 들어요.

조선 말 의병장 유인석이 말한 처변삼사(處變三事)에 순의(殉義), 거의(擧義)와 함께 포함된 수의(守義)는 의리를 지키기 위한 망명을 의미했습니다. 또 망명에는 국외망명(국외도주)만 있는 것이 아니라 국내망명(국내은거)도 있고요. 좀 더 자세한 설명은 「'한국의 불행': 한국현대지식인의 역사」를 참고하세요.

죽림칠현에 대한 문헌은 많습니다. 류창의 『야만의 시대, 지식인의 길』(2010; 국역: 유유, 2012)과 짜오지엔민의 『빼어난 속물들』(2000; 국역: 푸른역사, 2007)이 대표적이지요. 이중텐의 『위진 풍도(風度, style)』(2015; 국역: 글항아리, 2018)와 콩이의 『죽림칠현과 위진명사』(1994; 국역: 인간의기쁨, 2014)도 참고할 수 있고요.

류창은 사대부의 후예이면서 환관의 후예인 조조에게 충성하다가 황위를 찬탈했던 사마의를 '전문사기꾼이자 변태살인광', 즉 기질적 불량배라고 비판하고 있습니다. 또 사마의와 그 후예는 은거를 불허할 정도로 '무도'(無道)했다고 비판하는데, 죽림칠현의 대표자 혜강을 처형하고 완적을 굴복시켰기 때문이지요. 그러면서 '군자의 미움은 사더라도 소인의 미움은 사지마라'(寧得罪君子, 不得罪小人)라는 말을 인용하고 있어요. 소인은 질투심과 복수심이 많아 뒤끝이 작열하거든요.

그러나 지식인 중에는 소인에게 맞서는 사람도 있기 마련입니다. 혜강이 그런 경우였는데, 시비(是非, 옳고 그름)와 호오(好惡, 좋고 싫음)가 분명한 성격으로 그 덕에 태학생의 우상이 되기도 했지요. 처형장에서 그가 「유분시」를 남기고 「광릉산」을 연주했다는 일화가 전해오고 있어요.

유분(幽憤)은 가슴속의 분노라는 의미인데, 「유분시」에서 혜강은 지난 생을 회고하면서 자신의 결함을 '못된 자와도 사귀는'(好善暗人) 것이라고 했고, 류창은 이렇게 풀이했습니다.

마음씨가 착해 남을 좋게 생각하고 그에게 좋은 일을 해준다. 남의 장단점을 잘 식별하지 못하고 자기를 해치려는 소인을 잘 분간하지 못한다.

또 그는 자신을 '성격이 강의하고 정의로워'(剛腸嫉惡) '언행이 직설적이고 즉흥적이다'(直方便發)라고 한 적도 있어요.

짜오지엔민에 따르면, 「광릉산」은 광릉(강소성 양주시)에서 유행한 것으로 전국시대 자객 섭정에게 바친 거문고가락(散)이었습니다. 혜강이 무명의 거문고 명인에게서 전수받았는데, 그가 요절하면서 실전되었다는 설이 있었다고 하고요. 그래서 김용의 무협소설 『소오강호』에서 우여곡절 끝에 복원되어 「소오강호의 노래」로 개작된다는 설정이 있는 것 같아요. 그러나 실제로는 수당 이후 악보가 전해왔다는 것이 정설이라고 하지요.

완적은 비록 굴복했으나 심복은 아니었을 것입니다. 혜강과 달리 그는 '매우 신중했는데'(至愼), 항우와 유방이 마지막으로 대치하던 광무산에 올라 그가 한 말이 전해오고 있지요.

영웅이 없는 시대이니 못난이/불량배가 이름을 얻는구나.

時無英雄, 使竪子成名.

항우가 영웅이 못되어 유방이 천하를 얻었다는 뜻이겠지요. 윤석열 대통령과 이재명 대통령의 권력투쟁도 이에 비유할 수 있어요. 물론 항우는 윤 대통령처럼 구차하게 살아남지 않았지만요.

그밖에 산도는 '명철보신'(明哲保身, 사리에 밝아 일신을 지키다)이라는 도가의 원칙을 지킨 것으로 유명했습니다. 또 혜강의 절친인 상수는 현학의 정수인 『장자』의 주석으로 유명했고, 완적의 조카인 완함은 비파의 명인으로 유명했지요. 추루(醜陋)한 '주신'(酒神)으로 유명한 유령은 고은 시인을 생각나게 하는데, 추루는 못생겼다는 뜻이에요.

죽림칠현에는 왕융 같은 이단자도 있었습니다. 그는 '신랑(神朗)한 속물'이었는데, 신랑하다는 것은 영리하다는 뜻이지요. 완적은 친구의 아들이자 거의 30세 연하인 그와 '망년지교'(忘年之交, 나이를 잊고

사귐)를 맺었는데, 그의 영리함에 반했기 때문이었지요. 그러나 그가 재물욕에 사로잡힌 사이비임을 알고서 속물이라고 불렀던 것이에요. [산도의 후예라고 할 수 있는 5대10국의 재상 풍도에 대해서는 질의와 응답 278쪽 이하를 참고하시오.]

동진의 또 다른 지식인으로는 불교미술에서 유가미술을 독립시킨 왕희지와 고개지가 있었습니다. 동진 전기의 왕희지(왕융의 후손)는 유가미술을 특징짓는 서법을 발전시켰는데, 특히 해서와 초서의 중간인 행서가 유명했지요. 또 동진 후기의 고개지는 유가미술에 고유한 화법인 산수화를 개척했어요. 고개지보다 후배인 도연명은 전원시/자연시를 개척했고, 도연명보다 후배인 사영운은 한 걸음 더 나아가 산수시를 개척했고요.

마지막으로 북조의 경세학에 버금가는 남조의 문학과 사학에도 주목해두겠습니다. 남조 전기의 유의경이 쓴『세설신어』와 남조 후기의 유협이 쓴『문심조룡』이 그것인데, 그들은 유방·유비와 같은 '劉'씨였으나, 유의경은 송을 개창한 황제의 조카로 황족인 반면 유협은 몰락한 무관 집안의 후손이었지요.

김장환 교수의『유의경과 '세설신어'』(신서원, 2007)에 따르면, 위진시대의 인물에 대한 평판을 기록한『세설신어』(世說新語)가 지인(志人, 사람 사는 이야기)소설의 기원이라고 합니다. 죽림칠현이 후세에 전해진 것은 그 덕분이었는데, 이제까지 소개한 일화의 출전은 주로『세설신어』였지요. 다만 유가적 입장에서 죽림칠현의 현학과 그들의 임탄(任誕)을 비판했는데, 임탄은 방탕과 같은 말이에요.

유의경 덕분에 지괴(志怪, 괴이한 이야기)소설과 다른 지인소설이 출현했는데, 이전에는 양자가 혼효되어 '참과 거짓의 구별이 없었던'(無誠妄之別, 노신) 것입니다. 그런데 유의경 자신도『유명록』(幽明錄, 귀신과 인간 이야기)과『선험기』(宣驗記, 인과응보 이야기) 같은 지괴소설을 썼다고 하지요.

노신의『중국소설사략』(1925; 국역: 살림, 2000)에 따르자면, 귀신이야기인 무속소설이 불교의 영향으로 지괴소설로 발전했고, 그 반동으로 유가적 지인소설이 출현했던 것입니다. 그러나 지괴소설이 소멸한 것이 아니라 당황조에서 전기(傳奇, 기이한 이야기)소설로 진화했는데, 지인소설적 요소를 결합한 지괴소설의 후예였던 전기소설은 무협소설의 기원이기도 했어요. 임철우–한강 작가의 작품은 김윤식 교수처럼 무속소설이라고 하기보다는 오히려 전기소설이라고 하는 것이 좀 더 정확하리라는 생각이 들기도 하네요.

고려 무신정권기에 『세설신어』가 수입되어 이인로의 『파한집』이나 이규보의 『백운소설』 같은 모방작이 출현했다고 합니다. 또 임진왜란 직후에는 왕세정이 송원대까지 연장한 증보판인 『세설신어보(補)』가 수입되었고, 숙종대 이후에는 '성에 따라 모으고 운에 따라 나누어'(姓彙韻分) 재편집한 『세설신어 성휘운분』이 출판되기도 했다고 하니 그 인기를 알 수 있겠지요.

김민나 교수의 『'문심조룡': 동양문예학의 집대성』(살림, 2005)에 따르면, 『문심조룡』은 유가적 문학이론서로, 노신은 아리스토텔레스의 『시학』에 비견하기도 했습니다. 문심(文心)은 문학에서 감정작용을 의미하고 조룡(雕龍, 용을 조각함)은 그 표현방법을 의미한다고 하지요. 달리 말해서 문심과 조룡은 문학의 내용/실질과 형식/수식을 의미한다는 것이에요.

유협의 문학이론에서 가장 흥미로운 부분은 문학사에서 '시대의 변화'(時序)와 '세태와 인정'(世情)의 역할을 강조하여 리얼리즘 소설 이론의 단초를 제공했다는 사실일 것입니다. '감상능력'(知音) 역시 강조했던 것이고요. 문학의 쇠망에는 창작능력의 쇠망과 감상능력의 쇠망이 동시에 작용하는 것이고, 그것을 막는 것이 비평의 역할이라고 할 수 있겠지요.

그런데 유협은 「사전」(史傳, 사서에 대한 해설)에서 사서의 역사와 함께 사마천의 기전체와 좌구명의 편년체의 득실까지 검토하는 역사이론도 제시했습니다. 그 덕분에 당황조 유지기가 역사이론서 『사통』(史通)에서 기전체와 편년체를 단대사와 통사의 체재(體裁)로 정리할 수 있었던 것이지요. 그 후 두우가 『통전』(通典)에서 토지·

조세제도를 중심으로 하는 경세사학을 정초했고, 그 덕분에 한유와 유종원이 도가·불교와 구별되는 유가의 경세학적 특징을 강조할 수 있었던 것이에요.

유협이 6경 중 공자의 유일한 저서인 『춘추경』에 대해 '이치[참과 거짓]를 가려내어 정의[옳고 그름]를 드러냈다'(辨理見義)고 한 것에 주목할 수 있습니다. 또 『춘추경』을 집필한 것이 '왕도가 붕괴함을 걱정하고 문화가 타락함을 슬퍼했기'(閔王道之缺, 傷斯文之墜) 때문이라고 한 것도 주목할 만하고요. 유협에 따르면,

> 사서를 쓰는 일은 한 시대를 포괄하고 한 나라를 책임지는 것으로(…)이보다 더 힘든 일은 없다.
>
> 史之爲任, 乃彌綸一代, 負海內之責,(…)莫此之勞.

곽말약이 사마천을 기려 공자에 비긴 것은 이 때문일 것입니다.

> 공업이 공자를 따라잡으니   功業追尼父
> 천추에 위대한 사마천이여.   千秋太史公

그러나 『사기』를 완성한 후 사마천은 한무제에 의해 거의 '멸문지화'를 당한 것 같아요. 두 아들은 풍(馮)과 동(同)으로 개성(改姓)했고, 한무제의 증손인 한선제의 치세에 와서야 겨우 외손에 의해 『사기』가 보급되었다고 하거든요. 김성곤 교수의 『중국한시기행』(김영사, 2021)을 참고하세요.

마지막으로 당태종이 사학의 경세학적 특징을 강조했다는 사실도 지적해두겠습니다.

> 구리로 거울을 만들면 의관을 단정히 할 수 있고,   以銅爲鑑可正依冠
> 사람을 거울로 삼으면 성패를 분명히 할 수 있고,   以人爲鑑可明得失
> 역사를 거울로 삼으면 흥성과 쇠망을 알 수 있다.   以古爲鑑可知興替

비교경제사가 아니더라도 사학 자체를 자연적 실험으로 간주할 수 있기 때문이겠지요.

질의와 응답

이재명 정부 최초의 6개월에 대하여

— 전라도 특유의 바닷빨갱이 성향을 언급하셨는데요.

— 바닷빨갱이의 대표적 사례는 물론 한국전쟁 중에 발생한 전남 영광의 민간인 학살사건이었습니다. 민간인 피학살자 1/2 이상(경우에 따라서는 3/4으로도 추계)이 전남 출신이었고, 또 그 1/2이 영광 출신이었는데, 처가와 관련된 일이기도 해서 저 역시 관심이 많았지요. 게다가 2024년 10월 영광군수 재선거에서 민주당과 조국신당의 경쟁 덕분에 진보당이 약진한 것을 보고 깜짝 놀랐어요. 진보당의 득표율 31%는 민주당의 41%에는 뒤졌으나 조국신당의 27%에는 앞섰던 것으로, 영광 주민의 바닷빨갱이 기질이 여전히 남아 있는 것은 아닌가 하는 의문이 들었거든요.

전남과 영광에서 민간인 학살사건에 대한 제 관심은 「후기: '인민의 벗'이란 무엇인가」로 소급하는 것입니다. 박찬승 교수의 『마을로 간 한국전쟁』(돌베개, 2010; 수정증보판: 2025)이 이 사건을 다루지 않아 못내 아쉬웠는데, 얼마 전에 박 교수의 방대한 논문집 『혼돈의 지역사회』(한양대학교출판부, 2023)를 발견했지요. 덕분에 목포·나주·강진(화순)을 다룬 논문과 함께 실려 있는 「식민지기 영광의 지역사회와 민족·사회운동」과 「해방·분단·전쟁기 혼돈의 영광 지역사회」를 읽을 수 있었고요.

박찬승 교수는 이 논문에서 영광 민간인 학살에 대한 연구성과를 집대성하고 있습니다. 박 교수에 따르면, 우익 피학살자는 2만여명이었고, 좌익 피학살자는 수천명이어서 민간인 피학살자는 2만5천명으로 추계된다고 합니다. 당시 영광 주민이 14만명이었다고 하니까 우익 피학살자는 14.3% 정도였고, 좌익 피학살자는 그 1/4인 3.6% 정도여서 도합 17.9%였던 것이지요.

박찬승 교수에 따르면, 우익 피학살자가 4배나 많은 것은 주체적 요인 말고도 객관적 조건이 있었다고 합니다. 경상도와 달리 대지주가 많았던 전라도에는 타지 출신 머슴이 많았고, 그들이 바닥빨갱이가 되었다는 것이 통상 지적되는 주체적 요인이었어요. 물론 인민군이 머슴에게까지 토지를 분배한다는 북한식 토지개혁을 강행한 것도 중요한 요인이었고요. 그런데 9·28 이후에도 군경이 영광으로는 진입하지 못해 연말까지 '이중권력' 상태가 지속되었던 객관적 조건도 중요하다는 것이 박 교수의 주장이에요.

어쨌든 영광 민간인 학살규모는 어마어마한 것이었습니다. 예를 들어 1947~54년의 6년 반에 걸쳐 진행된 4·3 제주사건과 비교해볼 수 있는데, 당시 제주도 주민 29만여명 중 피학살자는 1만명이 채 되지 않은 3.2% 남짓이었지요. 그 중 좌익 피학살자는 8천명이 채 안 되는 2.7%였던 반면 우익 피학살자는 1.5천명 남짓인 0.5%였고요. 또 행방불명자는 4.2천명 남짓인 1.2%였는데, 주로 일본밀항자였고 우익보다는 좌익이 많았겠지요. 『제주4·3사건 추가진상조사보고서』(제주4·3평화재단, 2019)를 참고하세요.

또 한 번 강조하지만, 머슴이 반드시 바닥빨갱이가 된다는 것은 아닙니다. 대표적인 사례가 광주지구(백아산·무등산) 유격대 이태식 대장인데, 머슴 출신 '구빨치'였던 그는 광주일고 4학년생으로 소년 돌격중대 문화부중대장이던 박현채 선생을 김일성대학 경제학과에 진학시키려던 전남도당의 계획이 무산되자 대신 하산시켜 서울상대 경제학과에 진학시킬 정도로 식견이 있었거든요. 좀 더 자세한 내막은 『일반화된 마르크스주의 개론』을 참고하세요.

「8월 테제」에서 박헌영 선생은 ML파-장안파와 경성콤그룹을 '사납게 흐르는 탁류'와 '샘솟는 한 줄기 청류'로 비유한 바 있습니다. 전후 마르크스주의가 '복류'(伏流)할 수밖에 없었던 척박한 상황에서 통혁당-인혁당재건위로 이어진 탁류에 맞섰던 청류를 대표한 분이

인혁당을 주도했던 박현채 선생이었고, 박헌영 선생과 박현채 선생을 이어준 분이 박현채 선생을 하산시킨 이태식 대장이었다는 것이 제 생각이에요.

— 최명희 작가의 『혼불』은 어떤 작품인가요.
— 1980~96년에 걸쳐서 집필된 『혼불』은 5부 10권으로 3000쪽이 넘는 대하소설입니다. 읽을 엄두가 안 나는 대작인데, 김정혜 박사의 『최명희 '혼불'의 로컬 공동체의식과 탈식민의식』(한국학술정보, 2019)을 참고해서 간단하게나마 소개해보겠어요. 다만 관점에 문제가 많고 게다가 비문으로 일관해서 읽기가 쉽지 않아, 김윤식 선생의 「헤겔의 시선에서 본 '혼불'」(『현대문학이론 연구』, 12권, 1999)과 김 선생의 제자인 정호웅 교수의 「박물지의 형식」(『황해문화』, 1997년 봄)으로 보충할 필요가 있지요.

『혼불』은 일제강점기 말 전북 남원 지방의 반상 갈등을 소재로 한 것으로 최명희 작가의 요절로 미완성되지만 않았다면 해방 이후 한국전쟁까지 이어졌을 것입니다. 다만 포스트식민주의와 급진주의 페미니즘의 입장인 김정혜 박사는 반상 갈등보다는 오히려 가모장적(matriarchic) 공동체의식과 탈식민의식을 강조하고 있지요.

물론 반상 갈등을 완전히 무시하지는 않습니다. 이른바 '변동천하'를 꿈꾸는 하인 춘복이의 대사에도 주목하고 있거든요.

사람 사는 시상에 사램이 사람끼리 이렇게 서로 틀리게 살어야니, 이게 무신 옳은 시상이냐. 뒤집어야제.

그런데 '변동천하'를 위해 그가 동원하는 수단이란 작은아씨를 겁탈하는 것이었어요. '토착 아Q'라고 부를 수 있는 춘복이가 바로 바닥빨갱이의 후보자일 것인데, 물론 김윤식 선생과 정호웅 교수의 주장처럼, 리얼리즘소설에 미달하는 '박물지소설'로 '날개가 커서 날지 못하는 조류(鳥類)'와도 같은 『혼불』이 바닥빨갱이를 제대로 묘사할 수 없었을지도 모르겠지요.

— 한국전쟁에서 제노사이드를 발견하려는 시도는 무리일 수밖에 없다고 하신 것과 바닥빨갱이가 무슨 관련이 있을까요.

— 꼭 그렇다고 할 수는 없을 것입니다. 김요섭 박사의 『살아남은 자의 글쓰기』(삶창, 2025)는 한국전쟁 전후의 제노사이드를 형상화한 소설을 검토하면서 박완서·김원일·임철우·현기영·현길언 작가 등에게 주목하고 있지요. 또 '이행기 심판/정의'(transitional justice) 내지 '과거사 심판/정리'(justice of the past)라는 관점을 채택하고 있고요.

그는 제노사이드소설 중에서도 특히 4·3 제주사건을 특권화하고 있습니다. 그런데 4·3 제주사건의 형상화에서 현기영 작가와 현길언 작가라는 두 노장이 대립한다는 사실은 흥미로운 일이지요. 두 작가의 가족에는 우익도 있고 좌익도 있다는 공통점이 있는데, 현기영 작가는 좌익 희생자와 동일시하는 반면 현길언 작가는 우익 희생자와 동일시한다는 차이가 있거든요.

두 작가의 차이는 과거사 심판에서 우익 희생자의 소외 여부와 관련되어 있습니다. 쉽게 말해서 과거사 심판에 공정성 문제가 있다는 것인데, 현길언 작가는 『섬의 반란, 1948년 4월 3일』(백년동안, 2014)에서 이 문제를 집중적으로 제기하고 있어요. 또 『묻어버린 그 전쟁』(본질과현상사, 2019)에서 탈북 개신교 목사와 교인의 문제를 제기하고 있고요. 김요섭 박사는 전자는 검토하고 있는 반면 후자는 무시하고 있지요.

제노사이드소설에서 4·3 제주사건의 특권화는 5·18 광주항쟁과 연결하려는 시도인 것 같습니다. 마치 박근혜 정부 때 민족해방파가 일본군위안부 문제의 시효가 끝날 것에 대비해서 미군위안부 문제와 연결시키려던 시도와 비슷하다고 할 수 있겠지요. 물론 전라도를 기호지방에서 분리시켜서 경상남도, 나아가 제주도와 결합시키려는 의도도 작용하는 것 같고요. 임철우 작가의 『백년여관』이나 한강 작가의 『소년이 온다』와 『작별하지 않는다』가 5·18 광주항쟁을 4·3

제주사건과 연결시키는 것이 뜬금없다고 생각한 것은 이런 맥락을 미처 고려하지 못했기 때문이에요.

그런데 5·18 광주항쟁처럼 4·3 제주사건 역시 사회주의운동사의 관점에서 인식해야 마땅할 것입니다. 게다가 마르크스주의의 부활의 계기가 된 5·18 광주항쟁과 달리 4·3 제주사건은 10·19 여순사건과 더불어 남로당 몰락의 계기가 되었다는 사실을 잊으면 결코 안 될 것이고요.

임철우–한강 작가가 4·3 제주사건과 5·18 광주항쟁을 연결시키는 것은 사회주의운동사에 무지하기 때문일 것입니다. 하기야 그들은 리얼리즘소설가가 아닌 무속소설가 내지 전기(傳奇)소설가일 따름이거든요. 10·19 여순사건 77주년을 맞아 이재명 대통령이 '부당한 명령에 맞선' 정당한 항명으로 재평가한 것은 이런 상황에 부화뇌동하는 짓일 따름이고요.

나아가 김요섭 박사가 과거사 심판의 관점에서 제노사이드소설에 관심을 갖는 것은 '역사적 심판/정의'(historical justice)와 '문학적 심판/정의'(poetic justice)를 혼동하기 때문입니다. 특히 민족해방파와 낙성대연구소 사이의 역사 논쟁을 이미 종결된 것으로 간주하는 것은 문제가 있어요. 또 낙성대연구소에 대한 민족해방파의 비판 말고도 민중민주파의 비판이 있을 수 있다는 사실을 간과하는 것도 문제가 있다고 할 수밖에 없고요.

제노사이드의 예외적 사례인 홀로코스트를 그 대표적 사례로 간주하는 것은 서양중심적 편향이라는 김요섭 박사의 주장도 별로 근거가 없습니다. 서경식 교수를 인용할 따름인데, 불문학자인 그에게 그런 권위가 있는지 의심스럽거든요. 또 홀로코스트가 뉘른베르크 재판에서 집단에 대한 제노사이드가 아니라 개인에 대한 반인류범죄로 처단되었던 이유를 무시하는 것은 그가 '동일성의 정치'(identity politics)를 지지하기 때문인 것 같고요.

「대선 불복 2년동란」에서 능력주의를 설명하면서 강조한 것처럼, '개인적인 것은 정치적이다'(The personal is political)라는 급진주의적 구호는 흑인·여성·동성애자 등 '약소자'(minority) 집단의 동일성의 정치를 상징합니다. 그런데 마르크스주의적 민족주의 이론가 겔너(Ernest Gellner)처럼 말하자면, 동일성의 정치는 계급에게 보내는 편지가 다른 집단에게 잘못 가버린 '가공할 배송사고'(some terrible postal error)라고 할 수밖에 없어요.

그런데 김요섭 박사 덕분에 5·18 광주항쟁을 홀로코스트에 비유하는 이유를 알게 되었습니다. 광주항쟁 폄훼를 홀로코스트 부정과 동일시하려는 의도인데, 견강부회일 따름이죠. 6·4 천안문항쟁조차 홀로코스트에 비유하려는 시도는 존재한 적이 없거든요. 홀로코스트 부정론을 주제로 한 영화로는 『나는 부정한다』(2016)가 유명한데, 넷플릭스에서 찾아볼 수 있어요. 이 영화를 보면 같은 관습법이면서도 영국법과 미국법에 차이가 있다는 사실을 알 수도 있고요. 앞에서 강조한 것처럼 법제와 함께 법통의 차이를 무시하면 안 되는 것은 이 때문이에요.

마지막으로, 모사브 유세프의 회고록 『하마스의 아들』(2011; 국역: 아드벤트, 2025)에 주목해두겠습니다. 「내전의 진화과정으로서 '대선불복 20년동란'」에서 하마스의 테러리즘을 민족해방투쟁으로 변호하는 저스트월드교육위원회의 『당신은 하마스를 모른다』(2024; 국역: 동녘, 2025)를 비판한 적이 있는데, 이 책으로 비판을 보충할 수 있겠다는 생각이 들어서요.

유세프는 하마스 창설자 일곱 명 중 한 명인 셰이크 유세프의 장남이라고 합니다. 그런 그가 전향하여 이스라엘 정보기관인 신베트의 협력자로 활동하다 미국으로 망명했던 것이에요. 이스라엘 정보기관으로는 모사드와 신베트가 있는데, 전자가 CIA 격이라고 하면 후자는 FBI 격이라고 하지요.

유세프가 전향을 결심한 계기는 '열정 내지 광신'(zeal)을 의미하는 하마스의 종교적 반역에 대한 회의 때문이었습니다. 하마스에 대한 이스라엘의 '논리적'이고 '현실적'인 비판에 설득된 데다가 이슬람에 대한 기독교의 교리적 우위에 설득되었다는 것이에요. 그러면서 그가 인용하는 것이 페터 슬로터다이크도 주목한 바 있는 『마태오 복음』의 '산상 설교'였는데, 여기서 예수가 젤롯의 '열정 내지 광신'(zeal)을 비판했던 것이지요.

> '네 이웃을 사랑하고 원수를 미워하여라' 하신 말씀을 너희는 들었다. 그러나 나는 이렇게 말한다. 원수를 사랑하고 너희를 박해하는 사람들을 위하여 기도하여라.

생전에 프란치스코에게 황위를 양보한 베네딕토 16세가 가톨릭의 해방신학이나 개신교의 정치신학 같은 정치적 종말론을 비판한 것도 바로 이런 맥락이었습니다. 정치적 종말론이란 기독교적 사랑이 아니라 오히려 젤롯과 마찬가지로 원한 내지 분노와 복수를 추구하기 때문인데, 좀 더 자세한 설명은 「'대선 불복 2년동란'」을 참고하세요.

어쨌든 유세프가 전향한 동기는 팔레스타인의 문제가 외인보다는 오히려 내인에서 비롯되었다는 사실을 깨달은 데 있다는 것입니다. 외인은 물론 이스라엘과의 갈등이고, 내인은 팔레스타인자치정부(PA)와의 갈등이지요. 또 이슬람은 이스라엘은 물론이고 팔레스타인자치정부에 대한 '지하드', 즉 테러리즘이라는 목적을 위해서 하마스가 동원한 수단일 따름이라는 사실도 깨닫게 된 것이고요. '이스라엘이 사라지더라도(…)우리는 여전히 싸울 것이다'라는 모사브의 고백이 인상적이었어요.

그런 상황에서 신베트와 협력하여 팔레스타인 문제를 해결하려던 자신이 '바람을 잡듯 헛된 일'(vanity and a chase after the wind, 솔로몬의 『전도서』)을 하면서 청춘을 낭비했음을 깨달은 유세프는 미국 망명을 선택할 수밖에 없었습니다. 그런 와중에 가족은 그와의 의절을 표명했던 반면 그를 발탁한 신베트 요원만은 그와의 우정을 지켰다는 사실 역시 인상적이었지요.

개혁·개방 이후의 중국에 대하여

— 국내의 기자 중에서도 시진핑에게 관심을 갖는 경우가 있지 않을까요.

— 물론입니다. 대표적으로 『중앙일보』 유상철 기자의 『시진핑 탐구』(리사, 2023)와 『한겨레신문』 박민희 기자의 『중국 딜레마』(한겨레출판, 2021)가 있지요. 그러나 박 기자는 중국모델론을 지지하면서 횡설수설할 따름이므로 논외로 할 수 있겠지요. 『중앙일보』와 『한겨레신문』 기자의 능력 차이를 알 수 있는 대목이에요.

유상철 기자는 시진핑이 집권 초기에 제시한 '등체모용'이 점차 '모체등용'으로 변화했다고 지적하고 있습니다. 위진 시대 현학에서 유래한 '체용'(體用)은 『역경』에서 말하는 '도기'(道器)와 대동소이한 것으로, 체와 도는 실체와 도리로서 보편적 원칙을 의미하고 용과 기는 특수한 용도의 기구로서 특수한 응용을 의미하지요. 쉽게 말해서 체/도와 용/기의 관계는 주종의 관계라고 할 수 있어요.

등체모용이 모체등용으로 변화했다는 것은 시진핑의 정책에서 덩샤오핑과 모택동의 지위가 주종에서 종주로 반전되었다는 의미일 것입니다. 그 결과 덩샤오핑이 주장하던 도광양회를 모택동을 연상시키는 분발유위로 대체하여 미국과의 체제경쟁인 '신냉전'을 개시했다고 할 수 있고요.

좀 더 구체적으로 말해서 시진핑은 2018년 개헌으로 주석중임제를 폐지하고 종신집권을 도모했습니다. 또 '국진민퇴'에 대한 새로운 해석도 제시했는데, 민영기업의 흑막인 덩샤오핑-장쩌민-후진타오 세력을 견제하기 위해 민영기업 내부에도 당지부를 신설했다는 것이지요. '당의 지배 아래 법치'처럼 '당의 지배 아래 민영기업'이라고 할 수 있겠지요.

베틀렘처럼 말하자면, 당이 지배하는 자본주의는 '국가자본주의'(capitalisme d'Etat)가 아닌 '당자본주의'(capitalisme de parti)라고 해야 할 것입니다. 관료가 지배하는 전자보다 당료가 지배하는 후자가 오히려 열등하다고 할 수 있는데, 버지스의 주장처럼, 지배계급으로서 당료는 일종의 클렙테스(kleptes, 도적)이거든요.

코로나19를 기화로 한층 더 강화된 민영기업에 대한 당의 지배가 오히려 2035년까지 그리스 수준으로 발전하려는 시진핑의 중간목표 달성의 장애가 될 것이라는 예상도 있습니다. 국제경제연구소(PIIE) 소장인 포즌(Adam Posen)이 그런 예상을 제시한 바 있는데, "The End of China's Economic Miracle", *Foreign Affairs*, Sept. 2023을 참고하세요.

유상철 기자의 책에서 가장 흥미로운 부분은 종교에 대한 개입과 탄압입니다. 특히 기공수련법인 파룬궁이 문제였는데, 아랍민족주의를 범이슬람주의로 대체한 아랍의봄이 준 교훈이기도 했지요. 물론 중국사 자체가 종교를 표방한 농민전쟁으로 점철되었다는 사실과도 무관하지는 않을 것이고요. 동학농민전쟁의 계승을 자임하는 이재명 정부가 통일교는 물론이고 순복음교회와도 대립하는 것은 단순무식하기 때문일 것 같지만요.

위키피디아에 따르면, 중국에서 종교신자는 국민의 1/4 남짓하다고 합니다. 5대 종교의 구성은 토착종교인 불교(16%)와 도교(7.5%), 외래종교이자 유일신교인 개신교·가톨릭(2.5%, 교세는 6:1)과 이슬람(1.5%)이라고 하지요. 1970-80년대 남한의 운동권에서 주목을 받은 바 있는 무속과 기공수련법(단전호흡법)은 종교가 아닌 사교로 간주된다고 하고요.

유상철 기자는 2025년 7월 19일자 『중앙일보』 기사에서 시진핑 실각설을 정리하고 있습니다. 3연임 직후인 2023년 여름에 제기된 후진타오-원자바오 등 원로와의 갈등설, 2024년 여름에 제기된 심장병 또는 뇌졸중 등 건강이상설이 2025년 여름에 급기야 실각설로 심화되었다는 것인데, 그는 시진핑이 '건강상 문제로 4연임은 무리'라는 논리로 퇴진할 가능성이 있다고 예측하고 있지요. 그러나 디쾨터가 경고한 것처럼, '우리는 우리가 무엇을 모르는지조차 모른다'고 하는 편이 좀 더 안전하겠지요.

중국모델론의 허구성과 관련해서 존 퍼킨스의 『경제저격수의 고백』(2023; 국역: 민음인, 2025)도 언급해두겠습니다. 제목에 나오는 경제저격수(economic hit man)란 정부·재계·국제기구의 경제적 이익을 대변하여 활동하는 컨설턴트나 로비스트를 가리키는데, 1960년대 이후 경제저격수의 물결이 세 번 있었다고 하지요.

제1의 물결 1960–90년대 미국의 자유주의적 현대화론자와 신자유주의적
          금융세계화론자
제2의 물결 9·11 이후 미국의 금융세계화론자와 군사세계화론자의 결합
제3의 물결 미중간 신냉전에 따른 미중 경제저격수간 경쟁

『경제저격수의 고백』 초판(2004)의 대상은 제1의 물결이었고, 재판(2016)은 제2의 물결을 보충했는데, 이번에 제3의 물결을 추가한 것이에요.

퍼킨스는 시진핑 집권 이후에 전개된 미중간 신냉전에서 중국의 경제저격수가 대변하는 권위독재정과 국가자본주의가 미국의 경제저격수가 대변하는 자유민주정과 민간자본주의보다 더 위험하다고 주장하고 있습니다. 말하자면 도적(kleptes)이 지배하는 클렙토크라시(kleptocracy)가 법인자본(corporation)이 지배하는 코퍼레토크라시(corporatocracy)의 대안이 될 수는 없다는 것이지요.

이런 맥락에서 보자면, 인민주의자가 찬미하는 중국모델론이란 전체주의로 가는 길이라는 뜻에서 지옥으로 가는 '앵초길'(primrose path, 셰익스피어)이라고 부를 수 있다는 생각이 듭니다. 퍼킨스는 브라운대학에서 하워드 진에게 배운 제자를 자처하고 있는데, 진을 이영희 교수에 비유할 수 있겠지요. 이 교수의 후예가 여전히 중국모델론을 지지하는 것은 역시 양국 지식인의 수준 차이를 반영하는 것이 아닌가 하는 생각이 들기도 하고요.

기회가 있을 때마다 강조해온 것인데, 그러나 또다시 강조하자면, 자유주의 이념과 이론을 비판·극복하는 것이 마르크스주의인 반면 자유주의 이념과 이론에 반대·미달하는 것이 프로토전체주의로서 인민주의입니다. '자유주의로부터의 전진'(forward from liberalism, 스티븐 스펜더)과 '자유주의로부터의 후퇴'(backward from liberalism)

를 구별해야 한다는 것이지요. 현실사회주의나 그것을 추종했던 세계공산주의운동이 실패한 것은 마르크스주의 이념과 이론에 부적합한 체제였거나 운동이었기 때문이고요.

현실사회주의와 세계공산주의운동이 실패한 다음에도 존속해온 남한의 진보주의, 특히 친북중러 성향의 진보주의란 마르크스주의가 아니라 인민주의였을 따름입니다. 마르크스처럼 라보엠(la bohème, 보헤미안)이라고 부르거나 아예 레닌처럼 출세주의자(careerist)와 투기꾼(adventurer)이라고 불러야 마땅할 386세대 운동권 출신 정치 불량배 덕분에 존속해올 수 있었던 그런 사이비 진보주의의 귀결이 바로 '문재명 정부'라는 것이 제 생각이에요.

— 『달러 이후의 질서』에 대한 『조선일보』와의 인터뷰에서 저자가 중국 중심의 탈달러화에 동참하라고 충고했다는 식의 보도가 오보인 것 같다고 비판하셨는데요.

— 그렇습니다. 인터뷰를 보면 로고프가 미국의 재정위기와 그에 따른 달러위기를 예상하면서 세계의 외환보유액에서 달러에 비해 위안의 비중이 너무 낮다고 강조한 것 같다는 인상을 받지요. 2007-09년 금융위기를 겪으면서 외환보유액에서 달러의 비중은 오히려 상승하여 2015년에 정점에 도달한 다음 얼마간 하락했는데, 그러나 국민소득에서 미국의 비중은 1/4 남짓하거든요. 『조선일보』가 제시한 표에 따르면, 달러의 비중(%)은 다음과 같아요.

	2015	2025
달러	66	56
유로	19	21
엔	4	6
위안	1	2

표에서 빠진 파운드의 비중은 엔보다 조금 낮은 5%이고요.

로고프가 중국의 탈달러화를 예상하고 있는 것은 사실입니다. 그에 따르면, 2022년 러시아의 우크라이나 침공에 따른 러시아에 대한 금융제재를 계기로 가속화된 중국의 탈달러화가 트럼프 2기 정부 중에 완료될 가능성이 있다고 하거든요. 그러면서 중국의 탈달러화를 1971년에 닉슨이 달러의 금태환을 중지한 다음 유럽이 탈달러화를 개시한 경험에 유비하고 있고요. 또 유로가 달러의 대안이 될 수 없었던 것처럼 위안 역시 마찬가지라는 것이 그의 입장이에요.

파운드나 달러 같은 기축통화는 헤게모니 국가의 본위화폐입니다. 다만 전자는 금화인 반면 후자는 금으로의 태환이 보장된 지폐라는 것이 차이였던 것이지요. 닉슨이 달러의 금태환을 중지한 이후 기축통화로서 달러에 대한 도전이 지속되었는데, 그러나 모두 실패하고 말았지요. 『달러 이후의 질서』는 금으로 태환되지 않는 달러가 이제까지 기축통화의 지위를 고수하고 있는 이유를 검토하면서 차후의 전망을 제시하고 있어요.

1부는 과거의 도전이 실패한 이유를 설명하고 있습니다. 물론 가장 중요한 사례는 유럽인데, 2007-09년 금융위기에 후속하여 2012/13년까지 지속된 유럽연합의 재정위기가 유로의 취약성을 폭로했거든요. 『2010-12년 정세분석』에서 강조했듯이, 재정동맹 없는 화폐동맹이 그 원인이었고요. 또 2014년에 발발한 러·우전쟁에서 드러났듯이, 미국 같은 합중국이 아닌 유럽의 방위력이 취약하다는 사실도 무시해서는 안 되는데, 러시아의 군사적 위협을 해결하지 못할 때 유로는 물론이고 유럽연합 자체가 붕괴할 수도 있어요.

나머지 두 개의 도전 사례는 소련/러시아와 일본입니다. 그런데 양자를 비교할 때 오히려 소련/러시아는 정지상태(stationary state)를 지나서 쇠퇴상태(declining state)로 진입한 반면 일본은 그렇지 않았던 사실에 주목할 필요가 있다는 것이 제 생각이에요. 소련이 해체된 다음 러시아가 클렙토크라시라는 '암흑시대'로 후퇴한 반면 20년의 장기불황을 겪은 일본은 아베노믹스를 계기로 '르네상스'로의 전진을 기대하고 있거든요.

2부는 현재의 도전에 대한 분석입니다. 로고프는 중국의 도전이 성공할 수 없을 것이라는 입장인데, 중진국 함정을 회피하고 선진국으로 진입하는 것이 쉽지만은 않을 것이기 때문이에요. 그의 분석은 이미 소개한 바 있는 전략국제문제연구소 보고서 *China's Economic Transition: Debt, Demography, Deglobalization, and Scenarios for 2035*와 대동소이하지요.

3부는 나머지 나라들인데, 원제인 '우리의 달러, 당신의 문제'(Our dollar, your problem)에 가장 적합한 사례들이라고 할 수 있습니다. 달러와 관련된 문제가 외환위기로 발생한 경우인데, 라틴아메리카와 동아시아의 중진국들이에요. 다만 전자의 경우에는 브라질·멕시코·아르헨티나와 달리 칠레만 외환위기를 겪지 않은 반면 후자의 경우에는 홍콩·싱가포르·대만과 달리 한국만 외환위기를 겪었다는 차이에 주목하지 않을 수 없겠지요.

4부는 대안통화에 대해 검토하고 있습니다. 먼저 케인즈가 제안한 방코르(bancor, '은행의 금'이라는 의미의 불어 '방크 오르'(banque or)에서 온 신조어) 같이 금화도 아니고 또 금으로 태환되지도 않는 새로운 세계화폐는 실행불가능하다는 것이 로고프의 입장이지요. 역시 지역화폐 수준에서 좌절을 경험한 유로의 취약성이 반면교사라는 것이고요.

로고프는 중앙은행디지털화폐에 대해서도 회의적입니다. 디지털화폐는 중국과 러시아 등의 사이버테러를 경계하는 미국이 아니라 유럽에서 더욱 적극적이라고 하지요. 그러나 유럽의 그런 경계 태만은 자살행위라는 것이 제 생각이에요. 러시아나 중국과 평화공존이 가능하다는 유럽의 구상이 백일몽일 따름이라는 증거가 바로 러·우 전쟁과 중국이 대만을 침공할 가능성이거든요.

그런데 4부에서 가장 흥미로운 부분은 암호화폐에 대한 로고프의 분석입니다. 그는 달러 같은 본위화폐를 지지하는 은행 등 금융제도가 존재하지 않고 또 예금보호제도라는 국가의 보증 역시 존재하지 않는 것이 곧 암호화폐의 약점이라고 지적하고 있어요. 「'대선 불복 2년동란'」에서 지적했듯이, 루비니가 암호화폐를 '폰지사기'에 비유한 것도 결국 이 때문이었고요.

『초거대위협』(2022; 국역: 한국경제신문사, 2023)에서 루비니가 경고한 직후에 암호화폐은행이라고 해야 하는 선물거래소(FTX)가 파산하고 말았습니다. 또 그 창업자는 사기죄 등으로 체포되었고요. 그런데 재미있는 것은 그의 성이 'Bankman-Fried'였다는 것이에요. '전기의자에서 처형된 은행원'으로 해석할 수 있는데, 물론 사형이 아니라 25년 징역형이 선고되었지만요.

그러나 로고프는 루비니를 비롯한 암호화폐 비판가가 '지하경제'에서 암호화폐가 갖는 유용성을 간과했다고 비판하고 있는데, 일리가 있다는 생각이 듭니다. 지하경제에서 암호화폐가 고액권, 즉 100달러짜리 지폐를 대체하는 추세라고 하거든요. 과거에 발행되던 1천달러, 1만달러, 10만달러짜리 지폐 등의 고액권은 더 이상 발행되지 않는데, 위키피디아를 참고하세요.

세계은행의 추계에 따르면, 국민소득에서 지하경제가 차지하는 비중은 1999–2020년에 선진국 17%, 중진국과 후진국 32%라고 합니다. 또 유럽에서는 독일 13%, 프랑스 14%인 반면 이탈리아 31%, 그리스 36%라고 하는데, 이런 측면에서 볼 때도 그리스와 이탈리아는 역시 선진국이 아니라 중진국이라고 해야 할 것 같아요. 어쨌든 지하경제로 인해 암호화폐에 대한 수요는 증가할 수밖에 없다는 것이 로고프의 주장이지요.

나아가 러·우전쟁 이후 러시아와 중국의 무역에서도 암호화폐가 사용된다고 합니다. 또 헤즈볼라 같은 테러조직이나 북한 같은 테러지원국도 금융제재를 회피하기 위해 암호화폐를 선호한다고 하고요. 하기야 조세수입이 거의 없을 수밖에 없는 북한은 해킹한 암호화폐가 주요한 수입원 중 하나일지도 모르겠어요.

한국에서도 김남국 의원과 이준석 의원 같이 불량기 있는 정치인이 암호화폐에 관심을 갖고 있는데, 물론 범죄가 아닌 투기 목적일 것입니다. 소셜미디어 등 혁신매체가 정론지 같은 전통매체를 대체하고 암호화폐 등 혁신화폐가 본위화폐 같은 전통화폐를 대체하는 것은 '혁신적'(new)인 것이 '전통적'(legacy)인 것에 미달하는 주요 사례인데, 새것이 옛것보다 못하다는 데 쇠망기의 특징이 있지요.

5부는 기축통화의 특권과 부담을 검토하고 있습니다. 기축통화의 특권을 상징하는 것이 바로 국채의 발행입니다. 2024년에 외국이 보유하는 미국의 국채는 8.2조달러인데, 중앙은행이 보유하는 것이 80%가 넘는다고 하지요. 기관투자가를 비롯한 민간이 나머지 20% 정도를 보유한다고 하고요. 또 이미 지적한 것처럼, 외환보유액 중 달러의 비중은 60% 안팎이에요.

그런데 '[뽕]나무껍질로 만든 돈'([mulberry] tree-bark currency, 마르코 폴로)인 달러가 누리는 이런 특권의 배후에는 유럽법과 다른 영미법의 전통, 즉 제정법이 아닌 관습법이 있다는 것이 로고프의 주장입니다. 그래서 파리는 물론이고 유럽중앙은행(ECB)이 소재하는 프랑크푸르트조차 런던 대신 유럽의 금융중심지가 되지 못한다는 것이지요. 「한국자본주의의 역사」에서 '법경제론'(law and economics)을 원용하면서 지적한 것처럼, 관습법이 불법화하는 재벌을 합법화하는 것도 제정법이라는 사실 역시 상기할 필요가 있고요.

반면 로고프는 기축통화의 부담은 군사비 지출이라고 주장하고 있습니다. 미국은 국민소득에서 군사비가 차지하는 비중이 한국전쟁기 16%, 베트남전쟁기 11%, 탈냉전기 전야 6.8%에서 2024년 3.7%로 하락했지요. 그러나 프랑스의 2%와 독일과 이탈리아의 1.5%에 비하면 아직 2배 안팎이에요. 그런데 유럽이 이런 군사적 '무능력'(incompetence)을 대미관계에서 '무기화'하는 역설이 제기된다는 것이 로고프의 주장이지요.

이런 무능력은 대러관계에서는 무기화할 수 없는 자살행위일 뿐이므로, 미국에 대한 유럽의 '아마에'(甘え, 응석) 내지 '덴칸'(癲癇, 지랄·뗑깡)이라고 할 수밖에 없습니다. 이 표현들은 물론 한국과의 관계에서 일본이 사용하는 것을 원용한 것이고요. 어쨌든 미국에서 유럽식 '안미경중'에 대한 '쓰카레'(疲れ, 피로감)의 누적이라는 여론이 형성되는 것은 자연스러운 일 같아요.

트럼프 1기 정부 이후 미국이 동맹관계를 거래적 관점에서 인식하기 시작했다는 것은 이런 맥락과도 무관하지 않을 것입니다. 동맹 관계가 형제적 관계에서 동지적(like-minded) 관계로 전환되었다는 것이지요. 알다시피 형제 사이에서는 증여(gift)도 존재할 수 있는 반면 동지 내지 동료·친구 사이에서는 교환(exchange)만 존재할 수 있거든요.

마지막 6부는 2015년에 정점에 달한 '달러의 평화'(Pax Dollar)에 대한 차후의 전망을 제시하고 있습니다. 특히 달러위기를 동반하는 재정위기의 가능성이 문제인데, 국민소득 대비 국채의 비중을 보면, 2007-09년 금융위기와 2010-2012/13년 유럽연합 재정위기를 거치며 62%에서 100%로 상승했지요. 또 코로나19로 인해 106%에서 133%까지 상승했다가 2024년에는 121%로 하락했고요.

재정위기의 임계치를 90%로 설정하는 로고프는 재정위기를 해결할 수 있는 네 가지 방법과 그 실행가능성을 검토하고 있습니다. 증세 및 지출삭감, 부도(default, 채무불이행), 저금리국채의 보유를 강제하는 '금융억압'(financial repression), 인플레이션을 통한 간접 증세가 그것인데, 그가 주목하는 것은 역시 '인플레이션 조세'라고 할 수 있어요. 전후에 국채 비중이 감소하는 데도 경제성장과 함께 인플레이션을 통한 간접 증세도 크게 기여했거든요.

— 중국의 침공 가능성에 대한 대만의 반응은 어떤가요?

— 마침 좋은 책이 번역되었는데, 왕리와 선보양의 『중국이 쳐들어오면 어쩌지?』(2022; 국역: 글항아리, 2025)입니다. 2018년 민진당 지방선거 참패와 2020년 차이잉원 총통 재선 사이에 집필을 시작하여 2022년 러·우전쟁 전면화 직전에 출판한 것인데, 저자들의 의도는 우산운동의 구호였던 '오늘은 홍콩, 내일은 대만'을 변형한 '오늘은 우크라이나, 내일은 대만'으로 요약할 수 있겠지요. 또 이 책을 번역한 최종헌 씨의 의도는 '오늘은 대만, 내일은 한국'일 것 같고요.

이 책의 주제는 중국의 '정보전'(information warfare) 내지 '인지전'(cognitive warfare)에 대한 비판입니다. '정보 왜곡'(misinformation)

을 넘어서 '거짓 정보'(disinformation)의 유포를 목표로 하는 정보전이 인지전인데, 인공지능에 기반한 콘텐츠농장/공장(content farm/mill)을 통해 정보전의 인지전으로의 진화가 가속화되는 중이라고 할 수 있지요.

인지전이란 푸틴의 책사 두긴이 주장하던 하이브리드전쟁(hybrid warfare)이나 중국의 챠오량과 왕샹수이가 주장하던 '초한전'(超限戰, unrestricted warfare)의 핵심이기도 합니다. 군사적 수단과 비군사적 수단을 혼합하는 전쟁으로, 후자에는 경제전쟁과 더불어 '정치전쟁'(political warfare, 내정간섭과 정치전복) 등도 포함된다고 하지요.

윤석열 정부의 출범과 동시에 전개된 '대선 불복 3년동란'은 정치전쟁의 전형적 사례라고 할 수 있습니다. 언젠가 정권이 교체될 수 있다면, 이재명 정부가 내란죄와 더불어 외환죄로 단죄될 가능성은 아주 높을 것 같아요. 한동안 정권이 교체될 수 없다고 해도 한국사가 소멸하지 않는 한, 역사의 법정에서 이재명 정부가 유죄라는 것은 자명한 일이겠고요.

정보전과 인지전은 중국식으로 표현하면 모략(謀略, 왜곡과 기만으로 남을 해침)이라고 할 수 있습니다. 시진핑 시대에 와서 허풍을 의미하는 '가대공'이라는 새로운 유행어가 나타났는데, 거짓말(假話)과 큰소리(大話)와 헛소리(空話)의 줄임말이지요. 그래서인지 중국의 정보전과 인지전은 모략인 동시에 가대공으로 간주되기도 하는데, 저자들은 아예 '소설'로 간주하고 있어요.

왕리와 선보양의 책은 장개석 정부의 군부독재로 인해 일반시민이 '군사 문외한'으로 전락한 상황에서 그런 '군사적 문맹'을 타파하기 위한 '군사대중서'(軍普)를 자부하고 있습니다. 그런데 군사적 문맹이라는 측면에서 남한의 경우는 대만에 못지않아요. 게다가 전대협이나 한총련 세대 중에는 졸업을 앞두고 입대 대신 수감을 선택하는 경우도 많았으니까 운동권의 군사적 문맹은 병역을 필한 일반시민보다도 오히려 심각할 것 같고요.

이 책은 4부로 구성되어 있습니다. 1부는 문민화 이후 대만에서 우포되어온 중국군사력에 대한 유언비어(謠言)에 대한 비판이지요. 그런 유언비어는 새빨간 거짓말이 아니라 참말이 조금 섞인 거짓말, 즉 '진삼가칠'(眞三假七)로, 군사적 문맹 덕분에 그런 거짓말이 널리 퍼진다는 것이 저자들의 주장이에요. 예를 들자면 탄도미사일이나 공수부대 등과 관련된 유언비어인데, 그 결과 시진핑의 '강군몽'에 대해서도 맹신하는 사람이 나온다는 것이고요.

2부는 대만 침공 시나리오 및 관련 전술입니다. 침공 시나리오는 두 가지인데, 첫 번째 시나리오는 금문도나 마조열도 같은 대만의 외곽도서(外島)를 점령한 다음에 항복과 일국양제를 강요한다는 것이지요. 갈루치 차관보와 란코프 교수의 경고처럼, 북한이 '서해의 한 섬[백령도?]을 점령'하고 한국을 '홍콩화'할 가능성을 연상시키는 시나리오라고 할 수 있어요.

두 번째 시나리오는 대만에 대한 전면 침공입니다. 전면 침공에도 두 가지 변종이 있는데, 팽호열도를 점령한 다음에 본토를 침공할 수도 있고 본토를 직접 침공할 수도 있다는 것이지요. 그러나 우드노 등의 주장과 마찬가지로 상륙작전 및 시가전의 곤란으로 인해 성공할 가능성은 희박하다는 것이고요.

다만 유일한 가능성은 항전보다 항복을 원하는 국민이 역시 항전보다 항복을 원하는 총통을 선출하고 입법원을 구성하는 데 있다는 것이 저자들의 주장입니다. 그럴 경우 군부와 재계의 반대를 무릅쓰고, 중국군이 본토를 침공하자마자 '놀라 오줌을 싸면서 울며불며 항복하고' 일국양제를 수용할 것이기 때문이에요. 항복이나 일국양제에 반대할 군부나 재계가 존재할 리 없는 이재명 정부와 노벨상에 진심인 트럼프 정부가 김정은 위원장에게 천재일우의 기회일 것 같다는 생각이 들 수밖에 없지요.

3부는 현상황에서의 대응책입니다. 핵심은 친중파를 교화·퇴치하는 동시에 반중파 내지 비중파가 음모론으로 퇴화하는 것을 막는 데 있지요. 그런데 반중파·비중파가 친중파를 압도하는 대만과 달리 친북파가 반북파·비북파를 압도하는 한국에서는 오히려 반북파·

비북파가 교화·퇴치되는 중이지요. 동시에 나머지 반북파·비북파는 음모론으로 퇴화하는 중이고요.

마지막 4부는 주변 각국의 대응입니다. 물론 미국과 일본의 인태 전략이 핵심인데, 우드노 등의 주장과 동일하게 미일연합군의 참전 으로 인해 대만 침공의 성공 가능성이 희박하다는 것이에요. 역시 해상자위대의 실력이 결정적이고 침공을 계기로 일본의 평화헌법도 개정될 수 있다는 것 같고요. 민족해방파가 반미보다는 오히려 반일 에 열중하는 것도 무리는 아니지요. 어쨌든 중국의 인지전에 대한 대응이 그만큼 중요하다는 것이 저자들의 주장이에요.

— '지옥으로 가는 앵초길'이 수사적 표현만은 아닌 것 같군요. 인민주의적으로 미화되지만 결국 전체주의적 지옥으로 귀결되는 길이라는 뜻이라고 하니까요.

— 그렇습니다. 그 대표적 사례로 2차 세계전쟁 발발을 전후해서 우크라이나 등지에서 전체주의자가 초래한 비극에 특히 주목해야 하겠지요. 『가짜 민주주의가 온다』에서 러·우전쟁의 역사적 의미를 강조한 바 있는 티머시 스나이더의 대표작 『피에 젖은 땅』이 기본 문헌이라고 할 수 있고요.

스나이더가 말하는 '피에 젖은 땅', 즉 블러드랜드(Bloodlands)는 소련령이던 우크라이나와 벨라루스, 또 독립국이던 폴란드와 발트3국 이었습니다. 그는 블러드랜드에서 스탈린과 히틀러가 학살한 민간인 (비무장 전쟁포로 포함)을 1400만명으로 추계하고 있지요. 또 학살의 역사를 2차 세계전쟁 이전으로 소급하여 3단계로 구분하고 있고요.

1933-38년   스탈린이 주도한 학살
1939-41년   과도기
1941-45년   히틀러가 주도한 학살

스탈린이 주도한 학살은 우크라이나에서 시작된 것으로, 1930-31 년의 집단화에 이어진 1932-33년의 홀로도모르/대기근이었습니다.

러시아와 달리 우크라이나에서 집단화가 대기근으로 귀결된 것은 우크라이나가 러시아의 '국내식민지'였기 때문이에요. 달리 말해서 히틀러보다도 스탈린이 먼저 '유럽적 먼로주의'에 따라 '국내제국'(domestic/overland empire)을 건설한 것인데, 이런 관점에서 볼 때 독소전쟁은 '해외제국'(overseas/maritime empire) 간 전쟁이 아닌 국내제국 간 전쟁이었다고 할 수 있겠지요.

홀로도모르 비극의 절정은 식인이었습니다. 스나이더는 타인은 물론이고 가족까지 잡아먹은 사례를 소개하고 있는데, 심지어 자기 자신을 잡아먹은 사례도 있었다고 하지요.

> [일종의 고아원에서 나이가 많은 아이들이 가장 나이가 적은 아이를 잡아먹는 동안] 그 아이도 자기 자신의 몸에서 살조각을 뜯어내 먹고 있었다. 먹을 수 있을 때까지 말이다.

스탈린의 학살은 1936-38년 대숙청으로 이어졌는데, 우크라이나 농민, 폴란드인 및 폴란드계 소련인 등이 학살되었습니다. 스나이더에 따르면, 학살된 민간인은 390만명으로 추계할 수 있지요.

    홀로도모르   300만명
      대숙청   70만명
      과도기   20만명

히틀러의 학살이 개시된 것은 독·소전쟁 이후였는데, 레닌그라드 시민이나 전쟁포로를 굶겨 죽인 것입니다. 독·소전쟁이 교착상태에 빠진 다음에는 이른바 '유다인 문제의 최종적 해결'(Endlösung der Judenfrage)로 이어졌고요. 스나이더는 히틀러가 학살한 민간인을 990만명으로 추계하고 있어요.

    독소전쟁   450만명 (레닌그라드 시민 100만명, 전쟁포로 300만명)
      유다인   540만명 (블러드랜드 출신 400만명)

스나이더는 블러드랜드 이외의 지역에서 희생된 민간인을 포함한 추계도 소개하고 있습니다. 그럴 경우 스탈린이 12년 동안 학살한 민간인은 모두 600만명, 히틀러가 4년 동안 학살한 민간인은 모두 1100만명이라고 하지요. 특히 유럽에 거주하던 유다인의 2/3는 모두 히틀러가 학살한 것이에요.

그러나 유다인이 무기력하게 학살당한 것만은 아니었다는 사실도 강조해둘 필요가 있습니다. 1943년 바르샤바 게토의 봉기가 대표적 사례였는데, 스탈린에 의해 해체된 공산당(1938)을 재건한 노동자당(1942)이 지도한 봉기였어요. 국내에서도 시판된 영화 『업라이징』(2001)을 참고하세요.

스나이더는 소련 작가 그로스만을 인용하면서 히틀러와 스탈린의 공통점은 '인간의 비인간화'였다고 주장하는데, '[그들의] 주적이 인간'이었기 때문입니다. 김윤식 선생이 주장한 것처럼, 박완서-이문열 작가의 6·25소설의 주제가 '이념보다 인간/개인'임을 연상시키는 대목이지요. 다만 인간/개인을 무시하는 이념이란 전체주의는 물론이고 프로토전체주의로서 인민주의에 적합한 이념이었다는 사실을 강조해둘 필요가 있다는 것이 제 생각이에요.

1964년에 위암으로 사망한 그로스만의 대표작은 '2차 세계전쟁의 『전쟁과 평화』'인 『삶과 운명』(1960; 국역: 창비, 2024)인데, 1980년에 스위스에서 출판되었고, 『닥터 지바고』와 함께 페레스트로이카 덕분에 소련에서 출판될 수 있었습니다. 그로스만의 주제 역시 '이념보다 인간/개인'이었고요. 우크라이나 유다인이기도 한 그로스만은 소련 유다인반파시즘위원회(JAC)의 『블랙북』(*The Black Book of Soviet Jewry*, 1944)의 편집에 참여하기도 했는데, 1980년에 이스라엘에서 출판되었고, 1991년에 우크라이나에서 출판되었으며, 2014년에 러시아에서 출판될 수 있었지요.

나아가 스나이더는 희생자를 순교자화한 것도 히틀러와 스탈린의 공통점이라고 주장하고 있습니다. 유다인과 독일인의 관계나 부농과 빈농의 관계를 그렇게 설정한 것이지요. 그런 '희생자중심주의'(victimism)나 '희생자숭배'(cult of victimhood)를 그가 '순교사적/

순교자열전적 제국주의'(martyrological imperialsm)라고 부르고 있다는 사실 역시 지적해두겠어요.

스나이더는 결론의 제목으로 'Humanity'를 선택하고 있습니다. 국역자는 '인간성'으로 번역했는데, '인류'라고 번역하는 것도 좋겠다는 생각이 들어요. 스나이더가 강조한 것처럼,

> 살아 있는 동안 각자는 이름이 있었다.(⋯)죽은 다음 각자는 숫자가 되었다.
>
> Each of the living bore a name.(⋯)Each of the dead became a number.

달리 말해서 모든 인간은 개인이고, 개인으로서 인간 전체로 구성되는 '류적 존재'(genus being, Gattungswesen)로서 인류는 '연합'(association, Gemeinwesen)이라는 것입니다. 인류란 인간/개인에 선재하는 '공동체'(community, Gemeinschaft)가 아니기 때문이에요. 물론 동물의 종(species, Art)으로서 인류가 아닌 원시(savagery, Wildheit)에서 야만(barbarism, Barbarei)을 거쳐 문명(civilization, Zivilisation)으로 진화한 인류가 그렇다는 것이고요.

이 대목에서 『삶과 운명』 1부 1장을 인용할 수 있을 것입니다.

> 살아 있는 모든 것은 유일하다. 두 사람이나 두 송이 들장미가 똑같다는 것은 상상할 수 없는 일이다.⋯삶의 특이성과 개별성을 폭력으로 말살하려 한다면, 삶 자체가 말라 죽기 마련이다.

이어서 주인공의 어머니가 게토에서 죽음을 기다리며 주인공에게 쓴 장문의 편지인 1부 18장에도 주목해야 하는데, '다른 삶의 같은 운명'이라는 구절이 나오거든요.

> 모두 같은 운명을 겪고 있으면서도 서로 다르다니 정말 이상하기도 하지. 하지만 비가 쏟아지면 하나같이 비를 피하려고 애쓴다고 해서 모두 똑같다는 것은 아니잖니? 저마다 자기식으로 비를 피하는 법이 있기 마련이지.

그런데 개인으로서 인간과 그 연합으로서 인류에 대한 이런 인식은 자유주의에 고유하고 전체주의나 인민주의는 물론이고 공화주의

와도 무관한 것입니다. 심지어 마르크스주의가 이런 인식에 도달한 것도 극히 최근이고요. 그러니 전후에 제기된 과거의 '청산', 즉 과거와의 '화해'(Aufarbeitung, coming to terms)는 물론이고 과거의 '극복'(Bewältigung, overcoming/coping)조차 지난한 일일밖에요.

— 좀 더 설명해주세요.

— 키스 로의 『야만 대륙』(2012; 국역: 글항아리, 2025)에서 묘사되는 전후 유럽에서 출현한 야만적 폭력에 주목하는 것이 좋을 것 같습니다. 저자는 '세계전쟁의 종결이 또 다른 잔혹행위의 출발'로 귀결되었다는 입장이거든요. 그가 말하는 잔혹한 폭력은 복수, 인종청소, 민족해방전쟁을 포함한 내전이라는 형태를 띠었고요.

1부에서 로는 2차 세계전쟁으로 인한 군인과 민간인의 인명 피해가 유럽에서만 4500만명이라고 추계하고 있습니다. 연합국은 3700만명이고 추축국은 800만명인데, 국별로는 다음과 같아요.

```
소련    2700만명 (우크라이나 700만명, 벨라루스 200만명)
독일     600만명
폴란드    600만명
발트3국   120만명
유고     100만명
```

위키피디아에 따르면, 국별로 인구에 대비한 피해자의 비율은 다음과 같은데, '남한의 블러드랜드' 영광의 18%와 비교할 수 있겠지요.

```
소련    14% (우크라이나 16%, 벨라루스 25%)
독일     8%
폴란드    17%
발트3국   12%
유고      9%
```

이 대목에서 소련의 막대한 피해는 스탈린이 자초했던 일이라는 사실을 강조해두겠습니다. 1936-38년 대숙청을 통해 장교 3만4천여 명을 체포하여 그 2/3를 총살했는데, 특히 최고간부 101명 중 91명을 체포하여 80명을 총살했거든요. 독소전쟁 발발 전야에 사단장과 연대장의 70%가 1년차에 불과한 벼락진급자였고, 그들은 베리야가 지휘한 경찰의 통제를 받고 있었어요. 오키 다케시, 『독소전쟁』(2019; 국역: AK, 2021)을 참고하세요.

그러나 그럼에도 불구하고 소련이 패전하지 않은 것은 5개년계획과 미국·영국의 지원을 통한 군비확충과 군수조달 덕분이었습니다. 베리야가 지휘한 굴라크의 강제노동도 물론 중요했고요. 소련인이 프랑스인처럼 항복을 선택하지 않은 것은 단지 애국주의 때문만은 아니었지요. 유다인처럼 절멸 대상은 아니어도 노예화될 것이 분명했기 때문이기도 한데, 하기야 슬라브족을 대상으로 한 중세 이슬람 노예무역이 'slave'의 어원이거든요.

나아가 각국의 피해자 중에서 유다인의 비중은 다음과 같습니다.

```
소련    4% (우크라이나 10%, 벨라루스 10%)
독일    3%
폴란드  50%
발트3국 31%
유고    6%
```

위키피디아에 따르면, 국별로 유다인 인구에 대비한 피해자의 비율은 다음과 같고요.

```
소련   32% (우크라이나 16%, 벨라루스 25%)
독일   25%
폴란드 88%
발트3국 34%
유고   89%
```

2부는 이런 피해에 대한 다양한 형태의 '복수'(vengeance, revenge/avenge)를 서술하고 있습니다. 이런 복수들은 아리스토텔레스 이래 철학자들이 말하는 '보상적/교정적 정의'(compensatory/rectificatory justice)나 '징벌적 정의'(retributive justice), 달리 말하자면 민법상 정의나 형법상 정의와는 차원이 다른 것이에요.

먼저 최대의 피해자인 유다인의 복수는 '비난, 배척, 개탄과 거리두기'(disparagement, rejection, banning and keeping distance)라는 형태를 띠었다고 합니다. 비난 등은 유진오 선생처럼 말해서 타기(唾棄)라고 할 수 있고, 거리두기는 반유다주의적인 유럽에서 탈출하여 영국이나 미국으로 이주하거나 이스라엘을 건국하는 것이라고 할 수 있지요.

반면 소련인 등의 복수는 전쟁 포로의 학대라는 형태를 띠었다고 합니다. 전쟁 포로 중에서 사망자 비율은 다음과 같아요.

    폴란드   7.7%
     소련   35.8%
     유고   41.2%

영국이나 미국과 비교할 때 그 복수의 잔혹함을 알 수 있어요.

     영국   0.03%
     미국   0.1%
    프랑스   2.6%

영국을 기준으로 인명 피해를 비교하면, 슬라브인 못지않은 프랑스인의 잔혹함에 자코뱅의 조국답다는 생각이 들지요. 미국을 기준으로 해도 역시 마찬가지인데, 인명 피해가 영국과 비슷하거든요.

    폴란드   13배
     소련   13배
     유고   412배
    프랑스   52배

나아가 재외 독일인에 대한 학대, 독일 부역자에 대한 학대도 복수의 주요한 형태였다고 하고요.

그런데 프랑스인의 경우 독일군 애인이나 위안부에 대한 삭발과 모욕도 복수의 주요한 형태였다고 합니다. 프랑스 남성을 '오쟁이'(cornard)로 만든 죄 때문인데, 대부분 미혼이었던 그녀들이 독일군을 선택한 것은 남성적 매력 때문이었다고 하거든요. 게다가 그녀들은 남성부역자를 대신한 희생양이기도 했고요.

3부는 소련과 폴란드 등이 자행한 제노사이드인 '인종 청소'인데, 전후에 '슬라브적 반유다주의'를 실행했다는 의미입니다. 그 결과 '유다인에게서 해방되어'(judenfrei) '유다인이 없는'(judenrein) 유럽을 건설하려던 나치의 구상을 사후적으로 정당화한 셈이지요. 다만 그 방법은 학살이 아닌 추방이었다는 데 차이가 있었지만요. 소련이 1948년 이스라엘 건국에 찬성한 것은 이런 맥락에서 이해할 수 있다는 생각이 들어요.

이스라엘 건국에 대해 영국은 반대한 반면 미국은 찬성했습니다. 그 이유는 아마도 이스라엘과 아랍의 갈등을 예상할 수 있는 외교적 식견이 부족했기 때문인 것 같고요. 영국과 미국의 이런 입장 차이를 묘사한 영화로는 『영광의 탈출』(1960)과 『팔레스타[인]의 영웅』(1966)이 있지요.

4부는 공산당이 주도한 '내전'으로 전후 유럽에서 출현한 새로운 형태의 폭력이었습니다. 먼저 프랑스와 이탈리아에서 냉전적 형태의 내전이 발발했는데, 그러나 공산당이 집권에 성공하지는 못했어요. 제3공화국의 의원내각제를 복원한 프랑스 제4공화국은 정치적 불안정을 극복하지 못하여 10여년 동안 20여개의 내각이 난립하다가 드골의 주도로 제5공화국의 이원정부제로 귀결되었지요. 이탈리아에서는 의원내각제 아래 보수당인 기민당의 장기 집권이 시작되었고요.

반면 그리스에서는 공산당의 주도로 열전적 형태의 내전이 발발했는데, 그러나 역시 공산당이 집권하지는 못했습니다. 소련이 지원하지 않은 것은 이유가 될 수 없는데, 한국은 소련이 지원하고 중국이 참전했는데도 분단으로 귀결되었고, 베트남은 소련이나 중국의 지원 없이도 집권에 성공했거든요. 달리 말해서 베트남에 비해 한국이나 그리스에서 공산당의 능력이 부실했다는 것이에요.

이상과 같은 전승국들의 상황에 추가하여 독일의 상황은 하랄트 애너의 『늑대의 시간』(2019; 국역: 위즈덤하우스, 2024)을 참고할 수 있습니다. 그는 『야만 대륙』을 인용하면서 전후 독일의 10여년이 '늑대의 시간'(Wolfszeit)이었다고 증언하고 있지요. 여기서 늑대는 '수치심과 죄의식'이 없는 이기주의자인 '무명인'(Niemand, nobody, 소인)이라는 의미이고요.

전후 독일에서는 분단이 발생하면서 냉전적 형태의 내전이 전개되었습니다. 또 이탈리아처럼 서독에서도 의원내각제 아래 보수당인 기민련(중앙당의 후예)의 장기 집권이 시작되었고요. 반면 일본에서는 자유주의자가 지배하는 포괄정당으로서 자민당의 장기 집권이 시작되었는데, 파시즘과 군국주의의 차이를 알 수 있는 대목이지요. 또 전전에 입헌군주정 아래 의원내각제가 성립한 일본에서는 자유주의가 얼마간 성숙했다는 사실을 반영한다고 할 수도 있고요.

얘너의 책에서 가장 흥미로운 부분은 5장인데, 제목이 'Liebe 47'입니다. 이것은 보르헤르트의 브레히트적 연극 『문밖에서』(*Draußen vor der Tür*, 1947)를 각색한 영화(1949)의 제목으로 '1947년의 사랑'이라는 의미이지요. 학부 1학년 아니면 2학년 때 동숭동에서 독문과 연극반(?)의 공연을 본 적이 있는데, 시베리아 포로수용소에서 귀향한 독일군 청년의 이야기였어요.

얘너는 이 장에서 전후 서독에서 부부관계를 비롯하여 남녀관계 일반의 위기와 변화를 묘사하고 있습니다. 그러면서 동독에서 발생한 소련군의 강간과 서독에서 발생한 미군의 성매매를 비교하기도 하고요. 그는 사병애인(Amiliebchen, GI fiancé)이 급증한 것은 궁핍 때문만이 아니고 미국인에 대한 여성의 욕망 때문이기도 했다고 주장하고 있는데, 일본의 경우와도 유사했던 것 같아요.

얘너는 68세대조차 사병애인은 희생자가 아닌 욕망의 주체였다는 사실을 인정하지 못했다고 주장하고 있습니다. 포스트구조주의자가 여성의 성욕보다는 오히려 남성동성애자의 성욕을 강조한 것과도 비슷하다고 할 수 있겠지요. 또 그는 사병애인의 복권과 관련하여 영화 『마리아 브라운의 결혼』(1978)의 기여에도 주목하고 있고요.

사병애인은 시기와 질투의 대상이었는데, 그러나 독일어에 양갈보

274

라는 욕은 없었던 것 같습니다. 국역자가 양갈보라고 번역한 것은 'Fräulein'인데, 이것은 '아가씨'라는 말이거든요. '바가'(馬鹿, 바보) 정도 이외에는 욕이 거의 없는 일본어에도 마찬가지였던 것 같고요. 알다시피 '갈보'는 성매매여성에 대한 최악의 멸칭이에요.

애너는 사병애인을 전후 '독미 친교의 선구자'(Wegbereiterin der deutsch-amerikanischen Freundschaft)로까지 상찬하고 있습니다. 한국에서도 한미 친교의 선구자는 역시 사병애인이었는데, 『재미 한국인』(일조각, 1989)에서 이광규 교수가 지적한 것처럼, 1950-64년의 미국이민자 1만5천명 중 43%가 사병애인 내지 '전쟁신부'(war bride)였고, 또 35%는 전쟁고아, 22%는 유학생이었지요.

한국계 사병애인/전쟁신부는 대부분 성매매여성이었는데, 그 중 90% 정도가 사병과 결혼했다고 합니다. 박완서 작가의 『그 남자네 집』(현대문학, 2004)에 나오는 '춘희'처럼, 그녀들이 초청이민의 기원이었어요. 미군과의 결혼은 그 후 10배 이상 증가되었고, 1970년대까지 대부분 성매매여성이었는데, 국사편찬위원회가 엮은 『북미주 한인의 역사』(2007)를 참고하세요.

— 홍콩의 대중문화가 문학이 아니었던 이유는 무엇인가요.

— '피난민사회'에서 풍속·이념소설로서 리얼리즘 소설이 부적합했기 때문일 것입니다. 그 대신 유행했던 모더니즘, 심지어 포스트모더니즘 소설은 애당초 대중성에 무관심했던 것이고요. 부산대의 김혜준 교수가 『홍콩문학론』(학고방, 2019)에서 '혼종성'(hybridity, 잡종성)으로 정당화하는 것은 별로 설득력이 없어요.

물론 1950년대에는 홍콩에도 풍자소설이라는 형태로나마 리얼리즘 소설이 존재하기도 했습니다. 『중국현대문학전집』(중앙일보사, 1989) 16권에 실린 자오츠판의 『반(半)하류사회』(1952)가 대표작이었는데, 정신은 상류인 반면 생활은 하류인 당시 피난민사회의 풍속과 세태를 야유한 것이었지요. 「2020년 4·15총선 전후」에서 인용한 '불량배는 고립을 두려워한다'(無賴怕光杆)는 구절의 출처는 바로 이 작품이었어요.

혼종성 내지 잡종성은 홍콩처럼 피난민사회인 부산의 학계(일각)에서 주목받는 것 같습니다. 혼종성 내지 잡종성, 나아가 유럽의 모더니즘에 대한 비판으로서 포스트모더니즘은 라틴아메리카에서 시작된 것인데, 그러면 부산 학계는 라틴아메리카모델론을 추종하는 것인지 궁금해지네요. 우석균 교수의 「라틴아메리카의 문화이론들」(『라틴아메리카 연구』, 2002년 12월)을 참고하세요.

혼종 내지 잡종이 우월하다는 것은 사실 인문계 지식인의 무지 탓이기도 합니다. 육종학의 '잡종강세'(hybrid vigor) 개념을 무분별하게 확대 적용한 셈인데, 잡종견인 똥개는 물론이고 암말과 수나귀의 잡종인 노새를 잡종강세라고 할 수는 없겠지요. 게다가 민주정과 독재정의 잡종정체(hybrid regime, anocracy)는 헌정과 법치의 위기에 따른 내전을 유발하는 것이고요.

순종이 우월한 대표적 사례는 말에서 발견할 수 있을 것입니다. 중국에는 '백락이 소금수레를 끄는 천리마를 한눈에 알아보았다'(伯樂一顧驥服鹽車)는 고사가 있지요. 또 헐리웃 영화 『씨비스킷』(2003)은 대불황기 미국인의 희망을 상징했던 서러브레드(thoroughbred, 영국에서 육종된 순종경주마)가 주인공이었고요. 하기야 서러브레드가 퇴역하면 도살해서 반려동물용사료로 만들려던 나라가 한국이니까 전설적 명마 매너워의 손자라고 해도 '작고'(small) '아픈'(hurting) 씨비스킷을 알아볼 사람은 없겠지만요.

물론 개에 대한 영화도 없을 리 없습니다. 일본 '진도개' 아키타견(犬)이 주인공인 『하치 이야기』(1987)가 대표적인데, 미국(2009)과 중국(2023)에서 리메이크되었지요. 대공황을 기화로 다이쇼민주주의가 쇼와유신으로 교체되던 시기가 배경이었고요. '견격', 즉 개의 품격(dignity)을 존중한 주인 우에노 교수가 하치 공(公)이라고 부르면서 시집간 외동딸 대신 '예뻐하자'(可愛がる) 하치도 '충'보다 '효'로 보답한다는 설정이 인상적이었어요. 하기야 '먹사니즘'의 나라 한국에서는 '진돗개'(잡종 진도개)가 보신탕 주재료였다고 하지만요.

276

— 홍콩문학을 대표했던 것은 무협소설, 특히 김용의 무협소설이
아니었을까요.

— 물론입니다. 무협소설에 대한 백과사전식 개론서는 량셔우쭝
의『강호를 건너 무협의 숲을 거닐다』(1992; 국역: 김영사, 2004)를
참고할 수 있고, 김용의 무협소설에 대해서는 진묵의『김용 문학』
(1984; 국역: 큰뜻, 1994)을 참고할 수 있겠지요. 진묵은 무협소설을
'액션(打鬪)과 환상(傳奇)에 관한 "성인동화"'로 정의하고 있고요.

진묵은 김용의 대표작『사조영웅전』·『신조협려』·『의천도룡기』의
'사조삼부곡'(1957-63)은 정통 무협소설인 반면 그의 후기작『소오
강호』(1967-69)와 그 전후에 나온『천룡팔부』(1963-66)와『녹정기』
(1969-72)는 수정주의로 해석하는 것 같습니다. 김용이 자신의 소설
로 만든 영화나 드라마에 대해서 '내 아이가 남에게 매를 맞고 있는
광경을 보는 것 같다'고 비판했다는 사실도 지적해두겠어요.

진묵에 따르면,『소오강호』가 문화혁명의 우화였다는 설은 별로
근거가 없습니다. 그 대신에 선악의 모호성을 강조하고 권력투쟁을
비판하면서 '무림의 패권'(一統江湖) 대신 '무림의 야유'(笑傲江湖)를
주제로 설정한다는 점에서 수정주의로 해석할 수 있겠지요. 나아가
「소오강호의 노래」가 죽림칠현의 대표자인 혜강의「광릉산」을 편곡
한 것이라는 설정 역시 수정주의로 해석할 수 있겠는데,『소오강호』
라는 제목 자체가 '죽림에 숨어서 [속세를] 비웃는다'(竹林笑傲)는
말에서 나온 것 같다는 생각도 들거든요.

이자성의 농민전쟁을 배경으로 한 초기작『벽혈검』(1956)보다 한
세대 이후인 강희제 치세 전반을 배경으로 한『녹정기』의 주인공은
아예 비영웅 내지 반영웅입니다. 기녀(妓女)의 아들이자 아버지가
어느 민족인지도 모르는 '잡종'인 그는 강희제의 절친이면서 진원원
과 이자성의 사위이기도 한데, '목적을 이루기 위해 수단을 가리지
않는' '하류의 행동'을 일삼는 '불량배'(流氓)로 소설 속의 '가장 누추
한 인물'이에요.

또 『천룡팔부』는 '복수(復讐, 원수를 갚음)와 설한(雪恨, 원한을 씻음)의 세계', 즉 '선악의 구별이 사라져버린' '미친(瘋狂的) 세계'를 묘사하고 있습니다. 또 이런 미친 세계의 주인공인 '욕망(貪)의 인간'과 '정념(癡, 무지)의 인간'을 묘사하고 있고요. 단적으로 말하자면, 『천룡팔부』의 주제는 '원수/원한 없는 사람 없고, 정념으로 괴롭구나'(無人不冤, 有情皆孽)라는 것인데, '문재명 정부' 아래 한국의 상황과 흡사하다고 할밖에요.

— 그런데 풍도는 어떤 사람인가요.
— '다섯 황조, 여덟 가문, 열한 황제'(五朝八姓十一君)를 섬기다가 73세에 병사한 풍도는 5대10국시대의 재상이었습니다. 당송 교체기인 이 시대는 삼국양진남북조시대에 버금가는 대혼란기로 70여년 동안 지속되었지요. 당황조 말기 황소의 농민전쟁까지 소급하면 100여년 동안 지속되었다고도 할 수 있고요.

삼국양진남북조와 5대10국에는 차이도 있습니다. 전자의 경우에 중원이 분열되어 16국에 이어 북위의 후예인 서위·동위, 북주·북제의 할거정권이 존재한 반면 강남 등지는 정통 황조가 존재했지요. 그런 연유로 삼국시대의 오, 양진시대의 동진, 남조시대의 송-제-양-진을 6조라고 부르기도 하는데, 다만 삼국 중에 가장 후진적이어서 부세와 병역이 과중하고 형벌이 잔혹한 오를 포함하는 것은 얼마간 이상한 일이에요. 반면 후자의 경우에 중원은 정통 황조인 양-당-진-한-주의 5대가 존재한 반면 강남 등지는 10국이라 불린 할거정권이 존재했지요.

풍도가 출사했던 다섯 황조는 양을 제외한 당·진·한·주의 4대와 진한 교체기에 일시적으로 중원을 점령했던 거란족(선비족의 후예)의 요였습니다. 황조가 다섯인데, 가문이 여덟인 이유는 마치 로마제국처럼 양자 결연으로 황위가 승계되었기 때문이지요. 아니 로마제국 쇠망기의 군인황제시대에 더 가깝다고 할 수도 있겠는데, 6조에 비해 5대는 정통 황조이면서도 난세였거든요.

『황후화』(2006)나 『야연』(2006) 같은 무협영화가 5대10국을 배경으로 삼았던 것은 아마도 이 때문일 것 같습니다. 중국 출신의 양대 미녀 배우인 공리와 장쯔이가 주연을 맡은 두 영화는 조우의 『뇌우』와 셰익스피어의 『햄릿』을 각색한 것으로, 당과 진을 배경으로 해도 리얼리티는 없었지요. 당·진은 풍도의 흥성기였는데, 그의 그림자도 볼 수 없었거든요.

풍도의 전기는 도나미 마모루의 『풍도의 길』(1966, 개정판: 1988; 국역: 소나무, 2003)과 란즈커의 『참모의 진심: 살아남은 자의 비밀』(2012; 국역: 위즈덤하우스, 2017)이 있습니다. 란즈커의 번역자는 『제갈량』과 『사마의』를 번역한 박찬철 씨인데, 번역문 중에 도나미를 일부 발췌하여 삽입하기도 했어요. 또 란즈커도 도나미를 많이 참고한 것 같은데, 내용이 대동소이하거든요.

도나미와 란즈커에 따르면 지식인으로서 풍도는 처세가라고 할 수 있습니다. 란즈커가 '화를 내지 않는 처세의 길'(不生氣的處世之道)이라는 제목을 선택했던 것은 이 때문이겠지요. 따라서 삼국양진 남북조의 지식인과는 또 다른 지식인의 유형을 발견할 수 있는데, 풍도는 제갈량이나 순욱 같은 경세가도 아니었고 또 혜강이나 완적 같은 은사(隱士, 은거하는 지식인)도 아니었거든요. 굳이 비교하자면, 산도가 가장 비슷하다고 할 수 있는데, 무명 시절의 풍도는 '아무런 장점이 없는 불량배'(十無浪子)를 자처하면서도 난세에 태어난 처세의 달인다운 포부를 밝힌 바 있지요.

마음속에서 온갖 악들이 사라지게 한다면,　　　但教方寸無諸惡
늑대·호랑이 사이에서도 입신출세하리라.　　　狼虎叢中也立身

처세가로서 풍도에 대해 긍정적으로 평가하는 경우도 많았는데, 그를 충신은 아니나 양신(良臣)으로 간주했기 때문입니다. 경세가는 아니나 현능(賢能)한 실무가로 간주하기도 했고요. 그리고 그 증거로 요황조의 태종 야율덕광에게 아첨 아닌 아첨을 하여 한족의 학살을 막은 것을 들었지요.

지금 [천하의 백성은] 부처가 나와도 구할 수 없고, 오직 황제만이 구할 수 있습니다.

此時佛出救不得[天下的百姓], 惟皇帝救得.

바로 이 대목에서 송황조 지식인의 풍도에 대한 평가가 엇갈리는 것입니다. 신법당의 영수인 왕안석은 물론이고 구법당 내지 중간파인 소동파도 풍도를 보살에 비유하며 상찬했거든요. 그러나 명황조의 급진적 공리주의자 이지처럼 풍도가 '충군' 대신 '애국/애민'을 실천했다고 주장한 것은 견강부회일 따름이지요.

반면 구법당의 영수인 사마광은 왕안석이나 소동파의 평가에 동의하지 않았습니다. 먼저 소동파의 스승인 구양수는 풍도를 '염치없는 자'(無廉恥者)라고 평가하면서 5대의 충신에는 무관밖에 없었다고 개탄했지요. 하기야 요에게 핍박당하다가 결국 금에 의해 강남으로 쫓겨난 남송에서도 악비 같은 무관만이 주전론을 주장했지만요.

사마광은 구양수보다 한 걸음 더 나아가 풍도를 '최고의 간신'(奸臣之尤)이라고 평가했습니다.

비록 작은 선행이 있었더라도(⋯)큰 절개는 아주 모자랐다.

雖有小善(⋯)大節已虧.

이런 혹평은 도가를 추종한 산도와는 달리 풍도가 언감생심 유가를 자처했기 때문이에요.

사마광이 『논어』를 두 번 인용한 것은 바로 이런 맥락이었습니다.

군자[경세가]는 죽어서 인을 완성하지 살려고 인을 위해하지는 않는다.

君子有殺身成仁, 無求生害仁.

인은 맹자가 말하는 사덕(四德, 仁義禮智)의 으뜸이에요.

280

지혜로운 선비[지식인]는 나라에 도가 있으면 나타나고 도가 없으면 숨는다.

智士邦有道則見, 邦無道則隱.

공자는 은거를 가리켜 '어리숙하게 행동한다'(邦無道則愚)고 했고, 사마광은 '산림 속으로 사라지거나 하급관리로 유유자적한다'(或滅跡山林, 或優遊下僚)고 했지요.

주희 같은 경학자의 평가도 구양수나 사마광 같은 사학자의 평가와 비슷하다는 사실에 주목할 수 있습니다. 그는 풍도를 『논어』에 나오는 '향원'(鄕原)으로 간주했는데, 공자는 향원을 '덕을 적해(賊害)하는 자'(德之賊)라고 비판했고, 맹자는 속으로는 소인인데 겉으로만 군자인 척하는 사이비 군자라고 비판했지요. 향원에 대한 설명은 「후기: '인민의 벗이란 무엇인가'」를 참고하세요.

풍도를 용납할 경우 삼국양진남북조와 수당을 거치며 경세학으로 재건된 유학은 실무가의 처세술로 환원될 수밖에 없었을 것입니다. 이런 맥락에서 풍도에 대한 평가는 금원 교체기 칭기즈칸-오고타이 치세의 야율초재나 원황조 쿠빌라이 치세의 허형에 대한 평가와도 무관하지 않다고 할 수 있겠지요.

풍도와 사마광의 차이는 그들 혈연과도 무관하지 않다는 것이 제 생각입니다. 풍도와 달리 사마광은 사대부의 후예인데, 특히 그의 선조인 사마부는 사마의의 동생이면서도 진황조의 창업에 반대하고 위황조의 충신으로 남은 진정한 사대부였다고 하지요. 또 증조부는 5대에 출사하지 않고 은거한 반면 조부와 부친은 비로소 송황조에 출사했다고 하고요.

「'대선 불복 2년동란'」에서 밝힌 것처럼, 시진핑 추종자였던 대니얼 벨의 『산둥대 학장』(*The Dean of Shandong*, Princeton University Press, 2023)을 읽고 풍도를 알게 되었습니다. 시진핑 시대 중국에서는 풍도가 지식인의 사표일 것 같아요. 또 시진핑을 존숭하고 '문재명'을 추종하는 남한의 지식인도 마찬가지일 것 같은데, 경세가나 은사가 아니라 처세나 실무가가 지식인의 주류가 되었거든요.

— 야율초재에 대해서도 설명해주세요.

— 그에 대해서는 진순신의 『야율초재』(1994; 국역: 한국경제신문사, 1996)를 참고할 수 있습니다. 대만계 일본인인 진순신은 중국사를 소재로 한 역사소설가로 일본사를 소재로 한 동년배 역사소설가인 시바 료타로와 쌍벽이라고 할 수 있지요. 그러나 『야율초재』는 소설이므로, 이은정 교수의 학사논문인 「야율초재의 정치적 위상」(『서울대 동양사학과 논집』, 14집, 1990)도 참고할 필요가 있어요.

야율초재는 요황실 후예였는데, 태조 야율아보기의 장남인 야율배가 그의 8대조였습니다. 야율배는 발해를 점령하고 그 땅에 건국한 동란국(東丹國, 동쪽의 거란국)의 왕에 즉위하면서 황위는 동생인 태종 야율덕광에게 '양보'할 수밖에 없었는데, 우여곡절 끝에 요황조의 제위는 그의 후손이 승계하게 되었지요.

그런데 야율초재의 선조는 요황조가 멸망한 다음 금황조에 출사했고, 그 자신은 금황조가 멸망한 다음 원황조에 출사한 것입니다. 부친이 지어준 이름이 이미 그런 운명을 예고했는데, 『춘추좌씨전』에 이런 말이 나온다고 하지요.

초나라에 인재가 있더라도,　　　　　　　　　　　　雖楚有材
실제로 쓰는 것은 진나라다.　　　　　　　　　　　　晋實用之

여기서 유래한 것이 '초재진용'(楚材晋用, 고국이 아니라 외국에서 등용된 인재)이라는 사자성어이고요.

야율초재는 부친이 육순에 얻은 막내로, 쇠망 중이던 금황조에서 태어난 인재라는 안타까움과 더불어 후대에 흥성할 다른 황조에서 쓰이라는 부친의 바람이 담겨 있는 이름이었습니다. 그가 자신의 자(字, 이름의 뜻을 반영한 별명)를 '진경'(晋卿, 진나라 고관)이라고 지은 것도 부친의 바람 때문이었다고 하고요.

유학자인 야율초재는 선종에도 조예가 깊었다고 합니다. 스스로 말하기를,

> 공자의 가르침으로 나라를 다스리고,　　　　以吾夫子之道治天下
> 부처의 가르침으로 마음을 다스린다.　　　　以吾佛之敎治一心

그런데 이 말은 그와 교류하던 선승 만송노사(萬松老師)의 말 '유학으로 나라를 다스리고, 불교로 마음을 다스린다'(以儒治國, 以佛治心)에서 비롯된 것이지요. 「대선 불복 2년동란」에서 조선의 사대부와 선승의 교류에 주목하면서 중국에도 그런 사례가 있을지 모르겠다고 했는데, 야율초재와 만송노사의 교류가 그것인 셈이에요.

원황조가 창업되는 과정에서 다양한 이념이 경쟁하고 있었습니다. 먼저 유학과 선종 이외에 도교가 있었는데, 당시의 도교는 당황조의 폐습이었던 '금단술 등 신선술을 기각한'(不論金丹不論仙) 구처기가 교주로 있던 전진교였지요. 나아가 이란이나 호라즘(우즈베키스탄과 투르크메니스탄)에서 유입된 이슬람도 있었는데, 이란 기독교인 네스토리우스교(景敎)는 큰 문제가 아니었던 것 같아요.

야율초재는 이슬람에 반대하던 유학과 선종의 연대를 상징하는 인물이었습니다. 이슬람은 중상주의에 적합한 이념인 반면 유학과 선종은 중농주의에 적합한 이념이었기 때문이지요. 진순신은 구처기의 전진교와도 선의의 경쟁관계였다고 주장하는데, 도교 역시 중국의 토착종교여서 중상주의가 아니라 중농주의와 친화성이 있었기 때문이겠지요.

야율초재를 등용한 사람은 칭기즈칸이었는데, 그러나 그에 대한 대우는 경세가가 아닌 점성술사였다고 합니다. 야율초재는 자신을 육가와 비견했는데, 육가는 한고조에게 '말 위에서 나라를 얻었다고 해도, 어찌 말 위에서 나라를 다스릴 수 있겠습니까'(居馬上得之, 寧能馬上治之乎)라고 충언한 것으로 유명했지요. 야율초재가 칭기즈칸에게 충언하기를,

> 활을 만드는 데 모름지기 장인을 쓰듯이, 나라를 다스리는 데 어찌 장인을 쓰지 않을 수 있겠습니까.

> 治弓尙須用弓匠, 治天下豈可不用治天下匠耶.

그러나 칭기즈칸은 한고조와 달리 이런 충언을 수용하지 않았어요. 한고조는 교화가 가능한 불량배였던 반면 칭기즈칸은 교화가 거의 불가능한 야만인이었거든요.

야율초재의 대우를 한 단계 승격시킨 것은 태조 칭기즈칸을 승계했던 태종 오고타이였습니다. 그러나 이번에도 역시 경세가가 아닌 실무가로 대우했어요. 오고타이 치세에서 야율초재의 최대의 업적은 행정개혁, 특히 조세개혁이었는데, 이번에는 이렇게 충언했다고 하지요.

> 기구를 만들려면 반드시 기술자를 써야 하듯이, 수성하려면 반드시 유학자를 써야 합니다.

> 制器者必用良工, 守成者必用儒臣.

창업(創業)의 반대말인 수성이란 '창업의 성과를 지킨다'는 의미로, 정치와 행정의 각종 제도를 정비한다는 의미이지요.

야율초재가 경세가 내지 정치가가 아닌 '행정실무가'를 자처했음을 알 수 있는 대목입니다. 그러면서 그는 몽골족의 관습이던 약탈에 대한 대안으로 조세제도의 도입을 주장했지요. 조세는 몽골족이 선호하던 자의적 징발(差發)과 예물/뇌물의 수수에 대한 대안이기도 했고요.

그런데 조세에는 정세(丁稅)와 호세(戶稅)가 있었습니다. 전자는 가구주/세대주에게 부과한 조세였던 반면 후자는 호주에게 부과한 조세였지요. 핵가족이던 무슬림이나 몽골족 같은 유목민족과 달리 대가족이던 한족 같은 농경민족에게는 당연히 전자에 비해 후자가 유리했는데, 야율초재가 그것을 주장하여 관철시켰던 것이에요.

나아가 야율초재는 무슬림이나 몽골족이 선호한 조세청부업(買撲)에도 반대했습니다. 그 대신 행정과 조세를 담당할 인재를 선발하기 위한 시험인 선시(選試)를 실시하여 4000여명을 선발했지요. 그 중 1/4은 몽골군에게 포로로 잡혀 노예가 된 유학자였다고 하고요. 그러나 허형 등 선시에 합격한 유학자를 관향(貫鄕)의 의사관(議事官)으로 임명하려던 그의 계획은 실현되지 못했지요. 또 선시도 1회에 그쳤고요.

과거제는 세조 쿠빌라이 치세에도 도입되지 못했고, 그가 죽은 지 20년이 지난 원황조 중기에 와서 도입되었습니다. 그는 유학은 물론 아니고 이슬람도 아닌 티벳불교를 국교로 채택하고 파스파를 국사로 대우했거든요. 파스파는 몽골문자를 창제했는데, 고려 말에 수입된 파스파 문자가 조선 세종 치세에 창제된 한글의 원형이었다는 설이 있어요.

— 야율초재와 『사조영웅전』의 주인공 곽정을 비교할 수 있다는 생각도 드는군요.

— 좋은 지적입니다. 송원 교체기를 배경으로 하는 『사조영웅전』은 김용의 작품 중에서도 가장 대중적으로 사랑받는 작품으로, '사조(射雕, 활쏘기)영웅'은 '신궁'(神弓)이라는 의미입니다. 그런데 진묵은 사조영웅이 칭기즈칸이 아닌 곽정이라고 주장하면서 결말에 나오는 그들의 대화에 주목하고 있지요. '고금의 영웅 중에 그 누가 나보다 뛰어날 수 있겠느냐?'는 칭기즈칸의 질문에 곽정이 무공은 최고인 반면 그 대가가 '수많은 백골'과 '수많은 고아와 과부의 눈물'이었다고 답변하거든요.

이런 맥락에서 진묵이 『사조영웅전』을 '재야 영웅의 『춘추경』'으로 극찬하고 있는 것입니다. 『춘추경』은 물론 시비와 선악에 대한 평가를 의미하는 것이고요. 그는 『사조영웅전』의 화두인 '화산논검'에서 천하제일의 무인은 그 능력인 무공(武)과 함께 덕성(俠)을 갖추어야 한다고 해석하고 있지요.

그러면서 칭기즈칸을 '천하를 건 내기 바둑'에서 이긴 '큰노름꾼'(大賭徒), 좀 더 심하게 말하자면 '반인류범죄의 원흉'(罪魁禍首)인 인비인(人非人)일 따름이었다고 비판하고 있습니다. 금원 교체기는 16국이나 5대 같은 대혼란기와도 비교할 수 없는 '삼악도'(三惡道,

축생도·아귀도·지옥도)라는 것이 진순신의 주장이에요.

이 대목에서 무슬림을 정복한 다음 칭기즈칸이 자식들에게 남긴 유명한 교훈을 인용해두겠습니다.

> 인생 최대의 즐거움은 바로 적을 몰살하고, 그 재산을 약탈하며,(…)그 아내와 딸을 유린하는 데 있다.

> 人生最大的樂趣, 就是把敵人斬盡殺絶, 搶奪他們所有的財産,(…)蹂躪他們的妻子和女兒.

샤오젠성의 『송나라의 슬픔』(2009; 국역: 글항아리, 2021)에 따르면, 몽골의 원정으로 수천만명 내지 1억명이 학살되었는데, 당시 세계인구는 4억이 되지 못했지요. 또 중국에서만 인구의 절반인 5천만명이 감소했다고 하고요. 2차 세계전쟁을 훨씬 초과하는 규모인데, 3차 세계전쟁은 그 규모에 접근할지도 몰라요.

3차 세계전쟁에 대해서는 최근에 넷플릭스가 공개한 『하우스 오브 다이너마이트』를 참고할 수 있는데, 북한의 도발로 미·러(중)핵전쟁이 발발한다는 줄거리로 해석할 수도 있을 것 같습니다. 그럴 경우 민주노총 같은 사이비 운동권의 소원대로 (한)미일에 대해 (북)중러가 승리한다면, 마치 송에 대해 요금원이 승리한 것에 비유할 수도 있겠지요. 문명에 대해 야만이 승리한 것처럼 일류에 대해 이류나 삼류가 승리할 수도 있다는 것이에요.

「2021년 4·7보선 전후」에서 지적한 것처럼, 1935-36년 겨울 연안에서 지은 「눈」(雪)에서 모택동은 진시황, 한무제, 당태종, 송태조, 칭기즈칸의 문재(文才)를 비판하면서 이렇게 마무리한 바 있습니다.

> 모두가 지난 일이니,　　　　　　　　　　俱往矣
> 정녕 문무겸전의 영웅을 찾으려면,　　　數風流人物
> 역시 오늘을 보아야 하리라.　　　　　　還看今朝

1945년 겨울 중경의 『신민보』에 발표된 「눈」은 1946년 봄부터 만주에서 무력충돌이 시작되면서 여름에 전면 내전이 재개되는 데 일조했다고 하지요. 그런데 진시황은 몰라도 칭기즈칸까지 창업군주에 포함한 것을 보면, 전백찬이 비판한 것처럼, 그의 사관은 역시 문제가 많다고 할 수밖에 없어요.

진묵에 따르면, 무인이 능력과 함께 갖추어야 하는 덕성은 '구세제인'(救世濟人, 나라를 구하여 백성을 돕는다)이라고 할 수 있습니다. 문인의 덕성인 '경세제민'(經世濟民, 나라를 다스려 백성을 돕는다)과는 조금 다른데, 박정희 대통령 같은 군국주의자의 후예가 주장한 것과 달리 무인은 경세가가 될 수 없거든요.

그러나 무인과 문인이 공유하는 덕성도 있습니다. 진묵은 공자의 덕성이자 군자의 덕성을 가리키는 '할 수 없음을 알면서도 한다'(知其不可而爲之)가 그것이라고 주장하지요. 『사조영웅전』에서 곽정이 악비의 『무목유서』(武穆遺書, 악비가 남긴 비급)를 익혀 그의 제자가 된다는 설정은 이 때문이라고 할 수 있어요.

물론 야율초재도 경세가가 아니라 실무가였는데, 그러나 풍도와 달리 자신의 선택이 아니었습니다. 그래서 후대의 역사가가 풍도는 비판해도 야율초재는 상찬하는 것이었고요. 야율초재가 조세제도를 도입하여 도성(屠城), 즉 저항한 도성(都城)의 주민을 도륙하여 몰살시키던 몽골족의 관습을 폐지한 것은 구세제인보다는 경세제민에 가깝다고 할 수 있지요.

구세제인 등의 덕성은 과학기술자나 법률가에게도 요구된다고 할 수 있습니다. 또 브레히트가 주장한 바 있는 의사의 '히포크라테스 선서' 대신 그런 덕성이 더 적합하다고 할 수도 있고요. 다만 '책을 읽고 더 나빠진'(讀了書倒更坏了) 자가 있으니까, 의사나 과학기술자보다는 법률가에게 그런 덕성이 더욱 절실하다고 할 수 있겠지요. 법조계에는 심지어 반인류범죄자까지 비호하려는 불량배인 최악의 법비(法匪)도 있거든요.

마지막으로 왕가위 감독의 해체주의 무협영화 『동사서독』(1994)은 수정주의 무협영화에 미달한다는 사실을 지적해두겠습니다. 시비와 선악을 초월한다는 것과 시비와 선악이 전도된다는 것은 전혀 다른 문제이거든요. 해체주의가 아니라 수정주의가 되려면 서독 구양봉이 아닌 북개 홍칠공이 비리를 자행하는 악의 화신이 되어야 하겠지요. 또 그의 제자인 곽정 역시 마찬가지이겠고요. 그러나 그런 전도는 전혀 설득력이 없어요.

진묵의 해석에 따르면, 천하제일의 무인은 그 능력인 무공(武)과 함께 덕성(俠)을 갖추어야 한다고 했는데, 덕성은 없고 무공만 있는 무인은 불량배(匪), 즉 깡패에 불과하기 때문입니다. 김용이 묘사한 대표적 사례가 구양봉인데, 그러나 그가 무공 대신 음모와 계략에 강한 또 다른 불량배, 예를 들자면 위소보 같은 사기꾼의 상대가 될 수는 없겠지요.

— 그렇다면 오고타이 치세에 선시에 합격하고 쿠빌라이 치세에 원황조에 출사한 허형은 어떤 사람인가요.

— 그에 대한 기본문헌은 우경섭 교수의 『조선중화주의의 성립과 동아시아』(유니스토리, 2013)입니다. 우 교수에 따르면, 『대학』보다 『소학』을 중시한 허형은 친원적인 고려에서 존숭된 반면 친명적인 조선에서는 폄훼되었다고 하지요. 또 동인 왕권주의자인 영남사대부보다는 서인 신권주의자인 기호사대부에게 그런 경향이 강했다고 하고요.

허형에 대한 폄훼는 진덕수의 『대학연의』를 대체한 『대학연의보』의 저자인 구준에게서 비롯된 것인데, 그는 허형이 '중국의 풍속으로 오랑캐의 풍속을 교화한다'(用夏變夷, 맹자)는 말씀을 따르지 못했다고 비판했습니다. 달리 말해서 '군자가 오랑캐 땅에 사는데, 무슨 누속(陋俗, 나쁜 풍속)이 있겠는가'(君子居之何陋之有, 공자)라는 말씀을 따르지 못했다는 것이지요. 진덕수는 『소학』의 연장선에서 수양학에 치중했던 반면 구준은 『대학』의 경세학을 복원시켰다는 설명은 『봉건제론』을 참고하세요.

허형에 대한 가장 가혹한 비판은 명황조의 삼유로(三遺老) 중 청황조에 가장 비판적이었던 왕부지였습니다. 그는 '맹수와 독충'(虎狼

與蠹薑)을 위해 '사람을 해친 지식인'(敗類之儒)이었다고 비판했거든요. 달리 말해서 '책을 읽고 더 나빠진' 사례였다는 셈인데, 그의 대안은 자신처럼 '학문으로 은둔한다'(學隱)는 것이었지요. 왕부지에 대한 설명 역시 『봉건제론』을 참고하세요.

야율초재와 달리 경세의 포부 없이 출사했고 또 과거제의 실시도 반대한 허형에 대한 비판을 계승한 사람이 바로 서인의 원조 격인 이이였습니다. 그는 허형의 '출처대절'(出處大節, 나아가 출사하고 물러나 은거함으로써 큰 절개를 지키는 것)에 문제가 있었다고 비판했지요. 칭기즈칸–오고타이 치세는 물론이고 16국과 5대에 비해서 평온한 쿠빌라이 치세에 경세의 포부가 없었다는 것은 문제라고 할 수밖에 없거든요. 허형은 오히려 풍도보다도 못하다는 것이 제 생각이에요.

말이 나온 김에, 우경섭 교수가 저희 월정 할아버지의 복권에도 관심을 가졌다는 사실을 지적해두겠습니다. 우 교수는 월정 할아버지 서세 400주년 기념사업의 일환으로 발표한 「월정학파의 형성과정 및 학풍에 관한 시론」(『한문학논집』, 36집, 2013; 『월정 윤근수 연구』, 학자원, 2014에 재수록)이라는 논문에서 월정학파의 계보에 수제자인 김상헌은 물론이고 대동법을 실시한 희대의 경세가 김육도 포함시켰지요. 사실 월정 할아버지는 김덕수의 제자였는데, 그는 조광조의 동료였던 김식의 아들이자 김육의 증조부였어요.

우경섭 교수에 따르면, 월정 할아버지와 그의 학파가 소외된 것은 조선유학사를 경세학이 아니라 성리학을 중심으로 정리해온 폐습 때문이었습니다. 그리고 그런 인식은 일제 강점기에 대구고보 교장을 거쳐 경성제대 조선학 교수를 역임한 다카하시 도루로 소급하는 것이었지요. 조선유학사를 지배해온 '식민사관'을 비판하고 성리학이 아니라 경세학을 중심으로 다시 정리한다면, 기호사대부에 비해 영남사대부의 지위는 존재감이 거의 없을 것 같아요. 당분간 그런 시도는 불가능하겠지만요.

— 16국과 게르만족의 대이동에 대한 비교를 언급하셨는데요.

— 그런 비교를 중국사와 로마사-유럽사의 비교로 확장한 발터 샤이델(Walter Scheidel)의 *Escape from Rome* (Princeton University Press, 2019)이 유럽에서 자본주의가 출현했던 이유를 로마 제국 재건의 실패에서 찾고 있다는 사실에 주목할 수 있습니다. 제국의 '분열'(fracture)로 인한 권력의 '파편화'(fragmentation)와 그에 따른 경쟁이 현대화의 '필수조건'(essential condition)이었다는 것이지요. 마치 소행성 충돌로 공룡이 멸종함으로써 포유류 시대로 이행할 수 있었던 것처럼요.

샤이델이 말하는 제국의 분열은 국가간 분열이자 국가내 분열, 즉 전국시대에 전개된 국가와 교회의 분열, 교회내 분열, 계급간 분열 이었습니다. 이런 분열을 봉건제의 '후진성'으로 간주한 아민 역시 '후진국 혁명론'을 주장한 바 있으니까 샤이델의 주장이 새로운 것은 아닌데, '실패는 성공의 어머니'(success through failure)라는 속담 같다고도 할 수 있겠지요. 그러나 아민-샤이델의 주장을 수용한다고 해도, 후진성이란 필요조건일 뿐이지 충분조건은 아니에요. 영국과 비교할 때 프랑스나 독일의 현대화가 그리 성공적이었다고 할 수는 없거든요.

게다가 필요조건으로서 후진성도 일반화하기 곤란할 것 같습니다. 예를 들어 레닌의 「공산주의의 '좌익' 소아병」(1920)에 대한 베틀렘 의 해석처럼, 유럽과 비교할 때 러시아에서 자본주의의 후진성으로 인해 '사회주의 혁명을 시작하는 것'(달리 말해서 사회주의 혁명)은 쉬운 반면 '혁명을 계속하여 완수하는 것'(사회주의 건설)은 어렵다 는 사실 역시 주목해야 하거든요. 탈냉전 이후 북중러 사회주의의 클렙토크라시로의 타락을 보더라도, 구사회 혁명과 신사회 건설 사이 의 모순이라는 이런 '일반적 진리'(the general truth)를 무시해서는 안 되겠지요.

어쨌든 샤이델이 주목한 것처럼, 유럽에서 로마 제국이 재건되지 못한 사실과 로마가 멸망한 476년부터 비잔티움이 멸망한(동시에

영·불백년전쟁이 종결된) 1453년까지 1000년 동안 지속된 '암흑시대'에 지식인이 소멸했던 사실이 무관하지는 않다는 사실에 주목할 수 있을 것입니다. 다만 지식인이 모두 다 소멸한 것은 아니고 신학자·법률가·의사(실무가/처세가)나 수도사(은사)는 존재했으니 경세가가 소멸했다는 말이겠지만요.

삼국양진남북조와 암흑시대의 한 가지 차이를 경세가의 존재 여부에서 발견하고, 나아가 그 원인을 유럽이 쇠망기 로마 제국의 국교였던 가톨릭을 수용한 데서 발견할 수 있을 것입니다. 유럽의 계몽주의가 르네상스와 종교개혁을 필요로 했던 것은 이런 유제(遺制, survivals)를 극복하기 위해서였다고 할 수도 있고요.

이런 맥락에서 유럽 계몽주의 중에서도 영국/스코틀랜드 계몽주의만이 뉴튼과 공자를 결합하여 경세학을 현대화한 사실에 새삼 주목할 수 있습니다. 그 결과 프랑스나 독일 계몽주의와도 달리 로크와 스미스가 로마 공화국의 양대 경세가였던 키케로와 폴리비오스를 부활시킨 사실에도 주목할 수 있을 것이고요.

「"대선 불복 2년동란」에서 '가톨릭이었기 때문에 공산주의자가 되었다'고 한 알튀세르의 고백을 소개한 적이 있습니다. 그러면서 저는 '기호사대부의 후예였기 때문에 공산주의자가 되었다'고 고백했고요. 알튀세르는 가톨릭과 공산주의의 공통점을 보편주의 내지 국제주의에서 발견했던 반면 저는 유학/경제학과 마르크스주의의 공통점을 경세학에서 발견한 셈이라는 말이었지요.

여담이지만, 추석 연휴에 우연히 오스트레일리아 영화『가브리엘』(2007)을 볼 수 있었습니다. 천국과 지옥의 '중간계'(midworld)로서 연옥에서 천사와 악마가 싸우는 액션영화였는데, 대천사의 수장인 미카엘이 타락천사의 수장인 사마엘/사탄을 대신하게 된다는 설정이었지요. 그의 변명이 흥미로웠는데, 하느님의 '공포와 법'(fear and rules), '목적과 요구'(purpose and wishes)로부터 '자신을 해방하기'(set myself free) 위해 전향했다는 요지였어요.

이 대목에서 가톨릭/기독교를 비롯한 모든 유일신교에서 선악과 시비는 절대적 존재로서 신을 전제한다는 사실을 알 수 있습니다. 그래서 기독교적 절대주의를 부정하면서 무신론적 상대주의를 주창한 니체가 선악과 시비의 초월을 주장했던 것이고요. 남한의 사이비 마르크스주의자들이 현실사회주의의 붕괴를 기화로 하여 니체주의로 전향한 것은 그들이 마르크스주의의 경세학적 본질에 무지했던 탓이라고 할 수밖에 없겠지요.

— 독립운동에 대해 재평가할 필요가 있다고도 하셨는데요.

— 그 과제는 너무 방대하여 제가 감당할 수 있는 것은 아니므로, 독립운동을 상징하는 우당 이회영과 성재 이시영 두 형제분에 대한 재평가로 갈음하겠습니다. 독립기념관 부설 한국독립운동사연구소가 기획·출판한 김명섭 교수의 『이회영』(역사공간, 2008)과 신주백 박사의 『이시영』(역사공간, 2014)이 기본문헌이겠지요.

우당·성재 형제분은 저희 오음(윤두수)·월정(윤근수) 할아버지의 후배인 백사 이항복의 후손이었습니다. 백사는 신권주의자인 서인이었는데, 후손은 왕권주의자인 소론으로 변신하여 정조를 추종하고 사도세자를 옹호한 '경화사족'이었지요. 우당이 경술국치에 즈음하여 6형제의 만주망명을 제안하면서 '[국가와 함께] 기쁨과 슬픔을 같이할([與國家]同休戚) 지위에 있다'고 한 말이 그 증거였고요. 황현의 말을 빌리면, 그들 형제에게는 국가/국왕을 위해서 '죽을 만한 의리'(可死之義)가 있었던 셈이에요.

우당이 고종·민비나 대한제국을 비판한 적은 없는 것 같습니다. 그가 헤이그밀사 파견(1907)이나 미수에 그친 고종의 중국망명(1918)과 관련되었다는 사실은 오히려 그가 고종·민비와 대한제국에 대한 미련을 버리지 못했다는 증거이지요. 또 그가 상해임시정부에 반대했던 것 역시 그 증거일 수 있는데, 신채호와 함께 아나키즘을 선택한 것이 변명이 될 수는 없다는 생각이 들거든요.

반면 임시정부에 참여한 성재는 『감시만어』(1934)에서 고종·민비와 대한제국을 비판했습니다. 두보의 「봄을 바라보며」(春望)에 나온

292

감시(感時)는 시대를 한탄한다는 뜻이고 만어(漫語)는 수필이라는 뜻이에요. 여기서 그는 신채호와 사관을 공유하면서도 홍선대원군의 책임을 상대화하고 고종·민비, 나아가 대한제국에 대해 '악하고 혼탁한 부패정치로 조선 개국 이래 가장 혹독하고 가장 심각했던 시대'라는 (자기)비판을 제시한 바 있지요.

성재는 이완용과 송병준 일당의 책임조차 상대화하고 있습니다.

> 나라는 점점 망해가고 있는 판국에 김 씨 외척이 씨를 뿌리고 민족(閔族, 민 씨 외척)이 이를 더 완숙시켜 놓은 터에(…)이미 이루어진 결과를 받아들인 데 불과하다.

또 조선의 민족성을 '시기심과 의심이 많아 화합하기 어렵다'(猜疑難合)고 비판하고 있지요. 국고(國故, 민족의 전통)에서 국수(國粹, 민족의 장점)만을 강조한 신채호와 달리 국사(國渣, 민족의 단점)도 인정해야 한다는 것이에요. 조선왕조 쇠망의 외인보다 오히려 내인을 강조한 성재의 이런 태도는 이미 인용한 공자진의 태도와 비슷한 것 같아요.

두 형제분의 입장이 이렇게 갈린 것은 주목할 만한 일입니다. 우당은 손자 이종찬 광복회장의 말처럼 '이단아'(불량배?) 기질로 과거를 보지도 않았어요. 반면 성재는 전형적인 모범생으로 23세에 문과에 급제했는데, 그 이전부터 이미 음서로 출사했지요. 25년의 관직생활을 통해 그가 형이 갖지 못한 학식과 식견을 갖게 되었다는 것이 제 판단이에요.

'사회적 관계(relation)', 또는 오히려 '사회적 유대(bond, 연고)'에 기초한 마르크스적 인간관을 유가적 인간관으로 한층 더 발전시킬 수 있습니다. 혈연은 지연으로 지양되고, 지연은 학연으로 지양되며, 한유가 '나는 도리를 스승으로 삼는다'(吾師道也)고 했듯이, 학연은 진리로 지양된다는 식으로요. 그러니 형제도 학식과 식견이 다르기 마련인데, 후대에 성재보다 우당이 고평가된 것은 성재의 후손 중에 우당의 후손이자 DJ계인 이종찬 회장이나 이종걸 의원 같이 출세한 인물이 없었기 때문인 것 같아요.

윤석열 대통령과 갈등을 빚었던 이종찬 회장에 대해서도 한마디 해두겠습니다. 중앙정보부 차장보 및 민정당 사무총장 출신으로 YS에 반대하고 DJ에 투항하여 안전기획부장/국가정보원장을 지낸 그는 '아들이 기록한 어머니의 회고록'이라는 부제로『나, 조계진』(한울, 2025)을 출판했는데, 모친의 자서전을 빙자하면서 자신의 역사관을 피력한 셈이에요. 물론 대필 작가(ghost writer)가 있었을 것인데, 『감시만어』와는 정반대로 고종·민비·대한제국의 복권을 시도하고 홍선대원군을 폄훼하고 있지요.

해방 이후에도 성재의 식견은 빛을 발했습니다. 예를 들어 1948년 7월 4일자『경향신문』인터뷰에서 남북통일에 대해 이렇게 전망했거든요.

국제간에 해결할 성질의 것이요 우리 독력으로는 좀 어렵지 않을까 한다. 그러나 우리가 그렇게 하려고 애는 써야 될 것이다.

성재는 김구와 김규식에게도 단정 참여를 설득했는데, 실패하고 말았습니다. 그는 김일성이 아니라 이승만과의 합작이 필요하다고 판단한 것인데, 그러나 김성수와의 합작이나 한국민주당(민주당의 전신)의 의원내각제에는 찬성하지 않았지요. 상해임시정부에 속한 국외파로서는 국내파의 애국계몽운동/실력양성운동을 인정하는 것이 쉬운 일이 아니었거든요.

단정 수립과 동시에 성재는 이승만과 김성수의 지지로 부통령에 선출되었습니다. 그러나 한국전쟁 중에 발생한 국민방위군사건(1951)을 계기로 사퇴했고 대통령직선제를 위한 '발췌개헌'(1952) 이후에는 김성수의 지지로 대통령에 출마하여 의원내각제 개헌을 공약했지요. 대통령제의 '특권정치'로 인해 '우리 국민은 절대로 행복하게 살 수 없다'고 비판하면서 대안으로 '책임정치'를 약속한 셈이에요. 성재는 대선 이듬해 부산에서 노환으로 사망했지요.

『영국헌정사』
서문

진리는 우리가 관철해내는 그만큼만 관철된다. 이성의 승리는 이성적
인간의 승리일 따름이기 때문이다.(…)단 한 사람이라도 떨쳐 일어나
아니오라고 외친다면, 그만큼 이긴 것이다!
— 브레히트, 『갈릴레이의 생애』

2024년 12월 3일의 비상계엄 선포에 경악하지 않은 사람은 별로
없었을 것이다. 나이 탓에 초저녁잠이 많아졌는데, 그날따라 9시 뉴스
와 『모래시계』 재방송도 못 보고 일찍 잠들었다가 새벽에 깨어보니
지난밤에 계엄이 선포되었다가 해제되었다는 기막힌 뉴스가 인터넷
에 떠 있었다.

하지만 덕분에 30년에 걸친 과천연구실의 작업에 대해 반성할 수
있는 기회도 생겼다. 1970-80년대는 전후 남한에서 '이념의 인간'이
부활한 '지식인의 시대'였는데, 이념의 인간으로서 지식인의 대표자
는 물론 박현채 선생이었다. 또 선생의 최대의 업적은 한국사회성격
논쟁에서 안병직 교수를 논파하신 것이었다.

그런데 1989-91년에 현실사회주의가 붕괴하면서 지식인의 시대
가 '불량배의 시대'로 이행하고 이념의 인간을 '욕망의 인간' 내지
'정념의 인간'이 대체하기 시작했다. 물론 '의도의 인간'도 존재했는데,
다만 욕망의 인간과 정념의 인간에게 대항하기보다 오히려 부화뇌동
하는 편이었다. 그런 상황에서 과천연구실과 사회진보연대가 고고하게
이념의 인간으로서 지식인의 계승을 표방했던 것이다.

그러나 김대중 정부에 이어 노무현 정부와 급기야 '문재명 정부'가 출현하자 불량배가 지식인을 압도하는 인민주의로서 프로토파시즘이 대두했다. 동시에 민노총과 민노당/정의당을 비롯한 사이비 운동권이 '문재명 정부'에 대한 '비판적 지지' 내지 '동지적 비판'을 고집하자 사회진보연대조차 과천연구실에 대해 거리를 두는 중이다.

물론 불량배도 지식인이라고 강변할 수는 있다. 그러나 '출세와 투기'만이 목적인 욕망의 인간과 '분노와 복수'만이 목적인 정념의 인간은 사이비 지식인일 따름이다. 주로 인문계 내지 문예계 지식인인 의도의 인간도 레닌의 비판처럼 '이론경제학과 역사과학', 나아가 '일상생활의 리얼리티'에 무지하므로 사이비 지식인은 아니더라도 '쓸모가 있는 바보'(useful fool)로 전락하기 십상이다.

반면 진정한 지식인인 이념의 인간은 강령을 중시하는데, 그것은 정책과 제도, 1980년대식으로 말하자면, 운동과 체제로 실행된다. 또 강령의 실행가능성을 검증하는 이론을 중시하는데, 철학자의 '선험적 합리성'(rationality) 대신 '증거'(evidence)에 의해 지지되는 과학자의 '경험적 합리성'(reasonableness)을 견지하는 것은 이 때문이다.

불량배의 시대에 맞서려면 알튀세르가 주창한 '마르크스주의의 전화 내지 일반화'를 넘어서 마르크스주의에 대한 자기비판을 더욱 심화시켜야 할 것이다. 마르크스주의 내부에도 인민주의적 요소가 상존하기 때문인데, 발리바르가 지적한 것처럼, 『공산주의자 선언』에서 비롯된 '내전적 정치관'이 『자본』에서도 '수탈자의 수탈'이라는 형태의 '종교전쟁적 정치관'으로 잔존한다고 할 수 있다.

마르크스주의만으로 히틀러주의나 스탈린주의 같은 전체주의에 대항할 수 없었던 것은 이들 삼자가 자코뱅주의라는 뿌리를 공유했기 때문이다. 그래서 프랑스혁명기 자코뱅의 공포정치에 대한 퓌레의 자유주의적 비판에 주목할 수밖에 없는 것인데, 말년의 알튀세르와 달리 발리바르는 자코뱅주의와 전체주의의 위험을 간과하고 있다. 마르크스주의 내부의 인민주의적 요소에 대한 그의 비판이 불충분한 것은 이 때문이다.

　작년 말에 출판한『자유주의의 역사: 인민주의 비판을 위하여』와 그 후속작인『영국헌정사: 인민주의 비판을 위하여 (II)』는 마르크스주의에 대한 자기비판을 심화하기 위해 새삼 자유주의의 표준으로서 영국에 주목하려는 시도이다. 다만 전자가 이념(행위의 규범)으로서 자유주의라는 측면을 강조한다면, 후자는 제도(행위의 규칙)로서 자유주의와 그런 이념과 제도를 내재화한 자유주의적 행위자라는 측면을 강조한다는 것이 차이라고 할 수 있겠다.

　또『자유주의의 역사』의 부록인「대선 불복 '20년동란'」과 그에 후속하는『영국헌정사』의 부록인「내전의 진화과정으로서 '대선 불복 20년동란'」은 프로토파시즘으로서 인민주의와의 투쟁에서 윤석열 대통령에 대한 기대가 '지나친, 심지어 잘못된 희망'(übertriebene, ja falsche Hoffnungen)이었음을 자인하는 자기비판인 셈이다. 이 말은『역사소설』(1937)「독어판 서문」(1954)에서 루카치가 독일과 스페인의 반파시즘 투쟁에 대한 기대를 자기비판하면서 사용했던 표현을 원용한 것임을 밝혀둔다.

　마지막으로 연말에는『한국헌정사: 인민주의 비판을 위하여 (III)』을 출판하기 위해 작업 중임을 알려드린다. 1970–80년대 군부독재에 의해 유린된 헌정을 회복하려던 1990년대 문민화가 실패한 까닭과 더불어, '국학대사'(國學大師) 장병린이 신해혁명 전야의 어느 강연(1906)에서 한 말을 빌리면, '지식인의 반역'(秀才造反)이었던 군부독재에 대한 운동권의 투쟁이 문민화를 좌절시킨 '불량배의 동란'(强盜結義[翻天])으로 타락한 까닭을 밝히려는 것이 이 작업의 의도라고 할 수 있다.

2025년 7월
윤 소 영

「대선 불복 '20년동란'」
목차

「내전의 진화과정으로서 '대선 불복 20년동란'」 목차

'과천연구실 세미나'

문화과학사 이론신서

'공감이론신서'

06 (1998. 03.) 윤소영,『일반화된 마르크스주의와 역사적 자본주의 분석』

07 (1997. 03.) 장 로블랑 외 (김석진·박민수 옮김),『세계화와 신자유주의 비판을 위하여』

08 (1997. 09.) 뤼스 이리가레 외 (권현정·김수영·송영정·안주리 옮김),『성적 차이와 페미니즘』

09 (1998. 04.) 조반니 아리기 외 (권현정·이미경·김숙경·이선화 옮김),『발전주의 비판에서 신자유주의 비판으로: 세계체계론의 시각』

10 (1998. 09.) 다이앤 엘슨 외 (권현정·이미경·김숙경·이선화 옮김),『발전주의 비판에서 신자유주의 비판으로: 페미니즘의 시각』

11 (1999. 06.) 윤소영,『신자유주의적 '금융 세계화'와 '워싱턴 콘센서스': 마르크스적 비판의 쟁점들』

12 (1999. 11.) 이미경,『신자유주의적 '반격'하에서 핵가족과 '가족의 위기': 페미니즘적 비판의 쟁점들』

13 (2001. 02.) 윤소영,『이윤율의 경제학과 신자유주의 비판』

14 (2001. 04.) 김석진·윤종희·김숙경·박상현,『자본주의의 위기와 역사적 마르크스주의』

15 (2001. 07.) 윤소영,『마르크스의 '경제학 비판'』(개정판, 2005. 02.)

16 (2002. 06.) 윤소영,『마르크스의 '경제학 비판'과 소련사회주의』

17 (2002. 06.) 권현정·오현미·김숙경·정인경,『마르크스주의 페미니즘의 현재성』

18 (2003. 02.) 윤소영,『마르크스의 '경제학 비판'과 평의회 마르크스주의』

19 (2003. 07.) 권현정·오현미·이미경·김숙경·정인경,『페미니즘 역사의 재구성: 가족과 성욕을 둘러싼 쟁점들』

20 (2003. 06.) 윤소영,『마르크스의 '경제학 비판'과 대안세계화 운동』

21 (2003. 12.) 에티엔 발리바르 외 (윤소영 옮김),『'인권의 정치'와 성적 차이』

22 (2004. 12.) 윤소영,『역사적 마르크스주의: 이념과 운동』

23 (2004. 02.) 윤종희·박상현, 『마르크스주의와 정치철학 및 사회학 비판』

24 (2005. 01.) 윤종희·박상현·정인경·박정미, 『대중교육: 역사·이론· 쟁점』

25 (2006. 04.) 제이슨 무어 외 (윤종희·박상현 옮김), 『역사적 자본주의 분석과 생태론』

26 (2006. 05.) 비센트 나바로 외 (송인주·이태훈·박찬종·이현 옮김), 『보건의료: 사회·생태적 분석을 위하여』

27 (2005. 08.) 윤종희·박상현·정인경·박정미, 『인민주의 비판』

28 (2006. 02.) 윤소영, 『일반화된 마르크스주의 개론』

29 (2007. 02.) 윤소영, 『일반화된 마르크스주의의 쟁점들』

30 (2007. 05.) 윤소영, 『일반화된 마르크스주의의 경계들』

31 (2007. 10.) 윤소영, 『헤겔과 일반화된 마르크스주의』

32 (2007. 09.) 앨리슨 스톤 외 (윤소영 옮김), 『헤겔과 성적 차이의 페미니즘』

33 (2008. 03.) 윤소영, 『일반화된 마르크스주의와 대안좌파』

34 (2008. 06.) 윤소영, 『일반화된 마르크스주의와 대안노조』

35 (2008. 10.) 윤종희·박상현·송인주·정인경·공민석, 『알튀세르의 철학적 유산』

36 (2008. 12.) 윤종희·박상현·송인주·이태훈·정인경·이현, 『화폐· 금융과 전쟁의 세계사』

'공감개론신서'

23 (2024. 12.) 윤소영·박상현·송인주·이태훈·유주형·김태훈,
『자유주의의 역사: 인민주의 비판을 위하여』

24 (2025. 07.) 윤소영·박상현·송인주·이태훈·유주형·김태훈,
『영국헌정사: 인민주의 비판을 위하여 (II)』

25 (2025. 12.) 윤소영·박상현·송인주·이태훈·유주형·김태훈,
『한국헌정사: 인민주의 비판을 위하여 (III)』